BAUKULTUR
IM WERTEWANDEL
2011

in Kooperation mit

SEHR GEEHRTE LESER VON „BAUKULTUR IM WERTEWANDEL"!

Die Bau- und Immobilienbranche ist ein wichtiger Bereich unserer Gesellschaft, in der über Baukultur entschieden wird. Baukultur erhebt neben Nutzungs- und Gestaltungsqualität schon immer einen Anspruch an Dauerhaftigkeit, abseits von kurzlebigen Modeerscheinungen. Nachhaltigkeit, im Sinne von ökonomischen, ökologischen und sozialen Aspekten, ist wesentlicher Bestandteil unserer Baukultur. In jüngster Zeit hat dieses Thema aufgrund von Klimaveränderungen und Ressourcenverknappung nochmals an Bedeutung gewonnen. Doch als Marketinginstrument der Superlative ist der ursprünglich ausschließlich positiv belegte Begriff inzwischen in vielen Diskussionen und Kampagnen missbraucht worden. Er ist zum Unwort avanciert und hat an Vertrauen verloren. Wie steht es aber tatsächlich um einen Wertewandel zur Nachhaltigkeit in der deutschen Bau- und Immobilienbranche? Diese Frage war der Auslöser für 26 Interviews mit Persönlichkeiten aus unterschiedlichen Disziplinen der Branche. Ihre Antworten dokumentieren, wie in der Praxis gedacht, agiert, umgesetzt und prognostiziert wird.

Die Gespräche führten wir mit namhaften Architekten, Developern, Bauträgern, mit der öffentlichen Hand, mit einer der deutschlandweit führenden Umweltstiftungen, mit einem renommierten Marktforschungsunternehmen der Branche und mit der Deutschen Gesellschaft für Nachhaltiges Bauen. Die Interviews belegen, dass ein nachhaltiges Bestreben aller Akteure der Branche zwingend notwendig ist und dass Nachhaltigkeit in der Zukunft ein „must" wird. Sie zeigen aber auch auf, dass die Umsetzung dieses Themas noch in den Anfängen steckt. Zudem scheint Nachhaltigkeit immer noch einen zu großen Freiraum für individuelle Interpretation zu gewähren. Und es gibt bisher keine transparenten Prozesse, die die Nachhaltigkeit aller Bautypologien über deren gesamten Lebenszyklen belegen können.

Als weltweit führender Hersteller von Sanitärarmaturen haben Umweltschutz und Ressourcen-einsparung in unserem Unternehmen seit Jahren einen hohen Stellenwert. Kontinuierlich entwickeln wir unsere Technologien weiter, um die Nachhaltigkeit in allen Bereichen zu steigern. Das gilt nicht nur, wenn es darum geht, Armaturen herzustellen, die besonders wassersparend und langlebig sind. Insbesondere in Bezug auf die Umweltfreundlichkeit der Herstellungsprozesse an den nationalen und internationalen Standorten legt unser Unternehmen höchste Maßstäbe an.

Außerdem ist es uns ein wichtiges Anliegen, den Dialog über die Baukultur in der Branche weiter zu intensivieren. Daher organisieren wir seit 2010 unter der Bezeichnung „Trends Thesen Typologien" Veranstaltungen, bei denen verschiedene Disziplinen der Branche über die Zukunft des Bauens diskutieren. Und nicht zuletzt auch dieses Buch wird dazu beitragen, den interdisziplinären Austausch anzuregen und das gemeinschaftliche Bewusstsein für die Baukultur zu fördern.

Wir wünschen Ihnen viel Spaß beim Lesen der Interviews.

Michael Rauterkus
President Europe
Grohe AG

Sabine Gotthardt
Director Business Development
Architecture & Real Estate
Grohe Deutschland Vertriebs GmbH

NACHHALTIGKEIT, INTERDISZIPLINARITÄT, NETZWERKE UND INNOVATION

Wo Vertreter der Bau- und Immobilienwirtschaft zusammen kommen, ob auf der BAU, EXPO REAL, MIPIM, ISH etc., werden diese Begriffe benutzt. Sie fehlen nicht, wenn über die Zukunft von Städten, Immobilien und Gebäuden gesprochen wird. Ob Architekt, Designer, Ingenieur, Investor, Projektentwickler, Mieter, Facility Manager, Heizungsbauer, Badgestalter, Jurist etc., jeder strebt an, sich den Herausforderungen des Klimawandels zu stellen. Die öffentliche Hand, die Wirtschaft und die Wissenschaft investieren in Ausbildung und Forschung. Der Rat für nachhaltige Entwicklung erarbeitete strategisch Eckpunkte für eine nachhaltige Entwicklung in Kommunen, bei der 17 Oberbürgermeister eingebunden sind. Better City – Better Life, das Motto der EXPO 2010 –, ist auch in Deutschland Realität geworden und liefert konkrete Beiträge für Marketing-Konzepte der Nachhaltigkeit der Real Estate Industrie, die geprägt sind, die Lebenszykluskosten von Immobilien, vielleicht auch bald von Stadtquartieren, zu senken. Die Fraunhofer-Gesellschaft, ein bedeutender Think-Tank, bündelt z.B. 16 Institute mit einem Forschungsvolumen von ca. 240 Millionen Euro zur Fraunhofer Allianz Bau. Deutschland avanciert zum Weltmarktführer für Produkte und Dienstleistungen, die zur Ressourceneffizienz von Wasser, Energie, Luft, Landverbrauch, Finanzen etc. beitragen.
Fazit: Der Wertewandel in Bezug auf unsere Umwelt und auf unsere Lebensführung ist in aller Munde und zunehmend zur Maxime des Handelns geworden.

Als einer der Treiber für Innovationen positioniert sich Europas Marktführer für Sanitärprodukte, die Grohe AG mit Sitz in Düsseldorf. Das Unternehmen richtet Design- und Produktentwicklung auf Ressourceneffizienz und Nutzerqualität aus und versteht sich als gestaltende Prozessbeteiligte bei nachhaltiger Gebäudeentwicklung. Darüber hinaus begreift Grohe sich als Impulsträger für interdisziplinäre Denkweise. Seit einigen Jahren fördert das Unternehmen über diverse Plattformen den Austausch innerhalb der Branche und fördert somit die Diskussion um Baukultur. Die vorliegende Interviewreihe Baukultur im Wertewandel ist ein von Grohe organisierter Status Quo, der dokumentiert, wie es um die Nachhaltigkeit in der deutschen Bau- und Immobilienwirtschaft tatsächlich steht. Ein interessanter Einblick in die Denke verschiedener Akteure der Branche. Alle Befragten sind sich über den Stellenwert der Nachhaltigkeit einig, das Ziel liegt aber noch in weiter Ferne.

Bernd Heuer
Unternehmensgründer von
Heuer Dialog und Initiator von agenda4 e.V.

HERAUSFORDERUNG BAUKULTUR

Baukultur und Nachhaltigkeit haben viel gemeinsam. Am meisten vielleicht die Eigenschaft des inflationären Gebrauchs, wodurch sie ihre wichtigen inhaltlichen Botschaften zu verlieren drohen.

Die Summe der hier versammelten Interviews vermittelt ein umfassendes Bild darüber, was Nachhaltigkeit heute im Planen und Bauen ausmacht. Die Bundesstiftung Baukultur wird der Thematik keine eigene Wahrheit hinzufügen. Ausgangspunkt jeder Baukultur ist vielmehr eine Streitkultur, bei der um Lösungen gerungen wird, die ein Umfeld generieren, in dem wir leben wollen.

Anspruchsvolle Planungen und Entwürfe sind dabei nicht das Problem. Die dahinter liegenden Prozesse verantwortungsvoll zu gestalten, das ist die gemeinsame Herausforderung. Nur wenn alle Akteure ihre durchaus widerstrebenden Expertisen und Interessen gemeinsamen Zielen unterordnen, kann diese im umfassenden Sinn nachhaltig sein und damit zur Baukultur werden.

Aus den vorliegenden Interviews wird deutlich, dass es nicht darum gehen kann, einen Konsens darüber herzustellen, welche Architektursprache, technische Lösung oder Berechnung die richtige ist. Gemeinsam ist allen Interviewpartnern die Fähigkeit, mit kreativen Fragestellungen, Analysen und Lösungsvorschlägen einen Beitrag zur Nachhaltigkeitsdebatte zu leisten. Der Gesellschaft dieses Potenzial zu vermitteln, stellt die eigentliche Aufgabe dar.

Wie aber erreicht man diejenigen, die Nachhaltigkeit auf ihre Fahnen schreiben, aber Pendlerpauschalen verteidigen, das Verkleben von Sondermüll fördern und Dienstleistungsrichtlinien über Qualitätsdebatten stellen? Neben dem Gestaltungswillen brauchen wir ganzheitliche Lösungen, damit die viel beschworene Nachhaltigkeit nicht im Zuge der Optimierung einzelner Systeme schlussendlich zum Totengräber unserer Baukultur degeneriert. Baukultur und Nachhaltigkeit brauchen den Wettstreit der Ideen im Kontext des Ganzen anstatt der pragmatischen Umsetzung vermeintlicher Wahrheitsansprüche einzelner das Bauwerk prägender Parameter. Diese Wahrheiten stellen sich letztendlich immer wieder als Irrtum dar, wenn es in der Regel zu spät ist, erinnern wir uns nur an die verkehrsgerechte Stadt…

Nur aus der inhaltlichen Abwägung heraus können wir die Grundlagen unseres Handelns dahingehend ändern, dass Baukultur als gebauter Qualitätsanspruch tatsächlich nachgefragt wird, wenn Nachhaltigkeit gemeint ist.

So ist die Berücksichtigung der Lebensdauer und des Lebenszyklus immanent wichtig im Rahmen der Beurteilung energieeffizienten Bauens. In der monolithischen Bauweise verbergen sich Energiegewinne, nicht zuletzt im Rahmen der Materialherstellung, die in einer Gesamtenergiebilanz mit dem Energieverbrauch zur Herstellung anderer Baustoffe, wie Stahl oder Aluminium, gegengerechnet werden müssen, um ihren tatsächlichen Beitrag zur Nachhaltigkeit angemessen zu berücksichtigen. Auch muss die „graue", d.h. in bereits verbauten Baustoffen gespeicherte Energie in der Debatte Berücksichtigung finden. Dies schützt möglicherweise den baukulturell interessanten Bestand, der weit über die denkmalgeschützten Gebäude hinausgeht, vor Dämmwahn. Eine quartiersbezogene Betrachtungsweise, weg von der Zertifizierung des Einzelobjektes, würde uns hier sicher ein Stück weiter helfen.

Auch ist die Einflussnahme auf das Nutzerverhalten in die Betrachtung einzubeziehen. Das spricht nicht nur die umweltschädlichen Auswirkungen des Einfamilienhausbaus und der Pendlerpauschale an, sondern auch den verantwortlichen Energieverbrauch durch die Nutzer.

Es gibt kein Zurück beim umweltgerechten Bauen, doch sollten wir aus Erfahrung lernen. Hier scheinen mir in der Sache Low-Tech-Lösungen angemessener zu sein als unsere High-Tech-Euphorie.

Es geht nun einmal nicht um die Optimierung einzelner Systeme, sondern um eine integrierte Betrachtung unterschiedlicher Komponenten, wenn Baukultur nachhaltig werden soll.

Prof. Michael Braum
Vorstandsvorsitzender
Bundesstiftung Baukultur

INHALT

„DIE ARCHITEKTUR SOLLTE EINEN LEBENSZYKLUS ERREICHEN, DER MINDESTENS 100 JAHRE UMFASST"

Prof. Thomas Albrecht

Prof. Thomas Albrecht (Jahrgang 1960) studierte von
1979 bis 1984 Architektur an der Technischen Hochschule
München. 1982 erfolgte die Aufnahme in die Deutsche
Studienstiftung, eine Praxis bei Peter C. von Seidlein und
Cambridge Seven Associates, Boston, schloss sich an. 1984
und 1985 arbeitete er im Büro Uwe Kiessler/Otto Steidle,
1985 und 1986 folgte ein Studium am IIT Chicago bei Myron
Goldsmith und Abschluss als Master of Architecture. Seit
1986 ist er im Büro Hilmer & Sattler tätig. Seit 1994 ist er
Partner im nunmehr umbenannten Büro Hilmer & Sattler
und Albrecht. Seit dem Jahr 2000 ist er Visiting Professor,
seit 2006 Ehrendoktor der University of Northumbria,
Newcastle. Zu seinen bekanntesten Projekten gehören
der Ritz Carlton Tower, das Beisheim Center, Berlin, und
die Wohnanlage Mendelssohn Bartholdy Park, Berlin.

„GRÜNDERZEITBAUTEN SIND DAS NACHHALTIGSTE, WAS WIR BESITZEN"

Mit der Erstellung des Masterplans zur Bebauung des Potsdamer Platzes sind Sie an einem Projekt zur Schaffung lebenswerter urbaner Räume beteiligt. Welche Aspekte der Nachhaltigkeit sehen Sie in diesem Projekt?

Unser größtes Projekt im Städtebau war der Masterplan für den Potsdamer/Leipziger Platz 1991, der insgesamt 54 Hektar beste innerstädtische Fläche umfasste. Im Gegensatz zu den anderen internationalen Konkurrenten hatten wir die Idee, die Planung an die bestehenden Stadtstrukturen sowohl im Osten als auch im Westen nach dem Prinzip der Blockbebauung anzugleichen und Hochhäuser nur als Akzente zu verwenden. Diese Denkweise, eine bis jetzt gut funktionierende Stadt fortzuführen, hat sehr viel mit Nach-

haltigkeit zu tun. Wir haben versucht, den Balanceakt zwischen Erneuerung und Bewahrung, Innovation und Tradition anzugehen. Aktuell floriert dort auch der von uns eingeforderte Wohnungsbau, die ersten Gebäude, die zunächst im Bebauungsplan als Büros vorgesehen waren, werden derzeit als Wohnhäuser planerisch „umgewidmet". Umwidmung bedeutet, der Ort ist attraktiv, hochwertigste Wohnnutzung kommt. Lassen Sie uns doch auch in dem Zusammenhang die Gebäude der Gründerzeit betrachten. Sie stehen für nachhaltiges Bauen, obwohl sie wegen fehlender feuerfester Decken, fehlendem Schallschutz und oftmals auch nicht vorhandener Aufzüge große Nachteile haben. Dennoch lieben wir sie wegen ihrer guten Proportionen, der Aufteilung der Wohnungen und

ihrer Raumhöhen. Dagegen haben die Gebäude, die später in der Zeit zwischen 1945 und 1980 gebaut wurden, vielleicht große Vorteile: Sie verfügen über Aufzüge und Tiefgaragen und sind mit feuerfesten und schalldichten Wänden und Decken ausgestattet. Dennoch werden Millionen dieser Gebäude nach einem nicht sehr lang andauernden Lebenszyklus abgerissen. Sie entsprechen formal nicht unseren Vorstellungen. Hier können wir nicht von Nachhaltigkeit sprechen. Wenn man überlegt, dass ein 1960 erbautes Haus jetzt komplett abgerissen und wieder neu aufgebaut wird, dann sind die Gründerzeitbauten das Nachhaltigste, was wir besitzen. Hinzu kommt, dass diese Gebäude energietechnisch nicht schlecht sind, da sie dicke Wände und oft Kastenfenster haben. Die Menschen mögen

Gemäldegalerie Berlin
Diese klassische Galerie birgt eine der besten Gemäldesammlungen der Welt in sich, Giotto, Tizian, Velasquez, Tintoretto, Dürer hängen auf samtenen Wänden, der Bau selbst dient lediglich als dienender „Rahmen" und nimmt sich sehr zurück.

Ritz Carlton Tower
Das einzige Haus am Potsdamer Platz das von einem Individuum – nicht von einem Konsortium – gebaut wurde, nämlich von Otto Beisheim. Die Mieteinnahmen der Liegenschaft unterstützen eine öffentliche Stiftung. Das Haus erinnert an die Art Deco Hochhäuser aus New York oder Chicago.

Stefan Müller

„DIE UMNUTZUNG VORHANDENER GEBÄUDE STEHT FÜR NACHHALTIGKEIT"

solche Gebäude viel mehr als diese schrecklichen Glaskästen, in denen es immer zu heiß ist oder zieht. In unserem Büro versuchen wir auch heute noch, in Anlehnung an diese gründerzeitlichen Gebäude zu bauen, natürlich nach neuen technischen Anforderungen. Wir nennen das Neukombinieren gespeicherter architektonischer Erinnerungen.

Was ist an dem heute oft anzutreffenden 20-jährigen Lebenszyklus eines Gebäudes nachhaltig? Ist diese kurze Phase nicht eine ungeheure Ressourcenverschwendung?

Ja, ich sehe das auch kritisch. Die Architektur sollte einen Lebenszyklus erreichen, der mindestens 100 Jahre umfasst. Das mag zunächst etwas

schwierig klingen. Aber wenn man auch nach 40 Jahren ein Fenster auswechseln kann, ohne gleich die gesamte Fassade erneuern zu müssen, dann ist schon viel erreicht. Der Trend geht ja heute auch genau in diese Richtung. Durch die neue Energieeinsparverordnung von 2009 wird quasi automatisch der Glasanteil radikal reduziert. Mehr als 25 Prozent der Fassade kann dann eigentlich, sinnvoll gedacht, nicht mehr aus Glas sein. Dadurch kehren wir zum Massivbau zurück und damit zu den oben genannten Massivbauthemen der Gründerzeit. Der Erfolg eines Gebäudes oder eines Städtebaus zeigt sich sowieso erst nach 20 Jahren. Umnutzung von Gebäuden, also vom Büro zum Wohnen und zurück, muss man von vornherein einbezie-

hen. Auch das können die Gründerzeitbauten erstaunlich gut. Betrachten Sie zum Beispiel die Kanzleien und Büros am Ku'damm, die in alten Offizierswohnungen residieren. Damit ist dann auch die Nachhaltigkeit im Städtebau mit gegeben.

Was beinhaltet der Begriff Nachhaltigkeit konkret für Sie? Können Sie Ihren Bauherren die Wertigkeit und Langlebigkeit von Materialien trotz erhöhter Erst-Investitionskosten vermitteln?

Die Nachhaltigkeit ist für uns ein sehr wichtiges Thema. Gott sei Dank ist die Architektur im Gegensatz beispielsweise zum Journalismus, zur Mode oder zum Automobilbau eine Disziplin, in der es nicht um

Stefan Müller

Mendelssohn Bartholdy Park
80 Wohnungen über einer Bahnanlage: beste Lage am Potsdamer Platz, vorne ein großer Park, Doormanservice, Erschließung über einen hochgelegenen Kreuzgang, Luxus – von außen aber bescheiden und zurückhaltend.

den täglichen Erfolg, auch nicht um den Trend der Jahreszeit, sondern generell um die Langlebigkeit geht. Nachhaltigkeit ist deshalb für uns von jeher eine Herzensangelegenheit. Da unsere Bauherren grundsätzlich Kosten/Nutzenrechnungen anstellen, wird sehr genau überlegt, was dem „Endverbraucher" zugemutet werden kann. Da wir Architekten grundsätzlich zu den langfristigen Auswirkungen befragt werden, ist der jetzt verstärkt nachgefragte Bereich Nachhaltigkeit eigentlich nur eine Ausweitung unserer Kompetenz, eine sehr erfreuliche übrigens. Unsere kapitalistische Industriegesellschaft setzt auf Konsum. Der Produzierende ist letztendlich unglücklich, wenn der Konsument nicht einen weiteren Artikel bestellt, denn die Wertschöp-

fung wird nicht weiter angekurbelt. Hier gibt es eine Diskrepanz, die in unserem ansonsten sehr guten System noch nicht endgültig gelöst ist. Langlebigkeit und Wertigkeit von Materialien sind Kriterien der Nachhaltigkeit. Dies ist auch bei unseren Bauherren angekommen. Sie beobachten genau. Sie wollen die Fehler aus den 50er Jahren vermeiden und sind bestens über Energieverordnungen informiert. Wenn wir jedoch die Dämmung von Gebäuden, wie sie jetzt neu vorgeschrieben ist, auf die Altbauten draufsetzen, verdoppeln sich fast die Mieten in den ersten Jahren, da die Kosten umgelegt werden müssen. Im Allgemeinen wird diese finanzielle Konsequenz oft noch zu wenig wahrgenommen. Die Bauherren verbinden Nachhaltigkeit inzwischen mehr und mehr mit Wertigkeit, auch mit höheren Preisen beim Materialeinsatz, die Öffentlichkeit allerdings noch nicht.

Der Lebenszyklus einer Immobilie muss für den Eigentümer in Bezug auf Erst- und Folgekosten wirtschaftlich sein. Sind sich Investoren und Projektentwickler Ihrer Verantwortung zur Nachhaltigkeit bewusst?

Inzwischen ist in der Branche ein hohes Bewusstsein für Nachhaltigkeit vorhanden. Der kürzeste Lebenszyklus einer Immobilie ist zum Beispiel die Inneneinrichtung eines Hotels. Sie wird spätestens nach 20 Jahren ausgetauscht. Rohbau, Fenster und Fassaden bleiben dagegen erhalten, die überdauern mindestens 40 Jahre. Wenn dann beispielsweise 2050 die Fenster ausgewechselt werden müssen, kann der Rohbau noch gut 100 Jahre unverändert weiterbestehen, von kleinen Änderungen einmal abgesehen. All dies geschieht natürlich in der Planung in der Zusammenarbeit mit dem Investor. Bei Gewerbeimmobilien muss man die Flexibilität innerhalb der Arbeitsabläufe viel stärker als noch vor 30 Jahren berücksichtigen. Man macht sich heute für eine spätere Umnutzung schon sehr früh Gedanken, um beispielsweise durch die Anordnung der notwendigen Fluchttreppenhäuser gleich separate Zugänge zu ha-

ben. Aus einem Hotel kann auch ein Warenhaus werden und aus einem Bürogebäude ein Wohnhaus. Die Umnutzung vorhandener Gebäude steht für Nachhaltigkeit. Das Thema ist bei professionellen Projektentwicklern durchaus präsent.

Die Nachfrage nach Green-Building-Projekten steigt und Investoren streben nach Zertifikaten. Wird Nachhaltigkeit zum Marketinginstrument?

Nachhaltigkeit muss einen Marketingeffekt haben, wobei diese Zertifizierungen durchaus auch anders gesehen werden können, da sie sehr viel Geld kosten, was seltsamerweise kaum jemand ausspricht. Wir halten dieses Thema jedoch für wichtig und es ist bei allen unseren Partnern angekommen. Aktuell haben wir ein Gebäude zertifiziert. Es ist einerseits eine Art Gewissensberuhigung, doch unheimlich dringlich, sich darüber ernsthafte Gedanken zu machen. Beispielsweise galt Aluminium früher grundsätzlich als schädlich. Nach der neueren Betrachtungsweise jedoch darf man ansetzen, dass Aluminium – nicht gestrichen – 40 Jahre währt und es deshalb Anfahrten, Gerüstbau und Farbe spart. Bei sehr traditionellen Institutionen bzw. Unternehmern hat die Nachhaltigkeit und Wertbeständigkeit seit jeher eine Tradition, ist also ein Marketinginstrument. Denken Sie nur einmal an die Bauweisen des Vatikans, der Familie Rockefeller oder Thyssen!

Welche Anforderungen an Sicherheit, akustischen und thermischen Komfort und Wohlfühlatmosphäre stellen Investoren aus dem Ausland? Wie gehen dort künftige Nutzer mit dem Thema Nachhaltigkeit um?

Mit Ausnahme der Schweiz und vielleicht noch Japan sind wir in Deutschland sicherlich im Bauwesen das technisch führende Land. Alle ausländischen Bauherren stehen staunend vor den deutschen Vorschriften, vor allem davor, dass sie auch in der Umsetzung funktionieren. Unsere Normen sind so gut, dass sie kaum unterlaufen werden können. Das betrifft beispielsweise die Schwimmbad- und Küchentechnik genauso wie die Sicherheit im Elektrobereich und die Einhaltung akustischer Werte. In Baku, in der ehemaligen Sowjetunion, arbeiteten wir an einem größeren Projekt. Man will dort deutschen Standard und ist von der hohen Qualität begeistert; allerdings kostet das seinen Preis, zahlt sich aber langfristig aus. Das weiß man dort inzwischen. Interessanterweise, wenn der Standard erst einmal gesetzt ist, dann breitet er sich meist sehr schnell aus. Sehen Sie sich nur die Beispiele aus dem Automobilbau an: In den 70er Jahren setzte Jimmy Carter in den USA den Katalysator durch, inzwischen hat er sich fast über die ganze Welt verbreitet. Aktuell nehmen wir auch gerade an einem Wettbewerb für Städtebau und nachhaltiges Bauen in Russland teil. Mit drei anderen Kollegen aus Spanien und Holland konzipieren wir die Errichtung der ersten ökologischen Stadt südlich von Moskau als Gutachten. Das zeigt, dass sich auch dort, wo heute noch Energie im Überfluss zu günstigen Preisen zur Verfügung steht, eine Bewusstseinsveränderung einstellen wird. Ich hoffe, dass sich das im Zuge der ökologischen Diskussion in den Ländern auf die anderen Aspekte der Nachhaltigkeit niederschlägt.

Welche Bedeutung hat soziale Nachhaltigkeit in Bezug auf Güte der Anstellungsbedingungen und Mitarbeiterbindung in Ihrem Büro?

Solange unser Büro existiert, ist es uns gelungen, relativ wenig Fluktuation von Mitarbeitern zu haben. Die enorm hohen Anforderungen in den baulichen Details kann man heutzutage nur mit Hilfe erfahrener, langjähriger Mitarbeiter professionell realisieren. Mehr als zehn Mitarbeiter sind seit weit über zehn Jahren bei uns. Dieser Wissenspool hat uns auch die Beteiligung am Projekt Berliner Schloss ermöglicht.

Worin sehen Sie als Architekt Ihre Herausforderungen für die nächsten 20 Jahre?

Ich glaube, dass der Prozess der Weiterentwicklung der Europäischen Stadt, der Attraktivitätssteigerung der Innenstädte noch viel weitergehen wird. Wir haben jetzt schon kaum mehr spürbare Luftbelastungen, die Lautstärke der Autos hat abgenommen, wir haben überall in den Innenstädten immer mehr reduzierten Verkehr. Damit wird innerstädtisches Wohnen, Leben und Arbeiten immer attraktiver, auch unterstützt durch die digitale Revolution und unseren Wandel in eine Dienstleistungsgesellschaft. Die Vorstädte werden eher verlieren. In allen Metropolen dieser Welt steigen deshalb die hochattraktiven Lagen, eine sinnvolle Verdichtung der Innenstädte geht weiter. Vielleicht wird es aber auch ganz andere Herausforderungen geben, wie zum Beispiel die Gestaltung von Grabmälern. Das war über Jahrtausende eines der Hauptbetätigungsfelder für uns Architekten. Ich denke da nicht nur an die Pyramiden von Gizeh, sondern an die barocken, plastisch ausgeformten und erzählenden Reliefs. Soviel Diesseitigkeit wie heute braucht auch ein Gegengewicht in der jenseitigen Welt, ein Prozess, der in anderen Teilen der Welt spürbar ist. Die mediale und digitale Allgegenwärtigkeit unserer Handys und Computer etc. erfordert ebenso einen Gegenpol durch attraktive haptische Dinge, wie beispielsweise silberne Gegenstände des täglichen Bedarfs. Auch das ist ein wichtiger Teil unserer Gestaltungsaufgaben.

Hilmer & Sattler und Albrecht Gesellschaft von Architekten mbH

Adresse
Sophienstraße 33 a
10178 Berlin
Tel. 030-284 95 40
Fax 030-280 71 33

Bürogründung
1972 in München
1987 in Berlin

Anzahl der Mitarbeiter
41

Fünf Referenzen
▪ Masterplan Potsdamer Platz, Berlin, 1991 - 1995
▪ Gemäldegalerie, Berlin, 1998
▪ Ritz Carlton Tower, Beisheim Center, Berlin, 2000 - 2001
▪ Globushaus Schloss Gottorf, Schleswig, 2004
▪ Wohnanlage Mendelssohn Bartholdy Park, Berlin, 2010

Globushaus Schloss Gottorf
Das erste Planetarium der Welt – der Gottorfer Riesenglobus von 1680 – wurde als Kopie neu präsentiert: Nicht nur das kleine Museum, sondern auch der barocke Garten wurden komplett neu angelegt.

Stefan Müller

„GLOBALISIERUNG HEISST ANGLEICHUNG, AUCH DER STANDARDS"

Gerhard Brand

Nach Ablauf seiner schulischen Laufbahn studierte
Dipl.-Ing. Gerhard Brand (Jahrgang 1951) Architektur an
der Fachhochschule Frankfurt am Main. Seinen Abschluss
in Architektur und Stadtplanung absolvierte er an der
Technischen Universität Kaiserslautern und München.
Er ist seit 1990 geschäftsführender Gesellschafter bei
AS&P - Albert Speer & Partner GmbH in Frankfurt am
Main. Das Architekturbüro wurde 1964 gegründet und
hat gegenwärtig 130 Mitarbeiter. Zu den bekanntesten
Objekten gehören der Campo am Bornheimer Depot,
das Ensemble am Baseler Platz und die Heinrich-Lübke-
Siedlung (mit nachhaltiger Sanierung) in Frankfurt
am Main, der VICTORIA-Turm in Mannheim, das
Administration Center, Zhang Jiang Hi-Tech Park, in
Shanghai und der Criminal Court Complex in Riad, KSA.

„WIR HABEN NIE PROBIERT, IRGENDWELCHE HIGHLIGHTS ZU ENTWICKELN, SONDERN SIND IMMER DOWN TO EARTH GEBLIEBEN"

Mit welcher Philosophie konnte Ihr Büro von der Gründung 1964 bis zum heutigen Tag wachsen?

Mit unserer Architektur versuchen wir stets bessere Lebens- und auch Arbeitsbedingungen zu schaffen. So haben wir unter anderem vor eineinhalb Jahren ein Manifest zur nachhaltigen Stadtplanung herausgebracht. Wir haben immer versucht, die Innenstädte wieder zu restrukturieren anstatt auf der grünen Wiese zu planen. Auch haben wir zu keiner Zeit versucht irgendwelche Highlights zu entwickeln, sondern sind immer „down-to-earth" geblieben. Wir haben auch keine spezielle Handschrift entwickelt, wie Sie sie beispielsweise bei O.M. Ungers, David Chipperfield, Frank O. Gehry oder Zaha Hadid finden. Ich denke, wir positionieren uns als Praktiker.

Das Gesetz zum Vorrang der erneuerbaren Energien hat nicht nur einen Boom in Deutschland ausgelöst, es hat Deutschland zum Vorreiter Im Bereich der erneuerbaren Energien gemacht, sowohl in der Entwicklung als auch in der Herstellung. Was könnte die Politik Ihrer Meinung nach jetzt tun, um die Nachhaltigkeit weiter voranzubringen?

Da muss man zunächst einmal zwischen dem technologischen Aspekt und der Anwendbarkeit differenzieren. Deutschland ist eher technologisch orientiert, wir sind Forscher und Tüftler. Unsere Wirtschaftsstruktur besteht primär aus Mittelständlern, unter denen es viele kleine Tüftler gibt. Anders als beispielsweise in den USA, gibt es bei uns nur wenige Großkonzerne mit Forschungslabors. Das hat den Vorteil, dass bei uns die Anzahl der Patente bezogen auf die Bevölkerung relativ hoch ist. Dieser Aspekt hat dazu geführt, dass wir Technologien, wie die der erneuerbaren Energien, ebenfalls relativ weit voran gebracht haben. Allerdings sind wir in anderen Gebieten, wie zum Beispiel im Marketing, ganz schlecht. Die Amerikaner haben dagegen bei Ihrem LEED-System aus mehr oder weniger heißer Luft Platinplaketten hervorgebracht. Wir dagegen benötigen zehn

Jahre für die Vorbereitung unserer DGNB-Plakette, und weitere Jahre, bis wir sie genügend diskutiert hatten. In dieser Zeit haben die Amerikaner jede Menge Häuser auf der Welt mit ihren LEED-Plaketten ausgezeichnet. Im Marketing sind wir einfach zu schwach. Deswegen ist meine Antwort auf Ihre Frage, was wir besser machen könnten: Wir sollten lernen, uns professioneller zu vermarkten.

In unserer Region regnet es ja mehr als ausreichend. Könnte man, vor allem vor dem Hintergrund, dass für die Gewinnung von Trinkwasser Energie benötigt wird, das Regenwasser nicht besser nutzen?

Grundsätzlich versuchen wir, das Grauwasser ebenfalls zu nutzen. Es bedarf der Überzeugungsarbeit beim Auftraggeber, da das mit

Investitions- und Bewirtschaftungskosten verbunden ist. Das Aufbereiten von Wasser ist ein Riesenthema, nicht nur dann, wenn es die Bewässerung von Gärten betrifft. Einer der großen Wasserversorger im Rhein-Main-Gebiet, hat 30 Prozent Leitungsverlust. Wie kann es sein, dass in einem Hochtechnologieland wie Deutschland 30 Prozent des Wassers irgendwo durch die Leitungen versickert? Bevor man sich

Gedanken über den Energieaufwand bei der Herstellung von Trinkwasser macht, sollte man doch zuallererst einmal sicherstellen, dass das Trinkwasser, welches schon aufbereitet wurde, nicht im Boden versickert.

Das größte Wasserkraftwerk der Welt ist das Drei-Schluchten-Kraftwerk am Jangtse in China. 13 Jahre hat der Bau des 2,3 Kilometer langen Staudamms

gedauert. 1,13 Millionen Menschen mussten umgesiedelt werden. Dürfen wir alles bauen, was uns möglich ist? Wo ist die Grenze?

Das größte Problem dabei besteht nicht in der Umsiedlung der Leute. Ich habe mir das vor elf Jahren genau angeschaut und war in den drei Schluchten, als noch kein Wasser gestaut wurde. Dort war Schwerindustrie ansässig, welche, bevor dann

Campo am Bornheimer Depot, Frankfurt am Main
Als eine gelungene mit diversen Preisen ausgezeichnete innerstädtische Entwicklungsmaß-
nahme im Passivhausstandard auf dem Gelände des alten Straßenbahndepots positioniert
sich der Campo am Bornheimer Depot in Frankfurt a. M.

AS&P, Albert Speer & Partner GmbH

geflutet wurde, nur teilweise rückgebaut wurde. Es befinden sich dort noch jede Menge Altlasten, was von den Chinesen jedoch total bestritten wird. Als ich drei oder vier Jahre später noch mal dort war, waren zwar relativ viele Industrieanlagen abgebaut worden, aber Altlastenbeseitigung aus dem Boden, so wie wir sie kennen, gab es dort nicht. Da die Wohnungsbauten entlang des Ufers auf niedrigstem Standard waren, sind

die Umsiedlungsprogramme eher eine Verbesserung des Wohnungsstandards. Ein Großteil dieser Leute, die quasi zwangsumgesiedelt wurden, wäre vermutlich sowieso in die Großstadt gezogen, da das momentan ein großer Trend in China ist. Auf der anderen Seite darf man es natürlich auch nicht so machen, wie ich es bereits in China erlebt habe, dass eine Entscheidung für einen neu zu bauenden Stadtteil gefällt wurde und

die Bewohner dieses Stadtteils in Form eines roten Kreuzes an ihrem Haus davon erfahren haben. Sie mussten dann über Nacht ihr Haus räumen, da dieses am nächsten Tag abgerissen wurde. Wir haben immer großen Wert darauf gelegt, dass vorhandene Strukturen, wenn eben möglich, in die Stadterweiterung mit einbezogen wurden.

Sie haben es nicht nur geschafft, bei Ihren Projekten in China,

Baseler Arkaden, Frankfurt am Main
Bei den Baseler Arkaden in Frankfurt a. M. erlauben großzügige Fensterflächen einen maximalen Tageslichteintrag, Kastenfenster ermöglichen eine natürliche, individuelle Lüftung der Büros. Das Gebäude nutzt die Verfügbarkeit von Thermalwasser zum Heizen und Kühlen. Die Wärme- und Kälteabgabe in den Räumen erfolgt über Thermoaktivdecken.

wie im Stadtviertel Anting, deutsche Standards der Energieeffizienz und Energieeinsparung durchzusetzen, die weit über die chinesischen Anforderungen hinausgingen; Sie haben es erreicht, dass diese Standards in China mittlerweile sogar Gesetz geworden sind!
Was erklärt Ihren Erfolg?

Glückliche Fügung der Umstände würde ich sagen. Anting war eine

der neuen Entlastungsstädte, entstanden auf Grundlage eines Regierungsbeschlusses, für das rasant wachsende Shanghai.
Diese Entlastungsstädte sollten nach europäischem Vorbild gebaut werden. Europa hatte dort vor zwölf bis 13 Jahren, als mit der Planung begonnen wurde, noch Vorbildcharakter. So sollte eine Stadt nach deutschem, eine andere nach englischem oder französischem Vorbild erbaut werden. Wir haben für Anting einen Stadtgrundriss nach deutschem Vorbild konzipiert, womit wir leider einen grundlegenden Fehler gemacht haben. Wir sind nicht ausreichend auf die chinesische Art des Wohnens, mit ihrer konsequenten Ost-West-Ausrichtung von Gebäuden eingegangen. Das hat dazu geführt, dass ein Großteil der Gebäude von den Chinesen nicht angenommen wurde.
Jetzt gerade, sind wir mit der Erweiterung von Anting beauftragt worden. Dort werden wir nun den Anteil der Wohnungen, die eine Ost-West-Ausrichtung haben, verdoppeln. Trotzdem haben wir bereits im 1. Bauabschnitt deutsche Mindeststandards hinsichtlich Energieeffizienz und einsparung eingehalten.

Masdar City ist vornehmlich ein Imageprojekt, ein enorm wichtiges Experiment für die Erforschung und Entwicklung neuer Technologien. Da die Kosten circa 400.000 Dollar pro Einwohner betragen, ist es nicht übertragbar auf die Bevölkerungs- und Verstädterungsprobleme dieser Welt. Gibt es aus diesem Projekt dennoch neue Erfahrungen, die auf ein einfacheres Modell anwendbar sind?

Wenn man in einem Labor arbeitet und sich schon während der Laborarbeit fragt, was man davon anwenden kann, dann ist das natürlich sehr schwierig. Masdar ist ein Laborprojekt. Es ist grundsätzlich zu begrüßen, dass Abu Dhabi für ein Testprojekt so viel Geld zur Verfügung stellt. Das Projekt von Norman Foster ist von seiner Grundstruktur her alter, arabischer, traditioneller Städtebau. Die Häuser stehen sehr eng anein-

ander, was eine hohe Verschattung bewirkt. Die engen Straßen erlauben auch keinen großen Autoverkehr, was bewirkt, dass die Leute mehr laufen müssen. Was ganz neu dazu kommt, ist, diesen Städtebau mit einer Hochtechnologie zu versehen. Es werden dort Technologien entwickelt werden, aus denen man dann Anwendungsbereiche finden kann, die auch zu Normalpreisen zu erhalten sind.

Wie sehen Sie den Individualverkehr der Zukunft?

Ich bin ein Verfechter der Einschränkung der privaten Freiheiten in Bezug auf die Belastungen, die ich als Person der Allgemeinheit aufbürde. Bereits in der Stadtplanung sollte zu hoher Verkehr vermieden werden. Das amerikanische Modell, bei dem die Schlafstädte weit draußen liegen und von den Arbeitsbereichen weit entfernt sind, fordert viel Individualverkehr. Dagegen sind unsere europäischen Städte viel besser für die Zukunft gerüstet. Die „Charta von Athen" hat im Städtebau durch die Trennung von Wohnen und Arbeiten ein sehr großes Problem verursacht. Das hat dazu geführt, dass auch wir Schlafstädte entwickelt haben. Diesen Fehler müssen wir korrigieren, nicht mit einer neuen Charta, sondern mit neuen Projekten, die anders ausgerichtet sind.

Gibt es Punkte der „Charta von Athen" und von dem, was Le Corbusier vorgeschlagen hat, denen Sie heute noch zustimmen würden?

Gesunde Wohn-Arbeits-Verhältnisse. Dem stimme ich sofort zu.

Müssen wir langfristig unseren Lebensstandard ändern?

Ja natürlich. Wir müssen von unserem extrem hohen Lebensstandard herunter, damit die Welt insgesamt ein bisschen ihren Lebensstandard anheben kann. Globalisierung heißt Angleichung, auch der Standards.

Wird Beton in der Nachhaltigkeitsdebatte als Baustoff unterschätzt?

Ja absolut. Beton hat bemerkens-
werte Eigenschaften. Wir arbeiten
eigentlich zu wenig mit der Bauindustrie zusammen. Leichtbeton zum
Beispiel ist für mich ein Material,
das absolut zukunftsorientiert ist.

Wenn man sich die internationalen
Wettbewerbe ansieht, scheint der
„genius loci" kaum noch eine Rolle
zu spielen. Stahl-Glas-Konstrukti-
onen findet man über den ganzen
Erdball verteilt. Ist es richtig, in
Regionen, wo Wasser dringend
zum Leben benötigt wird, eine
Fassade zu bauen, die zur
Reinigung relativ viel sauberes
Wasser benötigt?

Aus meiner Sicht ist es absolut
wichtig, die Besonderheit des Ortes
zu sehen. Schwierig wird das, wenn
Sie zum Beispiel für einen großen
amerikanischen Konzern ein Headquarter bauen, der in jeder Stadt
genau den gleichen Typus haben will,
weil er sagt, seine Mitarbeiter, sollen

immer den gleichen Standard haben.
Da können Sie kaum gegen angehen.
Was das Bauen mit Stahl und Glas
angeht, sind wir in Europa zumindest
auf einem guten Weg, wieder davon
weg zu kommen.

Was ist für Sie ein nachhaltiger
Baustoff, den man zukünftig häufiger verwenden sollte?

Ich denke, es wird immer eine Kombination von verschiedenen Baustoffen
geben. Die Zertifizierung für einen
bestimmten Nachhaltigkeitstypus bedeutet auch, auf die Gesamtheit von
der Fertigung über den Transport bis
zur Recyclefähigkeit eines Materials
zu achten. Wir probieren möglichst
einheimische Produkte zu verwenden.
So vermeiden wir lange und energie-
aufwendige Transportwege, die
meistens nur wirtschaftlich sind,
da Menschen diese Produkte zu
Bedingungen hergestellt haben,
die hier zu Lande absolut
unzulässig sind.

AS & P Albert Speer und Partner GmbH

Adresse
Hedderichstr. 108-110
60596 Frankfurt am Main
Tel. 069-60 50 11-0
Fax 069-60 50 11-500

Bürogründung
1964 in Frankfurt am Main

Anzahl der Mitarbeiter
130

Fünf Referenzen
▨ Campo am Bornheimer Depot, Frankfurt am Main, 2008
▨ VICTORIA-Turm, Mannheim, 2001
▨ Administration Center, Zhang Jiang Hi-Tech Park; Shanghai, 2004
▨ Heinrich-Lübke-Siedlung – nachhaltige Sanierung
   großer Siedlungen, Frankfurt am Main, im Bau
▨ Ensemble am Baseler Platz, Frankfurt am Main, 2003/2004

Heinrich Lübke-Siedlung - nachhaltige Sanierung großer Siedlungen, Frankfurt am Main

Die Heinrich Lübke-Siedlung (ca. 600 Wohneinheiten) soll als erstes Projekt der Stadt zum Modell für nachhaltige Sanierung nicht mehr zeitgemäßer Großsiedlungen werden. Ein ganzheitliches Energie- und Gebäudekonzept soll den CO$_2$-Ausstoß der Siedlung um über 90 Prozent senken.

AS&P, Albert Speer & Partner GmbH

„MOMENTAN KANN SICH NUR EIN PRIVILEGIERTER KREIS NACHHALTIGKEIT LEISTEN"

Mathias Düsterdick

Mathias Düsterdick (Jahrgang 1968) machte eine
Ausbildung zum Kaufmann. Mit 21 Jahren wurde
er Geschäftsführer/Vertriebsleiter eines Frankfurter
Immobilien-Unternehmens. Sein beruflicher Werdegang
führte ihn, immer auf der Führungsebene, in zunächst
Immobilien- und Beratungsunternehmen, dann seit 1996 in
der Immobilienprojektentwicklung von Frankfurt, Stuttgart
und München nach Düsseldorf. Von Herbst 2005 bis
Frühjahr 2008 war er im Vorstand (COO) der NPC Holding
AG. Im Anschluss gründete er in 2008, gemeinsam mit
der Rickmers-Gruppe aus Hamburg die PDI-Gruppe in
Düsseldorf und nimmt nach der Gründung die Position des
Geschäftsführers (COO/CEO) wahr.

„ICH BIN DAVON ÜBERZEUGT, DASS ZUKÜNFTIG IMMOBILIEN, DIE NICHT NACHHALTIG GEBAUT UND ENTWICKELT WURDEN, NICHT MEHR VERKÄUFLICH SIND"

Wie lautet die Philosophie Ihres Unternehmens? Welchen Stellenwert hat Nachhaltigkeit in dieser Philosophie?

Nachhaltigkeit hat einen sehr großen Stellenwert in unserem Unternehmen. Wir entwickeln in der Regel für den institutionellen Anlagebedarf und dieser fokussiert sich immer auf Themen, die auch morgen oder übermorgen noch gut sind. Insofern ist die Nachhaltigkeit etwas ganz Elementares für uns, weil wir unsere Produkte nie verkaufen könnten, wenn wir nicht an die Zukunft denken. Ich bin davon überzeugt, dass zukünftig Immobilien, die nicht nachhaltig gebaut und entwickelt wurden, nicht mehr verkäuflich sind. Ein jeder, der in der Immobilienwirtschaft tätig ist, sollte Nachhaltigkeit umsetzen und ernst nehmen. Das ist auch eine ethische und moralische Verpflichtung, die ein jeder irgendwo mit sich trägt. Natürlich spielt letztendlich auch der eigene Anspruch eine Rolle. Wir verwirklichen uns selbst mit jeder Immobilie, die wir errichten und die sich am Markt auch morgen und übermorgen noch als besonders und toll positioniert. Ein schönes Beispiel sind die Donnersberger Höfe in München, die wir derzeit bauen und für die wir von der DGNB vorzertifiziert worden sind. Diese Immobilie verkörpert für mich Nachhaltigkeit. Wir heizen dort mit Erdwärme, also Geothermie, was ich persönlich toll finde. Nicht nur vom Aspekt des Nebenkostensparens, der natürlich enorm ist. Wir legen im Sommer den Schalter um und können die Wohnungen kühlen.

Wann kamen Nachhaltigkeitsaspekte im Entwicklungsprozess zum Tragen?

Wir haben uns relativ früh dafür entschieden, dieses Projekt nachhaltig zu entwickeln. Nun ist das ein sehr großes Projekt, in das wir ungefähr 65 Millionen Euro investieren. Je größer ein Projekt ist, desto mehr kann man auch prozentual gesehen für Nachhaltigkeit ausgeben. Ich glaube, wir haben in dieses DGNB-Thema mehrere Hunderttausend Euro in München investiert.

Die Problematik besteht darin, das man bei einem kleineren Projekt dieselbe Summe investieren müsste, um Nachhaltigkeitsaspekte zu berücksichtigen. Bewertungen bzw. Zertifizierungen lohnen sich erst ab einem gewissen Projektvolumen. Das ist eigentlich das Traurige dabei. Nachhaltigkeit kostet richtig Geld. Da ist immer die Frage, bekomme ich die Investitionen auch wirklich zurück. Ich denke nicht. Nachhaltigkeit ist eine Investition in das Marketing des Unternehmens.

Können Sie Ihre Mieter davon überzeugen, dass sich die anfänglichen Investitionen langfristig auch für sie selbst rechnen?

Das wird sich herausstellen, die Donnersberger Höfe sind ein Projekt, das wir so noch nie gemacht haben. Wir sind sehr gespannt, wie die Mieter reagieren werden. Wir lassen gerade wissenschaftlich errechnen, welche Nebenkosteneinsparungen wir in Heller und Pfennig tatsächlich haben. Das wissen wir heute noch nicht und lassen es daher auf den Fertigstellungszeitpunkt 2012 eruieren. Dann können wir den Leuten das Einsparpotenzial konkret vorrechnen. Das hat sich durch diese Thematik der zweiten Miete immer mehr gewandelt. Heute werden vielmehr die Warmmieten miteinander verglichen und damit ist überhaupt erst einmal eine Transparenz in dieses Nachhaltigkeits- und Nebenkostenthema gekommen. Das ist schon noch relativ neu.

In England und den USA gibt es Analysen, die dokumentieren, wie sich beispielsweise die Vermietungsquote durch Nachhaltigkeit gesteigert hat. Warum gibt es bei uns Ihrer Meinung nach solche Analysen noch nicht?

Das ist eine gute Frage. Ich glaube, wir haben das Nachhaltigkeitsthema in Deutschland lange Zeit übersehen, vielleicht wollten wir uns auch gar nicht damit befassen. Ich bin nun seit mittlerweile 20 Jahren in der Branche tätig. Wenn die Frage nach den Nebenkosten zum Beispiel in der Bürovermietung gestellt wurde,

haben wir immer unseren Standardbetrag zwischen 3,50 und 4,50 Euro für den Quadratmeter benannt, ohne es wirklich im Detail durchleuchtet zu haben. Wir haben den Stellenwert nicht gesehen. Nehmen Sie doch beispielsweise die Union Investment als offenen Immobilienfonds, die haben irgendwann gesagt, wir kaufen nur noch nachhaltige Objekte, am besten mit Zertifikat. Ab diesem Zeitpunkt haben sich die

Projektentwickler intensiver mit dem Thema befasst.

Die Stimmung in der ganzen Branche ist sehr positiv seit geraumer Zeit. Viele Kollegen suchen nach neuen Geschäftsmodellen und neuen Marktsegmenten. Wie sieht es bei Ihnen aus?

Wir versuchen, uns immer weiter zu entwickeln. Wir lenken unser Augenmerk bei unseren Projekten darauf, Nachhaltigkeitsgimmicks zu schaffen. Das Neueste, was wir jetzt umsetzen, ist die Tatsache, dass wir jeden zweiten Stellplatz in der Tiefgarage unserer Wohnimmobilien mit einer Elektrosteckdose ausstatten. Wenn die aktuell im Bau befindlichen Immobilien fertig sind, wird noch nicht jede zweite Steckdose gebraucht werden. Aber in fünf Jahren wird das ganz anders aussehen.

Da werden wir einen viel größeren Anteil an Elektroautos in den Städten haben. Prinzipiell glaube ich, dass die Branche in Bezug auf Nachhaltigkeit gerade erst aufwacht. Ich höre immer wieder, dass Nachhaltigkeit für manche noch überhaupt kein Thema ist. Wir hingegen versuchen, Nachhaltigkeit in der ganzen Breite zu sehen, und liegen damit unter den Entwicklern ziemlich weit vorne. Das ist unser Geschäftsmodell. Wir

Donnersberger Höfe, München 2011
Die in 2011 in München erbauten Donnersberger Höfe sind ein Beweis, dass ein Produkt Lage machen kann.

„NACHHALTIGKEIT KOSTET RICHTIG GELD. DA IST IMMER DIE FRAGE, BEKOMME ICH DIE INVESTITION AUCH WIRKLICH ZURÜCK"

unterscheiden uns des Weiteren darin, dass wir nicht nur regional bezogen arbeiten. Die meisten Entwickler sind viel regionaler tätig oder sind eine Riesengruppe, die einem Baukonzern angehören, wie beispielsweise die HTTP, die eine Niederlassungspolitik betreibt und dadurch diesen bundesweiten Approach verfolgen können. Wir haben als kleines Unternehmen mit Sitz in Düsseldorf

vollkommen zentral gesteuert dieses Überregionale und den Anspruch, in allen Metropolen tätig zu sein.

Sie sagten gerade, Sie beschäftigen sich mit Bewertungen, wie sich Nachhaltigkeit für Ihre Nutzer rechnen. Haben Sie denn auch mal umgekehrt errechnet, was Nachhaltigkeitsbestrebungen Ihnen für Erfolge einspielen?

Wenn ich ehrlich bin, dann ist Nachhaltigkeit vor allem ein Imagefaktor für uns. Wir schaffen uns einen Namen damit. Wir sind ja keine Bestandshalter, sondern haben Immobilien in der Regel lediglich genau 24 Monate im Besitz. Wir kaufen das blanke Grundstück, beginnen möglichst sofort mit dem Bau, mit dem Ziel, die Immobilie nach Fertigstellung sofort wieder weiterzuverkaufen.

Alex & Henry`s Wohn- und Geschäftshaus, Frankfurt am Main 2011
Das in 2011 erbaute Alex & Henry`s Wohn- und Geschäftshaus in Frankfurt a. M. sind ein Musterbeispiel metropoler Architektur.

Insofern haben wir von dem Nachhaltigkeitsaspekt nicht so viel, außer dass wir unser Image damit positiv verändert haben. Hoffentlich spricht man auch in fünf oder zehn Jahren noch darüber, dass die PDI bestimmte nachhaltige Projekte entwickelt hat. Viele Projektentwickler vernachlässigen das Thema Nachhaltigkeit, weil sie den mittelfristigen Imagegewinn ihres Unternehmens nicht sehen.

Wie bewerten Sie die Diskussion um das Thema Nachhaltigkeit in der Branche? Was finden Sie übertrieben, wo stimmen Sie zu?

Den Zertifizierungen wird meiner Meinung nach viel zu viel beigemessen. „Tue Gutes und rede darüber" wird durch die Zertifizierung natürlich momentan extrem praktiziert. Man kann auch eine nachhaltige Immobilie bauen, die nicht zertifiziert ist. Wenn man sich überlegt, wie hoch die Zertifizierungskosten teilweise sind, sollte man sich überlegen, ob man diese Ressourcen nicht einspart und möglicherweise lieber in die Immobilie steckt. Davon hat man vielleicht viel mehr als von dem Siegel. Auf der anderen Seite, wenn wir nicht darüber reden, haben wir auch nicht den Imageerfolg. Wenn wir den Imageerfolg nicht haben, stellt sich die Frage, warum wir investieren. Momentan ist das ganze Thema der Nachhaltigkeit von sehr viel Selbstdarstellung geprägt.

Ein Problem der Nachhaltigkeit scheint auch zu sein, dass Begriff und Inhalt frei interpretierbar sind.

Das hängt damit zusammen, dass die Bewertungsskalen der unterschiedlichen Zertifikate nicht immer unbedingt den Wohlfühleffekt steigern. In den Donnersberger Höfen in München integrieren wir Kühlsysteme, die einen Mehrwert für den Bewohner bringen. Diese führen aber dazu, dass wir bewusst Kältebrücken schaffen und die wiederum sind ein Abwertungsmerkmal in der Zertifizierung. Das führt dazu, dass wir viel leicht nicht Gold-zertifiziert werden, sondern nur Silber. Daran merkt man, dass Wohlfühlen und Komfort nicht unbedingt Nachhaltigkeit bedeuten müssen. Ich sage ganz klar, diese Kühlung ist ein Mehrwert, ist Komfort, hat aber erst einmal nach den Kriterien nichts mit Nachhaltigkeit zu tun. Da gibt es viele Dinge, die genau in diese Richtung rein spielen. Nachhaltigkeit ist nicht unbedingt etwas, was komfortabel für die Bewohner oder Nutzer sein muss. Eine Tatsache, die meines Erachtens viel zu wenig berücksichtigt wird.

Wie empfinden Sie grundsätzlich dieses DGNB-Siegel? Arbeiten Sie damit ganz aktiv im Täglichen?

Wir werben auch damit. Deswegen haben wir das auch gemacht. In Bezug auf Wohnimmobilien waren wir eines der ersten Pilotprojekte für die DGNB-Zertifizierung. Für Bürogebäude und sonstige gewerbliche Gebäude gab es die Zertifizierung schon länger. Für Wohnimmobilien wurde das im letzten Jahr das erste Mal vergeben.

Wie stehen Sie zu der Idee der Zusammenlegung der ersten und zweiten Miete?

Das macht Sinn, wenn wir in eine Transparenz und in einen Vergleich kommen wollen. Das sollte man einführen. Wir haben gehört, dass auch Immobilien-Scout überlegt, die Warmmietvergleiche einzuführen, die es momentan so noch gar nicht gibt. Das ist sicherlich ein Argument. Da ist auch ein Umdenken erforderlich, um viel mehr mit der Warmmiete zu werben. Auf der anderen Seite macht man das auch nur, wenn man ein Nachhaltigkeitskonzept hat, sodass man mit der Warmmiete auch wirklich gut werben kann, ohne sich selbst ins Knie zu schießen. Ich bin mir sicher, viele werben damit nicht, weil die Nebenkosten einfach noch so hoch sind, dass das Werben eigentlich nur einen Nachteil für das Projekt bringen würde.

Branchenkenner weisen immer darauf hin, dass gerade Mieter im Gewerbebereich sich sehr preissensibel zeigen und beim Thema Ökologie erstaunlich unterkühlt sind.

Das ist auch unsere Erfahrung. Man muss sagen, jeder will diesen ökologischen Aspekt irgendwo haben, auf der anderen Seite will aber keiner etwas dafür bezahlen. Ich glaube, diese Bereitschaft kommt erst noch, wir befinden uns in den Anfängen. Letztendlich hat auch die Immobilienbranche wahrgenommen, wie sich in den vergangenen Jahren der ökologische Aspekt gewandelt hat. Die Branche ist wach geworden und will den Trend nicht verpassen.

Was halten Sie vom Engagement der Politik? Sollte die Aufklärungsarbeit intensiviert werden, damit die Konsumenten mehr mitziehen?

Es wird ja schon sehr viel getan. Die entscheidende Frage ist, wie wir das mit unseren Altbeständen hinbekommen. Da fehlen sicherlich die Anreize. Das muss man ganz klar sagen. Mittlerweile zieht die Politik mit Mietsteigerungsmöglichkeiten oder gesetzlichen Rahmenbedingungen nach, was auch gut und richtig ist. Aber man muss sich überlegen, wo soll denn der Anreiz für einen Vermieter sein, energetisch zu sanieren, wenn er das Ganze nicht halbwegs durch die Mieten wieder kompensiert bekommt? Andererseits muss man auch sagen, wenn man sich zum Beispiel den Energieausweis anschaut, den erlangt jeder. Natürlich ist er ein Ausweis, der dokumentiert, wie gut das Gebäude ist oder nicht. Wenn man allerdings so einen Ausweis einführt, dann muss man klare Richtlinien vorgeben, die einen solchen Ausweis rechtfertigen. Aber so weit ist das ganze Thema letztendlich noch nicht. Eigentum verpflichtet aber auch.

Wie würde Ihr Wunschszenario zum Thema Nachhaltigkeit aussehen?

Ich würde Nachhaltigkeit anders fördern, als sie heute gefördert wird, und würde auch versuchen, dass sich die Technologien dazu verbessern und günstiger werden. Insgesamt ist wünschenswert, dass es den Leuten einfacher gemacht wird, Nachhaltigkeit zu praktizieren. Dafür brauchen wir mehr Forschung, um die Nachhaltigkeit auch günstiger zu machen. Sie ist einfach noch zu teuer. Die Geschäftemacherei rund um die Zertifizierungen würde ich unterbinden, indem ich ein DGNB-Zertifikat nicht von der DGNB für viel Geld vergeben lasse, sondern es vonseiten der Bundesregierung fördere, indem es kostenfrei erteilt wird. Das würde auch dazu führen, dass Nachhaltigkeit noch stärker Einzug hält und auch wirklich von jedem durchgesetzt werden kann. Momentan ist es noch ein privilegierter Kreis, der sich Nachhaltigkeit leisten kann.

PDI Property Development Investors GmbH

Adresse
Kaiser-Wilhelm-Ring 23
40545 Düsseldorf
Tel. 0211-280647-0
Fax 0211-280647-12

Bürogründung
2008 in Düsseldorf

Anzahl der Mitarbeiter
8

Fünf Referenzen
▦ Donnersberger Höfe, München, 2011
▦ Alex & Henry´s Wohn- und Geschäftshaus, Frankfurt/Main, 2011
▦ Arcotel Camino, Stuttgart, 2007
▦ Büro Opus, Frankfurt am Main, 2008
▦ Beuth Lofts & Houses, Düsseldorf, 2011

Arcotel Camino, Stuttgart 2007
Das in 2007 in Stuttgart erbaute Arcotel Camino dokumentiert, dass man Altes kaum besser neu machen kann.

Beuth Lofts & Houses, Düsseldorf 2011
Die in 2011 erbauten Beuth Lofts & Houses in Düssel-
dorf sind ein gelungenes Beispiel für modernes, citynahes
Stadtteil-Wohnen.

„DIE DEUTSCHEN HABEN EHER EIN PROBLEM DER KOMMUNIKATION UND NICHT DER INNOVATION"

Prof. Bernhard Franken

Prof. Bernhard Franken (Jahrgang 1965) beendete 1996
sein Studium als Dipl.-Ing. Architekt an der TU Darmstadt
und der Städelschule, Frankfurt. Nachdem er fünf Jahre
freiberuflich für ABB Architekten gearbeitet hatte, bildete
er von 2000 bis 2002 eine AG mit ABB. 2002 gründete
er die Franken Architekten GmbH, 2008 die Franken
Consulting GmbH und Franken/Nguyen Consulting
Ltd. sowie 2009 die Franken/Nguyen Development
GmbH. Seit 2010 sind die Unternehmen zur Franken
Group zusammengefasst. In der Lehre war er u. a. an
der Universität Gesamthochschule Kassel (GHK), der
Kunstakademie in Stuttgart und dem Southern California
Institute of Architecture tätig. Von 2005 bis 2007 war er
Dozent im Zollverein an der School for Management
and Design in Essen. Seit 2010 ist er Professor für Digitales
Entwerfen an der FH Frankfurt a. M. Er ist Mitglied im
Bund Deutscher Architekten (BDA), bei der Architekten-
und Stadtplanerkammer Hessen (ASKH) sowie im
Deutschen Designer Club (DDC).

„DIE AMERIKANER HABEN NACHHALTIGKEIT ZUM STYLE GEMACHT, ZU ETWAS ERSTREBENSWERTEM, DAS SEXY UND COOL IST"

Ihre Idee ist es, in Frankfurt die Zeil durch einen Flughafenterminal zu überdachen. „Cityterminal statt Airportcity" haben Sie Ihren Entwurf überschrieben. Was bringt dieser Entwurf der Stadt Frankfurt?

Bevor wir den Entwurf gestartet haben, haben wir internationale Flughäfen analysiert und dabei festgestellt, dass bei vielen internationalen Flughäfen die einzelnen Terminals genauso weit voneinander entfernt sind wie die Innenstadt Frankfurts vom Frankfurter Flughafen. Da dachten wir uns, man könnte das auch umdrehen, indem man durch ein zusätzliches Cityterminal den Flughafen in die Stadt holt. Man nutzt so alles Bestehende an Infrastruktur und hat zudem alles, was einen modernen Flughafen ausmacht und dazu in unmittelbarer Nähe die Sehenswürdigkeiten der Stadt.

Fallen Ihnen noch andere Beispiele ein, in denen man ebenfalls bereits bestehende Strukturen besser nutzen könnte?

Im Grunde leben europäische Städte durch Nutzungsüberlagerung und Verdichtung. Wir haben in europäischen Städten sowieso immer mehrere Funktionen, die sich miteinander überlagern. Nehmen wir beispielsweise ein monofunktionales Büroviertel. Wenn ich dort auch das Wohnen mit integriere, dann erzeuge ich damit gleichzeitig auch eine Nachfrage nach Restaurants und weiterer Lebendigkeit. Ich schaffe somit automatisch wieder diese gewachsene Struktur der europäischen Städte mit ihren Nutzungsüberlagerungen. Ich habe dadurch eine ganz andere Art der 24-stündigen Ausnutzung.

Lässt sich Ihr Modell „Cityterminal statt Airportcity" auch auf andere Städte übertragen?

Es könnte sein, dass eine Stadt wie Berlin ihren Flughafen Tempelhof nicht aufgibt, sondern vielleicht sogar wieder revitalisiert. Gerade für große Städte, bei denen man zwei Stunden braucht, bis man am Flughafen ist, würde es sich anbie-

ten, auch zusätzliche Cityterminals zu verwenden.

Sehen Sie einen Widerspruch zwischen Genuss und Nachhaltigkeit?

Die Zeiten, in denen Nachhaltigkeit Konsumverzicht, protestantisches Geißeln sowie im Büßerhemd herumzulaufen bedeutete, sind eigentlich vorbei. Ich glaube, dass Nachhaltigkeit sich nur durchsetzen lässt, wenn sie auch mit hedonistischem Genuss verbunden ist. Das ist sowohl in der Mode als auch im Automobilbereich bereits passiert. Nachhaltigkeit ist der neue Luxus. In der Menschheitsgeschichte war Luxus immer schon die Triebfeder von Innovationen. Innovationen, auch wenn sie anfangs über Status getrieben sind, müssen gleichzeitig auch über Genuss und Hedonismus getrieben sein. Daraus entwickelt sich dann etwas, das wir Standard nennen, eine Normalität. Deswegen bin ich fest davon überzeugt, dass wir Deutschen da einen Fehler gemacht haben, als wir Nachhaltigkeit mit „Jute statt Plastik" und Verzicht koppelten. Die Amerikaner haben Nachhaltigkeit zum Style gemacht, zu etwas Erstrebenswertem, das sexy und cool ist. Sie haben aus der Nachhaltigkeit jedenfalls ein Geschäft gemacht.

Welche Gefühle kommen bei Ihnen auf, wenn man in Deutschland über Nachhaltigkeit spricht?

Die Deutschen haben ja die grüne Bewegung erfunden. Wir waren das erste Land mit einer grünen Partei im Parlament, später sogar in der Landesregierung bzw. Bundesregierung. Ich denke, dass die deutsche Einstellung zur Nachhaltigkeit letztendlich schon immer aus der Defensive heraus entstanden ist. Eigentlich stören wir ja diesen Planeten und sind überflüssig. Wir glauben, dass wir in Gegenleistung zu unserem Konsum etwas tun müssen, nämlich Ablass zu leisten, zu sühnen, was dann eben mit Nachhaltigkeit überschrieben wird. Die Amerikaner gehen ganz anders an die Sache heran. Sie sind dabei zukunftsorientiert und positiv.

Was stört Sie denn konkret an der Diskussion über Nachhaltigkeit?

Auf die Architektur bezogen, dass es plötzlich nur noch darum geht, zu dämmen. Ökologisch zu denken heißt ja ganzheitlich zu denken. Man muss Gebäude über ihren gesamten Lebenszyklus hinweg sehen. Ein Gebäude mit Hightech auszurüsten bedeutet nicht gleich, dass es in der Gesamtbilanz auch positiv ist. Alles,

was einmal verwendet wurde, muss irgendwann auch wieder entsorgt oder recycelt werden.

Halten Sie Reglementierungen seitens der Politik bei Neu- und Umbauten, die genau vorgeben, wie viel Prozent des Energiebedarfs durch erneuerbare Energien zu decken sind, für sinnvoll oder für Bevormundung?

Prinzipiell würde ich mir eher ein System wünschen, das über Anreize funktioniert. Also ähnlich wie es bei der Einspeiseverordnung dazu geführt hat, dass Unmengen von Wind- und Solarkraftwerken entstanden sind, obwohl es viel Diskussion darüber gab. Die Verordnungen im Bauwesen sind stärker noch von Muss-Verordnungen geprägt und nicht von Anreiz-Verordnungen.

Was könnte man hierzulande tun, um Handeln aus Eigenverantwortung im Umgang mit den Ressourcen zu fördern?

Ich denke, das Wichtigste ist erstmal Bildung. Die Leute sollten zunächst über fundierte und tatsächliche Nachhaltigkeit aufgeklärt werden.

Demografie-Experten rechnen bis 2050 mit einer weiteren Zunahme

Goldener Engel, Ingelheim, 2007
Für das erste Brauhaus in der Rotweinstadt Ingelheim wurde die Marke „Goldener Engel"
im Spannungsfeld zwischen dem Erhabenen der Sakralarchitektur und dem Profanen der
Braukultur, gleichzeitig zwischen Tradition und Moderne, entwickelt.

Sao Mai Residence, Ho Chi Minh Stadt, Vietnam, in Bearbeitung
Die Fassade des mischfunktionalen Hochhauses ist parametrisch gesteuert und ordnet die in der Größe variierenden Fenster in sich wechselseitig überlagernden Gradienten mit verschiebbaren Sonnenschutzelementen an, die gleichzeitig die Fassade bespielen und vor der tropischen Sonneneinstrahlung schützen.

der Weltbevölkerung um 50 Prozent. Die Mehrzahl der Menschen kann sich ein LEED-zertifiziertes Gebäude nicht leisten. Welcher Anspruch sollte vor diesem Hintergrund an eine ganz einfache Behausung gestellt werden?

Unser Büro arbeitet auch in Asien und Vietnam. Dort sind 70 Prozent der Bevölkerung unter 35, man ist dort quasi nur von jungen Menschen umgeben. All diese jungen Leute haben noch etwas vor in ihrem Leben, sie wollen alle noch etwas erreichen. Zudem hatten sie das Glück, die letzten 20 Jahre nur Wachstumsraten von +10 Prozent erlebt zu haben. Es wäre anmaßend zu sagen, dass sie nicht von wachsendem Wohlstand ausgehen sollten. Das ist letztendlich so ein eurozentristischer Kultur-Chauvinismus. Wir haben alles schon genossen und erreicht. Jetzt machen wir Vorschriften, ob andere auch Konsum erreichen sollen oder nicht. Auf der anderen Seite muss man sehen, was wir dort bauen können. Es bleibt weit hinter dem zurück, was bei uns schon in den 80er-Jahren Standard war. Es ist so, dass der durchschnittliche Energieverbrauch für einen Inder, Chinesen oder Vietnamesen nur einen Bruchteil von dem beträgt, was wir Europäer verbrauchen. Wenn die Vietnamesen ihre Behausung nur weiter so bauen würden, wie sie sie bis jetzt gebaut haben, dort wohnen nämlich teilweise fünf Personen auf 20 m², wäre das automatisch nachhaltiger als alles, was wir bauen, unabhängig von jeder Baukonstruktion und von jeder Art, wie es dann gebaut wird. In dem Moment, wo der Fortschritt bei denen einkehrt, wird es eigentlich erst unökologisch. Ihnen andererseits aber den Fortschritt zu verbieten, halte ich auch für problematisch. Allerdings muss man feststellen, dass die Vietnamesen und Chinesen teilweise mehrere Stufen überspringen. Es gibt inzwischen Bestrebungen für nachhaltiges Bauen. In China werden jetzt schon ganze Städte nachhaltig gebaut. Wir sind selber auch mit einem Projekt beschäftigt und haben eine Kooperation mit der TU Darmstadt. Dort bauen wir entsprechende Kläranlagen. Wir arbeiten zudem mit passiven Verschattungsmaßnahmen. Also eigentlich erreichen wir unsere Ziele nicht über Hightech, sondern eher über Lowtech-Maßnahmen.

Welches Gebäude würden Sie jetzt gerne bauen?

Heute würde mich das Thema interessieren, eine Wolke zu bauen, die nicht nur aus Wasserdampf besteht. Es gab in der Architekturgeschichte schon mehrere Versuche, Wolken zu bauen. Auf der Biennale gab es jetzt eine sehr schöne, durch die man durchlaufen konnte. Es gab schon vorher vom Atelier Markgraf in Frankfurt im Galeriagebäude eine Wolke, die sie gebaut haben, und auch eine auf der Biennale in der Schweiz, ebenfalls eine Wasserwolke. Das waren Gebilde, die nur aus einzelnen Molekülen bestanden und dadurch das Problem hatten, dass sie an sich eher Installation als Gebäude waren. Es würde mich interessieren, dafür einen formalen Ausdruck zu finden, der mehr Dauerhaftigkeit hat und dadurch auch größeren Nutzcharakter.

Die ersten Autos sahen noch wie Kutschen aus und das erste Benzin wurde in der Apotheke gekauft. Wie stellen Sie sich das Auto der Zukunft vor?

Das Auto hat sich ja schon über ein Jahrhundert bewährt und sehr stark durchgesetzt. Insofern scheint es beim Menschen ein echtes Bedürfnis nach autonomer Bewegung zu geben. Ich denke, dass diese Form der Bewegung erhalten bleiben wird. Sie wird sich aber immer stärker schwarmartig entwickeln. Fahrzeuge werden voneinander wissen, wo sie sind. Über die Navigation werden sie nicht nur wissen, wo sie sich selber im Raum befinden, sondern auch, wo die anderen sind. Das Selbstfahren wird wahrscheinlich zurückgehen. Es wird zunehmend intelligente Fahrzeuge geben. Das Fahrzeug fährt in Abstimmung mit allen anderen Fahrzeugen unfallfrei in einem optimierten Verkehrsfluss.

Was ist für Sie der Hauptfaktor für Nachhaltigkeit bei Gebäuden?

Ich denke, der Hauptfaktor ist schon die ganzheitliche Energiebilanz über den gesamten Lebenszyklus. Vom Einsatz des Materials sowie Pflege und Ersatz bis zu seiner Entsorgung plus Energieverbrauch bei der Nutzung.

Wenn wir Deutschen technologisch führend sind und sogar auch die besten Standards haben, warum geben wir dann weltweit nicht stärker den Kurs an?

Ich denke in erster Linie deswegen, weil wir es nicht geschafft haben, daraus griffige, verständliche Systeme zu machen, die kommunizierbar sind. Also, wenn ich mir das deutsche DGNB-Zertifikat anschaue, so ist das dermaßen kompliziert. Das LEED-Verfahren ist wesentlich weniger komplex und teilweise auch recht dumm, aber es hat schon mal einen besseren Namen. Wer kann schon DGNB aussprechen? LEED dagegen hört sich gleich nach Leading an und ist zudem gut vermarktbar. Ich denke, die Deutschen haben eher ein Problem der Kommunikation und nicht der Innovation. Die Deutschen

Bubble, Frankfurt am Main, 1999
Lange bevor Nachhaltigkeit zum Modewort geworden ist, wird im Bubble das Fahren mit der „Clean Energy" von Wasser und Sonne symbolisiert in der Form eines ikonischen Gebäudes: ein Wassertropfen.

sind in vielen Gebieten führend, so zum Beispiel in der Wasseraufbereitung. Von dem, was ich in Asien so mitbekomme, gilt deutsche Technologie dort eindeutig als führend.

Woran liegt es, dass die Erfolgsquote der deutschen Architekten im Ausland unter 5 Prozent liegt?

In allen internationalen Büros, die weltweit aktiv und erfolgreich sind, gibt es in der zweiten Reihe extrem viele Deutsche. Die Deutschen sind immer da, wenn es darum geht, die Projekte tatsächlich umzusetzen. Die Deutschen werden sehr geschätzt für ihre Organisationsfähigkeit, für ihre Detailsicherheit, für Innovationen, für zeitgerechtes, solides, kostengetreues Arbeiten und deswegen sind sie in der zweiten Reihe überall vertreten. In Deutschland ist der Architekt nicht unbedingt jemand, der starfähig ist. Auch das Selbstverständnis des Architekten wird kritisiert. Viele meiner Kollegen finden es geradezu verwerflich, wenn Architekten wie Popstars gehandelt werden. Das ist in anderen Kulturen einfach anders. Die Amerikaner und Engländer haben kein Problem, sich selbst darzustellen und zu vermarkten, und da sie das wesentlich besser geschafft haben, sind diese in der internationalen Wahrnehmung natürlich viel weiter vorne.

Was denken Sie, ist richtungweisend für die nächste Generation?

Ich glaube, dass ein entscheidender Schub für das Bauwesen durch „instant production", also durch „rapid production" kommen wird. So wird man Gegenstände aus digitalen Datensätzen ausdrucken, und zwar im Großmaßstab. Ich kann dann jede beliebige Form, die ich als Bauelement aus neutralen Grundstoffen fügen kann, im Maßstab 1:1 ausdrucken. Ähnlich wie schon bei der Musik, die jeder schneiden kann, oder wie bei der Fotografie. Dadurch wird jeder zum Produzenten, und es entstehen gleichzeitig neue Produktionsformen. Durch diese kollektive Produktion, dieses gemeinschaftliche, Arbeiten entstehen neue Dinge und auch neue Bautypologien. In dem Moment, wo man z. B. Kohlenstoffatome mit Nanontechnologie als Kristalle ausdrucken kann, können auch Diamanten als Kristalle ausgedruckt werden. Es könnte dann die Vision aus dem Roman „Diamond Age" von Neal Stephenson Wirklichkeit werden, dass schwebende Städte über den vorhandenen Städten als Kristallstädte schweben.

Franken Architekten GmbH

Adresse
Niddastr. 84
60329 Frankfurt am Main
Tel. 069-297283-0
Fax 069-297283-29

Bürogründung
1996 in Frankfurt am Main

Anzahl der Mitarbeiter
23 (Frankfurt a.M.), 40 (Hanoi)

Fünf Referenzen
▪ Bubble, Frankfurt am Main, 1999
▪ Goldener Engel, Ingelheim, 2007
▪ U-Sea City, Nha Trang, Vietnam, in Bearbeitung
▪ Sao Mai Residence, Ho Chi Minh Stadt, Vietnam, in Bearbeitung
▪ U-Silk City, Hanoi, Vietnam, in Bearbeitung

U-Silk City, Hanoi, Vietnam, in Bearbeitung
Jedes Wohn-Hochhaus hat seine eigene rhythmische Struktur aus "dancing voids", so dass eine Komposition aus neun ähnlichen, aber dennoch einzigartigen Gebäuden entsteht, mit einer das Gebäude umhüllenden Fassadentextur aus oszillierenden Aluminiumpaneelen, die die Assoziation von Seide weckt.

U-Sea City, Nha Trang, Vietnam, in Bearbeitung
So wie Wasser natürliche Landschaften aus Fels und Grün formt, wird sich im nachhaltigen Stadtviertel U-Sea City das mäandrierende Erschließungsnetz zwischen teils steinerne, teils begrünte Inseln mit Hotel, Apartments, Villen, Geschäften, Restaurants und Cafes, betten.

„DIE KRISE HAT AUCH ETWAS POSITIVES"

Jens Friedemann

Jens Friedemann (Jahrgang 1944) absolvierte eine
Ausbildung an der Werbefachlichen Akademie. Danach
folgte ein dreijähriger beruflicher Aufenthalt in Kuwait
mit einer gleichzeitigen Tätigkeit als Berichterstatter
für deutsche Medien. Anschließend begann er sein
Studium der Wirtschaftswissenschaften in New
York und San Francisco (MBA). 1970 holte ihn die
Wochenzeitung „Die Zeit" in ihre Wirtschaftsredaktion
nach Hamburg. Von 1980 bis Mai 2009 war er Mitglied der
Wirtschaftsredaktion der Frankfurter Allgemeinen Zeitung
(FAZ) und als verantwortlicher Redakteur zuständig für
die wöchentliche Immobilienberichterstattung. Vom
1. Juni 2009 bis 1. Juni 2011 ist Friedemann „Head of
Communication" der IVG Immobilien AG.

Der richtige Umgang mit dem Thema Nachhaltigkeit wird sich entscheidend auf die Wettbewerbsfähigkeit der Unternehmen auswirken. Wie beurteilen Sie die Situation?

Nachhaltigkeit entscheidet letztlich über den Erfolg am Markt, auch bei Immobilien. Hier müssen wir allerdings zwischen scheinbar gleichen Sachverhalten unterscheiden. Bei Neu- und Umbau sowie bei großen Sanierungen müssen die gesetzlichen Erfordernisse hinsichtlich Energieeffizienz von Gebäuden beachtet werden. Darin ist Deutschland führend in der Welt. Allerdings entsprechen die 17 Millionen Wohnbauten und 6 Millionen Verwaltungs- und Bürobauten zum größten Teil nicht diesen Anforderungen. Somit stellt sich die Frage, wie man an diese Bestandsgebäude herangeht. Der Bestand ist ein großer Graubereich, und jedes Unternehmen muss sich überlegen, wie es hier die Probleme löst. Wir können nicht mit einem Presslufthammer an ein Büro- oder Wohngebäude herangehen. Da machen die Mieter nicht mit, ziehen aus oder zahlen keine Miete mehr. Es geht in der Regel also nur, wenn Leerstand eintritt. Auch entscheidet der Standort der Immobilie darüber, ob sich eine Sanierung lohnt. Liegt das Mietniveau zu tief, rechnen sich Investitionen nicht oder nur selten. Doch fühlen sich viele Unternehmen dem Thema Umweltschutz und Verantwortung gegenüber der Gesellschaft verpflichtet. Sie richten ihre Geschäftsprozesse so weit wie möglich nachhaltig aus. Dabei ist Energieeffizienz in Gebäuden kein dispositives Recht. Das Energiekonzept der Bundesregierung sieht vor, dass bis 2020 alle neuen Gebäude ausschließlich oder überwiegend mit erneuerbaren Energien versorgt werden.

Sie stimmen dem Konzept der Bundesregierung zu?

Grundsätzlich ja, es birgt aber auch Nachteile. Bis 2050 soll der gesamte Bestand folgen. Es sollen keine fossilen Brennstoffe mehr eingesetzt werden. Das ist gut und richtig, hat nur den Nachteil, dass wir schon heute die höchsten Elektrizitäts- und Stromkosten in der Welt haben, also diesbezüglich das teuerste Land der Welt sind. Wenn das so weitergeht, werden energieintensive Unternehmen mit ihrer Produktion allmählich in Länder ausweichen, in denen eine etwas weniger anstrengende Energiepolitik betrieben wird.

Was wiederum Nachteile hat.

Neben den hohen Kosten gibt es noch einen weiteren Nachteil. Wenn wir erneuerbare Energien produzieren, also Solaranlagen und Windkraftanlagen betreiben, muss die Energie irgendwo eingespeist werden. Bei den Windkraftanlagen – vor allem bei Anlagen draußen im Meer – müssen kilometerlange Versorgungsleitungen gelegt werden. Doch formiert sich Widerstand dagegen. Bei der Verbrennung von Kohle wiederum muss CO_2 abgeschieden und eingelagert werden. Auch das möchte niemand vor der eigenen Haustür haben, daher wird es hier einen Konflikt zwischen Natur- und Klimaschützern geben. Auch werden die Kosten entsprechender Investitionen auf die Verbraucher umgelegt. Vermieter werden versuchen, die zusätzlichen

Lasten auf die Mieter zu verteilen. Das gesellschaftliche Konfliktpotenzial wird zunehmen. Deutschland ist Weltmeister in der technologischen Seite des Klimaschutzes, aber ein Entwicklungsland in der administrativen Umsetzung. Bei uns ist Klimaschutz keine gemeinschaftliche Aufgabe, sondern jeder Einzelne wird damit konfrontiert und trägt für sich allein die juristischen, die ökonomischen und die ökologischen Folgen.

Planerische Angebote für Wohn- und Geschäftsquartiere unter Einbeziehung der örtlichen Versorgungsstrukturen müssen ausgebaut werden. Hier besteht Handlungsbedarf.

Wie lauten Ihre Verbesserungsvorschläge?

Ich würde den Klimaschutz mit Abschreibungsmöglichkeiten verbinden. Nur mit Zuschüssen zu arbeiten, wie das heute über die Kreditanstalt für Wiederaufbau (KfW) geschieht, reicht nicht aus. Wir haben Abschreibungen für Denkmalschutz, aber keine für Klimaschutz. Man muss hier einen Ausgleich finden, ohne diesen ist die von der Bundesregierung geplante Klimawende nicht zu haben.

Die Wirtschaftskrise hat die Grenzen heutiger Corporate Real Estate Management (CREM) Organisatio-

An den Brücken, München, 2010
Das 2010 fertig gestellte Gebäude „An den Brücken" in München ist das erste Gebäude in Europa das mit dem Nachhaltigkeitszertifikat LEED-Platin ausgezeichnet wurde.

„WIR SIND WELTMEISTER IN DER TECHNOLOGISCHEN SEIT DES KLIMASCHUTZES, ABER EIN ENTWICKLUNGSLAND IN DER ADMINISTRATIVEN UMSETZUNG"

nen aufgezeigt. Wie sehen Sie das?

Eine der ganz wesentlichen Antriebskräfte für die Professionalisierung der Immobilienbranche war die politische Neuordnung mit der Öffnung der Grenzen Anfang der 90er-Jahre. Durch die Öffnung des Ostens hat sich – auch für die Wirtschaft – eine neue Welt aufgetan. Über Grenzen hinweg wurden Investitionen getätigt und es mussten Standortgutachten erstellt werden. Außerdem endete die Zeit der Karteikarten in der Immobilienwirtschaft. Sie werden von Excelsheets ersetzt, die international auf dem Bildschirm abrufbar sind und damit vergleichbar werden. Das machte internationale Geschäftsprozesse, internationale Bilanzierung und internationale Bewertung erforderlich. Eine ähnliche Standardisierung ist auf der Passivseite der Bilanz erfolgt – vor allem durch die Kreditregelungen nach Basel II und den Solvabilitätsvorschriften für Versicherungsunternehmen. Das alles hat zur Professionalisierung der Immobilienwirtschaft beigetragen.

Welche Folgen haben die veränderten Rahmenbedingungen für die Geschäftsmodelle und die strategischen Ausrichtungen der Manager?

Das muss man vor dem Krisenhintergrund sehen. Anfang des Jahrhunderts glaubten wir noch, dass ein Jahrhundert des Friedens und des Wohlstandes folgt. Tatsächlich ist das Gegenteil eingetreten: mit dem Terroranschlag in New York und dem Absturz der New Economy. Zu viele hatten auf den kurzfristigen Erfolg gesetzt, aber nicht langfristig geplant. Dann kam die Senkung der Zinsen hinzu, um einen Absturz der Wirtschaft in die Rezession zu verhindern. Durch die jüngste Finanzkrise haben sich die Geschäftsprozesse vom quantitativen auf den qualitativen Aspekt verlagert – gefragt ist Nachhaltigkeit und in der Immobilienwirtschaft dauerhafte Werthaltigkeit. Das bedeutet, augenblicklich steht „prime property" ganz oben in der Nachfrage. Man kann auch sagen, es sind ausschließlich gute Immobilien mit bonitätsstarken Mietern und möglichst langen Miet-

vertragslaufzeiten gefragt – und alles an bevorzugten Standorten. Hier sind die Preise schon wieder so stark gestiegen, dass die Anfangsrenditen beim Erwerb entsprechend gefallen sind. Das heißt, irgendwann wird sich der Blick auf etwas risikobehaftetere Immobilien verlagern.

Weltweit liegt die Anzahl der zertifizierten Gebäude bereits im fünfstelligen Bereich. Welche Entwicklung erwarten Sie hier?

Wir müssen klar unterscheiden zwischen der Zertifizierung und der kostenmäßigen Transparenz eines Gebäudes. Bei großen Gebäuden ist es bisher so, dass sich die mit Energie behafteten Kosten in der internen Rechnungslegung verstecken. Man muss ein Monitoring betreiben, also alle entsprechenden Kosten transparent machen. Die Zertifizierung ist ein bedeutender Vorteil, aber da die Umweltschutzvorschriften weiter steigen, muss über die Zertifizierung hinaus geplant werden. Was heute gut ist, kann morgen schon veraltet sein. Im kommenden Jahr werden weitere Verschärfungen erfolgen.

Artquadrat, Bonn, 2009
Das 2009 fertig gestellte Artquadrat in Bonn ist Bestandteil des ersten und größten grünen Immobilienfonds für institutionelle Anleger.

Das mindert zwangsläufig den Wert des schönsten Umweltzertifikats von 2010.

Bei welchem Aspekt des Nachhaltigkeits-Dreiklangs (Ökologie, Ökonomie, Soziales) besteht Ihrer Meinung nach der größte Handlungsbedarf?

Der größte Handlungsbedarf besteht sicherlich bei den sozioökonomischen oder ökologischen Daten. Das Innenklima vieler Gebäude ist nicht immer so gut wie das Außenklima. Es muss darauf geachtet werden, dass die richtige Beleuchtung, Akustik und Thermik in den Räumen vorhanden sind. Der Wohlfühl-Aspekt beinhaltet qualitative Merkmale. Diese werden aber erst dann am Markt honoriert, wenn sie messbar sind. Insofern hat der Aspekt des Wohlbefindens der Mitarbeiter – insbesondere im Neubau und bei der Sanierung – an Bedeutung gewonnen. Wer sich im Büro wohlfühlt, leistet mehr. Hier zählen die möglichen Produktivitätssteigerungen mehr als die reinen Miet- und Betriebskosten.

Wie verfolgen Sie diese Erkenntnis konkret bei Ihren Gewerbeimmobilien?

Wir sind eine Kooperation mit Professor Klaus Sedlbauer vom Fraunhofer-Institut für Bauphysik (IBP) eingegangen. Er berät uns. Es wurde durch uns eine Dissertation über dieses Problem in Auftrag gegeben. Wir versuchen bei unseren Sanierungsobjekten und bei den Neubauten die Grundlagen dieser Erkenntnisse anzuwenden, weil dann voraussichtlich auch die Vermietung einfacher wird. Qualitative Aspekte wie optische Qualität, Lichtqualität, Belüftung etc. spielen eine große Rolle. Es besteht ja schließlich kein Mangel an Büroraum, wohl aber tut sich allmählich ein Mangel an qualifizierten Fachkräften auf. Um sie zu gewinnen, müssen schließlich auch die qualitativen Aspekte am Arbeitsplatz stimmen. Allerdings macht Nachhaltigkeit allein kein Gebäude wertvoller. Der Standort – also die Lage – muss stimmen, aber auch die Qualität des Gebäudes. Das wird in der generellen Diskussion leicht übersehen.

Die DGNB erweitert das Drei-Säulen-Modell durch Aufnahme „kultureller" und „funktionaler Qualität" im sozialen Zielbereich sowie durch weitere Bereiche mit „technischer Qualität" und „Prozessqualität". Ein Vorwurf lautet, dass es zu Verfälschungen bei der Bewertung der eigentlichen Nachhaltigkeit führen könnte. Ihre Meinung dazu!

Dieser Vorwurf ist nur dann berechtigt, wenn man ein Immobilien-Engagement als kurzfristig betrachtet. In der langfristigen Betrachtung sieht das anders aus. Da spielt die dauerhafte Lebenszyklus-Ökonomie eine große Rolle. Das DGNB-Zertifikat berücksichtigt diesen Aspekt. Wenn man dann noch berechnen kann, dass sich eingesetzte Baustoffe später wieder verwerten lassen, anstatt als Sondermüll teuer eingelagert und entsorgt werden zu müssen, dann hat man ein weiteres Argument für eine Lebenszyklusbetrachtung.

Langfristige Nutzerbetrachtungen unter Lebenszyklus-Gesichtspunkten fehlen noch weitgehend in der

Frankfurt Central, Frankfurt am Main, 2011
Direkt am Frankfurter Hauptbahnhof entsteht das Frankfurt Central - ein Vorzeigeobjekt für Energieeffizienz.

Bau- und Immobilienwirtschaft. Wie beurteilen Sie die Situation?

Heute haben wir in vielen Städten Leerstände. Immobilienanbieter müssen auf Qualität setzen, sonst bleiben sie auf ihrem Angebot sitzen. Die Krise hat auch positive Aspekte, denn man wechselt in der Branche von der quantitativen zur qualitativen Seite. Eine andere Einstellung hat keine Chance am Markt.

Das DGNB-Gütesiegel wird häufig von Interessenvertretungen der Bauherren und Investoren als zu teuer, zu kompliziert und zu aufwendig beurteilt.

Das sagen Leute, die sich offensichtlich nicht mit der Sache befasst haben. Sie bekommen heute eine anwendungsfreundliche CD. Da ist nichts kompliziert. Ein solches Urteil stimmt einfach nicht. Die richtige Frage wäre, unter welchen Voraussetzungen ein Zertifikat vorteilhaft ist. Das ist es heute auf jeden Fall, weil es nur wenige Gebäude gibt, die die entsprechenden Qualitäten aufweisen.

Was halten Sie von dem Atomausstieg?

Überhaupt nichts. Zwar kennt jeder, der sich mit dem Thema befasst, die Risiken, die damit verbunden sind, vor allem weil die Endlagerung nicht geklärt ist. Deutschland will aus der Atomenergie aussteigen, aber die Mehrzahl der Nachbarländer nicht. Zurzeit befinden sich Dutzende von Atomkraftwerken im Bau, im Ostblock, in Frankreich, in Italien. Frankreich hat jetzt gerade drei neue im Bau. Wir isolieren uns hier. Die Deutschen bauen übrigens im Ausland zum großen Teil mit, das heißt, wir ändern die Welt nicht, indem wir die Werke in unserem Land verbieten. Schon heute kaufen wir unseren Strom im Ausland. Und der Bedarf steigt. Das heißt, wir werden importabhängig – wenn das eine gute Strategie sein soll, dann „gute Nacht".

Wie lautet Ihr persönliches Credo zum Thema Nachhaltigkeit?

Deutschland allein kann das Weltklima nicht retten. Wenn China und Indien oder auch die USA nicht mitmachen, können wir dieses Ziel vergessen.

IVG Immobilien AG

Adresse
Zanderstraße 5-7
53177 Bonn
Tel. 0288-844-0
Fax 0228-844-107

Bürogründung
1916 in München

Anzahl der Mitarbeiter
600

Fünf Referenzen
▪ The Squaire, Frankfurt am Main, 2010
▪ Hackesches Quartier, Berlin, 2010
▪ Frankfurt Central, Frankfurt am Main, 2010
▪ Artquadrat, Bonn, 2009
▪ An den Brücken, München, 2009

The Squaire, Frankfurt am Main, 2010
Das 2010 fertig gestellte „The Squaire" in Frankfurt a.M. ist Europas
größte Gewerbeimmobilie: auf dem Dach des ICE-Fernbahnhofs, direkt
am Frankfurter Flughafen.

Hackesches Quartier, Berlin, 2011
Das Hackesche Quartier mitten im Zentrum Berlins, fertig gestellt 2011,
wurde mit einem internationalen Gütesiegel ausgezeichnet.

„NACHHALTIGKEIT HAT GENERELL ETWAS MIT EINEM HOHEN ANSPRUCH AN DIE ARCHITEKTURQUALITÄT ZU TUN"

Prof. Eckhard Gerber

Prof. Eckhard Gerber (Jahrgang 1938) gründete
1966 nach seinem Architekturstudium an der
Technischen Hochschule in Braunschweig das Büro
„Werkgemeinschaft 66". Seit 1979 bis heute arbeitet
das Büro Gerber Architekten in Dortmund. Von 1981 bis
1992 lehrte Eckhard Gerber als Professor für „Grundlagen
der Gestaltung und angewandte Gestaltungslehre für
Architektur und Landespflege" an der Universität Essen,
ab 1990 für „Grundlagen der Gestaltung und Entwerfen für
Architektur" an der Bergischen Universität in Wuppertal,
wo er von 1995 bis 1999 Dekan des Fachbereichs
Architektur war. Er ist Mitglied des Bundes Deutscher
Architekten sowie des Deutschen Werkbundes und ist als
Jury-Vorsitzender von internationalen Wettbewerben tätig.
Zu den renommierten Projekten von Gerber Architekten
gehören u. a. das Harenberg Hochhaus in Dortmund, die
Neue Messe Karlsruhe, die King Fahad Nationalbibliothek
Riad/Saudi-Arabien, die Prince Salman Science Oasis Riad/
Saudi-Arabien sowie der RWE Tower in Dortmund.

„WEGWERF-ARCHITEKTUR KÖNNEN WIR UNS HEUTE NICHT MEHR LEISTEN"

Wie lautet die Philosophie Ihres Büros?

Wir betrachten uns als Dienstleister und haben keine bestimmte formal stilistische Philosophie, was uns eine bestimmte Freiheit gibt. Unsere Gebäude sind immer wieder anders, sollen als Unikate den Genius Loci widerspiegeln, um im Kontext aller Teilaspekte eine einprägsame Idee von Gebäude und Raum zu formulieren.

Wie empfinden Sie die Nachhaltigkeitsdiskussion in Deutschland?

Wir beobachten eine Rückkehr zum traditionellen Bauen. Die Aspekte der Nachhaltigkeit waren in der Vergangenheit zwangsläufig von hoher Bedeutung, weil man wenig Energie und auch keine großartigen Transportmöglichkeiten hatte. Es wurden diejenigen Materialien verwendet, die man vor Ort fand. Man versuchte solche Häuser zu bauen, die möglichst wenig Energie brauchten. Das hat sich zu Beginn der 30er-Jahre verändert, weil wir plötzlich Energie im Überfluss zur Verfügung hatten. Es gab einen regelrechten Technik-Fetischismus. Man vergaß die traditionellen, also die „nachhaltigen" Regeln, heute besinnt man sich wieder auf genau diese.

Ist die Suche nach der Dauerhaftigkeit die Basis all Ihres Schaffens?

Richtig! Es gab eine Phase, in der man meinte, dass wir nur noch Wegwerf-Architektur bräuchten, Gebäude, die für fünfzehn bis zwanzig Jahre benutzt und ebenso lange abgeschrieben werden, um sie danach abzureißen und wieder neu zu bauen. Das war ein Irrweg. Eine Wegwerf-Architektur können wir uns heute nicht mehr leisten.

Inwiefern werden Sie durch politische Reglementierungen in Ihrem täglichen Planungsprozess eingeschränkt?

Politisch werden die Aspekte der Nachhaltigkeit in der Planung sehr hoch angesetzt. Wenn es dann um die Umsetzung geht, werden die Dinge alle restriktiver gehandhabt, sie kosten Geld! Also wird man vorsichtig.

Wird Nachhaltigkeit vonseiten der Bauherrenschaft zunehmend eingefordert?

In der privaten Wirtschaft ist das so. Ein Investor, der ein Bürogebäude baut und einen Mieter sucht, weiß genau, dass er in Zukunft nur dann einen Mieter finden wird, wenn der Energieverbrauch des Gebäudes niedrig ist und es auch darüber hinaus allen modernen gestalterischen und technischen Gegebenheiten gerecht wird. Bei der öffentlichen Hand setzt sich das Thema weitaus langsamer durch. Die Mehrkosten werden immer wieder diskutiert. Wir haben vielfach versucht, unsere öffentlichen Projekte zertifizieren zu lassen. Bedauerlicherweise bislang erfolglos, die Bereitschaft seitens der Bauherrenschaft ist schon notwendig. Eine Zertifizierung müsste sinnvollerweise mit der Planung beginnen, zu einem späteren Zeitpunkt oder im Nachhinein ist es schwierig, einen Bewertungsprozess durchzuführen.

Spielen in Ihren Entwürfen Nachhaltigkeitskriterien eine entscheidende Rolle?

Das Thema Nachhaltigkeit zieht sich als Gedanke durch alle unsere Tätigkeiten. Schon allein die Frage nach dem Standort, aber auch nach dem Material ist wichtig. Wie lange hält das Material, wann muss man es erneuern, wie oft reinigen? Nachhaltigkeit beinhaltet Aspekte wie die optimale Benutzbarkeit eines Gebäudes, die Zufriedenheit der Menschen, die in diesem Gebäude wohnen, arbeiten oder ihren sonstigen Dingen nachgehen. Wenn ein Gebäude in seiner Materialität, aufgrund seiner Funktion und seiner hohen Erlebnisqualität langfristig genutzt werden kann, dann erfüllt es nachhaltige Kriterien. Nachhaltigkeit hat generell etwas mit einem hohen Anspruch an die Architekturqualität zu tun. Wir haben immer versucht, hohe und nachhaltige Qualität zu bauen. Energetische Themen sind dabei ein Faktor unter vielen, die sich aber auch gegenseitig bedingen. Bei den heutigen komplexen Bauaufgaben muss der Aspekt der Nachhaltigkeit allerdings differenziert gewertet werden. Ein Instituts- oder Laborgebäude z. B. ist in seinen technischen Funktionen sehr komplex und hat eine sehr hohe technische Ausstattung, auf die man nicht verzichten kann. Oder bei unserem Energy Tower in Riad, der ein gutes Beispiel für nachhaltiges Bauen und für die Verknüpfung traditioneller Bauweisen mit intelligenter Technik ist. Dieser Tower ist speziell auf die klimatischen Gegebenheiten des Mittleren Ostens abgestimmt. Die Prinzipien der in der arabischen Architektur üblichen Windtürme werden genutzt und weiterentwickelt. Die traditionellen Windtürme ermöglichen eine völlig ökologische Form der Gebäudekühlung. Sie fangen den Wind über dem Gebäude ein und leiten ihn kühlend durch das Gebäudeinnere. Unser Energy Tower nutzt auch den Wind für die Be- und Entlüftung, erzeugt aber über die Gebäudeform eine Sogwirkung, sodass eine mechanische Lüftungsanlage überflüssig wird. Sein Gesamtenergiebedarf wird hierdurch und durch weitere Maßnahmen um etwa 60 Prozent reduziert, also im Vergleich zu einem Standard-Hochhaus gleicher Größe. Das ist gerade für die Klimazonen in den arabischen Ländern interessant. Der hohe Energieaufwand für die Gebäudekühlung wird in Zukunft auch dort nicht mehr zu finanzieren sein. Ich bin zuversichtlich, dass wir dieses Projekt bauen werden.

Worauf legen Sie bei Laborgebäuden in punkto Nachhaltigkeit besonderen Wert?

Die planerische Herausforderung liegt bei Laborgebäuden in der Vermittlung zwischen den funktionalen Anforderungen und der technisch aufwendigen Versorgung der Laborräume. Entscheidend ist eine vorausschauende Planung, die für später sich verändernde Ansprüche reversibel und flexibel sein muss. Alles andere, also die Schaffung einer qualitätvollen Architektur, einer interessanten Räumlichkeit in einem ästhetisch anspruchsvollen Ambiente unterscheidet sich nicht von anderen Bautypologien. Das vorhandene Chemiegebäude in Gießen beispielsweise ist noch keine dreißig Jahre alt, wird jetzt abgerissen und von unserem Büro durch einen Neubau ersetzt. So sollte es nicht sein. Ein solches Gebäude sollte meines Erachtens mindestens fünfzig bis hundert Jahre seinen Dienst tun, wenn möglich, sogar länger. Die Technik sollte immer dem neusten Stand angepasst werden können, ohne dass man ein solches Haus aufgeben muss.

Der Anspruch an Nachhaltigkeit ruht auf den drei Säulen Ökonomie, Ökologie und Sozialem. Wo herrscht Ihrer Meinung nach der größte Handlungsbedarf?

Diese Klassifizierungen sind schwierig und in sich von widersprüchlichen Interessen getragen. Ich würde sagen, der Handlungsbedarf besteht darin, diese drei Dinge wirklich gut miteinander zu verknüpfen, also dem jeweiligen Stellenwert der drei Säulen bereits bei der Definition der Aufgabenstellung angemessen Rechnung zu tragen.

Finden die soziale, kulturelle und gestalterische Nachhaltigkeit ausreichend Bedeutung?

Letztere hatte leider noch nie große Bedeutung in Deutschland. Es ist immer wieder unsere Aufgabe als Architekten, Überzeugungsarbeit in Bezug auf die gestalterische Nachhaltigkeit zu leisten. Ein wichtiges Aufgabenfeld unserer Arbeit.

Welche Verantwortung empfinden Sie als Architekt der Gesellschaft gegenüber?

Die rasante Zunahme der Weltbevölkerung wird zu immer schnellerem Raubbau an den Ressourcen unserer Welt führen. Die rasant wachsenden Städte der Welt mit billigem Wildwuchs von Architektur müssen geordnet und strukturiert werden. Wir stecken als Architekten in einem Dilemma. Einerseits müssen wir unsere wirtschaftliche Existenz und die unserer Mitarbeiter sichern, andererseits sind wir der Gesellschaft mit

Visualisierung Gärtner und Christ

Energy Tower, Dubai, Entwurf 2006
Das Null-Primärenergie-Hochhaus verknüpft traditionelle Bauweisen mit intelligenter Technik. Grundlage dieser Entwicklung sind die in der historischen Architektur weit verbreiteten Windtürme.

„BEI DEN HEUTIGEN KOMPLEXEN BAUAUFGABEN
MUSS DER ASPEKT DER NACHHALTIGKEIT
DIFFERENZIERT GEWERTET WERDEN"

Christian Richters

Dortmunder U – Zentrum für Kunst und Kreativität, Dortmund, 2010
*Ein Beispiel für nachhaltige Stadtentwicklung: Mit dem Umbau des „Dortmunder U" zum
Zentrum für Kunst und Kreativität gelingt eine Neuinterpretation des Ortes. Er wirkt als
Impulsgeber für die westlichen Brachflächen der Dortmunder Innenstadt.*

der Schaffung eines baukulturellen Mehrwerts verpflichtet. Es gibt eine Gruppe von Architekten, die bauen immer in einem ganz bestimmten Formenkanon, sodass man an den Gebäuden den Architekten erkennen kann. Die andere Gruppe der Architekten stellt sich diesen verantwortungsvollen Herausforderungen immer wieder neu, und zu denen zähle ich mich, das hat auch etwas mit Neugierde zu tun. Die heutige Komplexität eines Projektes kann den Anspruch von Ganzheitlichkeit kaum mehr erfüllen. Dem Streben, diesem wieder gerecht zu werden, zum Beispiel durch interdisziplinäre Kooperationen, kann nicht genug Aufmerksamkeit zuteil werden.

Die Problematik in der Nachhaltigkeitsdiskussion konzentriert sich auf den Bestand. Wie sehen Sie das?

Der Wohnungs- und Bürohausbereich ist privatwirtschaftlich organisiert, die Frage der Nachhaltigkeit im Bestand klärt sich über Angebot und Nachfrage. Da sehe ich keine

großen Probleme. Im Bereich der öffentlichen Hand, also im Falle von beispielsweise Altersheimen oder sozialen Instituten, stellt sich die Frage, wie viel Geld vorhanden ist und wie viel Geld unsere Gesellschaft bereit ist, zu investieren. Erst wenn Letzteres geklärt ist, werden wir Architekten mit den Aufgaben betraut und dann werden wir sie auch lösen.

Sie haben drei Wunschszenarien in Bezug auf Nachhaltigkeit. Wie lauten diese?

Erstens – Nachhaltigkeit kann man ganz politisch sehen. Es zeichnet sich ein enormer Handlungsbedarf in der Familien- und Bildungspolitik ab, insbesondere hinsichtlich der Bewältigung der Konsequenzen aus dem demografischen Wandel. Erst mit der langfristigen Lösung dieser Problemfelder werden ganz grundsätzliche Voraussetzungen für weitere Entwicklungen geschaffen. Zweitens – konkret hätte ich mir vorstellen können, dass es weltweit nur ein Zertifizierungsprogramm

wie zum Beispiel LEED gibt. Das hätte ich einfacher gefunden. Aber Deutschland will immer noch alles viel perfekter machen, und damit wird es auch komplizierter. Und drittens – wie ich bereits angesprochen habe, sollte gerade die öffentliche Hand mit gutem Beispiel vorangehen, die Zertifizierungsmaßnahmen verstärkt an den öffentlichen Gebäuden praktisch und finanziell umzusetzen.

Wie beurteilen Sie das Siegel der Deutschen Gesellschaft für nachhaltiges Bauen?

Unser Büro gehört zu den Gründungsmitgliedern der Deutschen Gesellschaft für nachhaltiges Bauen. Wir unterstützen die Arbeit der Gesellschaft und halten eine Zertifizierung in der Zukunft für notwendig. Das Siegel wird sich sicherlich im Laufe der Zeit noch modifizieren, da es noch längst nicht für alle Aufgabengebiete durchorganisiert ist. Für Wohn- und Bürobauten kann ich es anwenden, für Laborgebäude ist es noch nicht ausgelegt.

Hans Jürgen Landes

King Fahad National Library in Riad, Saudi-Arabien
Der Neubau umhüllt den Altbau. Die Fassade der Bibliothek aus ornamentalen Textilsegeln schützt vor starker Sonneneinstrahlung. Die arabische Tradition der Zeltstrukturen und das im kulturellen Verständnis der Araber verankerte Prinzip des Verhüllens werden auf technologisch moderne Art interpretiert.

Wie nachhaltig empfinden Sie die Metropole Ruhr?

Ich sehe für diese Region eine ganz große Entwicklung in der Zukunft voraus. Deshalb habe ich mich vor vielen Jahren auch hier in Dortmund niedergelassen. Ich bin ein Verfechter der Metropole Ruhr im Sinne einer einheitlichen politischen Stadt, mit vielen verschiedenen, gut vernetzten Zentren. Sie würde nach London und Paris die drittgrößte Stadt im Herzen Europas sein, mit einer Stimmung ähnlich der Berlins nach der Wende. Zahlreiche junge Leute würden angezogen und viel Neues entstünde. Zwischenräume, Industrie- oder Landschaftsbrachen können vermehrt als Erweiterungs- oder als Landschaftsparkflächen revitalisiert und zum Bauen genutzt werden. Eine hervorragende Struktur, die es nirgendwo auf der Welt in dieser Form gibt. Die Metropole Ruhr kann sich entwickeln, Voraussetzungen wie Schienen- und Straßennetze sind geschaffen. Nun muss es politisch umgesetzt werden.

Gerber Architekten

Adresse
Tönnishof 9-13
44149 Dortmund
Tel. 0231-9065-0
Fax 0231-9065-111

Bürogründung
1966 in Meschede

Anzahl der Mitarbeiter
85

Fünf Referenzen
▦ King Fahad National Library in Riad, Saudi Arabien, 2010
▦ Energy Tower, Dubai, Entwurf 2006
▦ U-Turm – Zentrum für Kunst und Kreativität, Dortmund, 2010
▦ Konzertsaal der Hochschule für Musik und Theater, Leipzig, 2001
▦ Biologische Institute der Universität Dresden, Dresden, 2005

Hans Jürgen Landes

Konzertsaal der Hochschule für Musik und Theater, Leipzig 2001
Die Beziehungen im Verhältnis zu Zeit, Dauerhaftigkeit und Vergänglichkeit, zwischen Kultur und Geschichte werden neu bestimmt. Ein bespielbarer Außenraum mit neuer Aufenthaltsqualität entsteht in einem internen Hof zwischen Alt und Neu.

Holger Stein

Biologische Institute der Universität Dresden, Dresden 2005
Der Entwurf für die Biologischen Institute überträgt den Gedanken der wissenschaftlichen Kooperation in zwei funktional strukturierte Gebäuderiegel, die durch eine Licht durchflutete Halle als Ort der Zusammenkunft verbunden werden.

„ES IST UNMÖGLICH, WEITER WOHLSTAND ZU GENERIEREN, WENN WIR WEITER SO LEBEN WIE BISHER"

Regine Günther

Regine Günther (Jahrgang 1962) hat Politische
Wissenschaft sowie Mittlere und Neuere Geschichte
in Heidelberg, Madrid und Berlin studiert. Nach ihrem
Studium war sie u. a. Geschäftsführerin bei den Kritischen
Bayer-Aktionären, Projektleiterin bei der Berliner
Energieagentur GmbH und Consultant bei der Gesellschaft
für Technische Zusammenarbeit (GTZ). Seit 1999 leitet
sie den Klima- und Energiebereich der Umweltstiftung
World Wide Fund for Nature (WWF) Deutschland. Sie ist
Sprecherin des Leitungskreises des Forums für Umwelt
und Entwicklung, einem Zusammenschluss deutscher und
internationaler Nicht-Regierungs-Organisationen.

„UNSERE MISSION IST DIE ERHALTUNG DER BIOLOGISCHEN VIELFALT AUF UNSEREM PLANETEN"

Wie lautet die Philosophie Ihres Unternehmens?

Wir sind eine Natur- und Umweltschutzorganisation. Unsere Mission ist die Erhaltung der biologischen Vielfalt auf unserem Planeten. Eine der zentralen Herausforderungen besteht darin, den schnell fortschreitenden Klimawandel zu begrenzen. Nur so können wir es schaffen, einen lebendigen Planeten und letztlich die Grundlagen unseres Wohlstandes zu bewahren. Wir müssen jetzt beginnen, unsere Wirtschaft auf Produktionsweisen und Dienstleistungen umzustellen, die ohne den Ausstoß von Treibhausgasen auskommen. Nur mit einer solchen Veränderung unserer Wirtschaftsweise werden wir die drohenden Auswirkungen des Klimawandels beschränken, Arbeitsplätze schaffen und unseren Lebensstandard auch weiterhin sichern. Eine solche Transformation erfordert jedoch Mut zur Veränderung. Mut von Politik, Wirtschaft und Gesellschaft. Der WWF ist davon überzeugt, dass ein Paradigmenwechsel nötig und möglich ist. Deutschland kann und soll hier Vorbild und Impulsgeber in Europa sein.

Welche Programme begleitet Ihr Unternehmen aktuell, damit Menschen sich ihrer Verantwortung für den Erhalt des Ökosystems bewusst werden?

Unser Kerngeschäft ist das Aufzeigen von Wegen zur Erhaltung eines lebendigen und lebenswerten Planeten, damit wir zukünftigen Generationen keinen geplünderten und zerstörten Lebensraum hinterlassen. Das betrifft den Schutz des gesamten Ökosystems, angefangen von Wäldern, Flüssen, Meeren und Küsten bis hin zur Atmosphäre. Es geht um den Schutz und die schonende Nutzung dieser natürlichen Ressourcen, wobei deren Grenzen akzeptiert und respektiert werden müssen. Mit Blick auf den Klimaschutz dürfen eben keine fossilen Energieträger wie Kohle, Öl und Erdgas mehr verbrannt werden, unser Energiesystem muss schnellstmöglich auf erneuerbare Energien umgestellt werden. Durch die Zerstörung

der Wälder werden einerseits große Mengen Treibhausgase freigesetzt, andererseits aber auch die Lebensräume vieler Arten unwiederbringlich zerstört. Dies bedroht die Biodiversität. Eine der großen Stärken des WWF ist es, Wissen zu diesen Herausforderungen bereitzustellen und gleichzeitig neue Lösungswege aufzuzeigen. Durch unsere Zusammenarbeit mit Unternehmen und Politik können wir zeigen, dass sich Ideen für eine nachhaltige und Ressourcen schonende Zukunft sehr gut in Businessmodelle und Entwicklungsstrategien umsetzen lassen. Im Klima- und Energiebereich arbeiten wir intensiv für die sogenannte Dekarbonisierung der gesamten Volkswirtschaft. In Deutschland müssen wir einen Entwicklungspfad einschlagen, auf dem im Jahr 2050 nur noch 5 Prozent der Menge an Treibhausgasemissionen von 1990 in die Atmosphäre freigesetzt werden. Diese grundlegende Veränderung des Energie- und Wirtschaftssystems erfordert in vielen Bereichen vollkommen neue Technologien und Infrastrukturen. Der Stromsektor muss auf Energieeffizienz und vollständige Versorgung mit erneuerbaren Energien umorientiert werden. Im Verkehrssektor ist der Umstieg auf Elektromobilität eine Schlüsselinnovation. Wir brauchen vollkommen neue Stromnetze und eine neue Verkehrsinfrastruktur. Eine umfangreiche Studie mit dem Titel „Modell Deutschland" von Prognos und Öko-Institut hat uns sehr deutlich gezeigt, dass solch ein Umbau möglich und bezahlbar ist. Wenn wir jetzt damit beginnen, können wir im Jahr 2050 nicht nur mit Blick auf den Klimaschutz profitieren, sondern auch wegen unserer verringerten Verletzbarkeit bezüglich hoher und stark schwankender Energiepreise. Das ist keine Utopie, sondern ist unterlegt durch konkrete Strategien und Technologien. Wenn wir aber nicht unmittelbar beginnen, werden wir die erforderlichen Emissions-Reduktionen nicht erreichen können, zu denen wir als Industrieland mit Blick auf unsere Verantwortung an der globalen Klimaerwärmung verpflichtet sind. Deutschland und Europa insgesamt stehen hier als Vorreiter in

besonderer Verantwortung. Vor allem Deutschland und Großbritannien können und müssen hier Motoren sein. Frühzeitiges Agieren ist jedoch auch aus einer anderen Perspektive angeraten: Wenn wir die aktuellen Entwicklungen bei den erneuerbaren Energien in der Welt und die Rolle der deutschen Industrie in diesem Sektor betrachten, kann man schon sagen, dass ambitionierte Klimaschutzpolitik keineswegs die viel prognostizierten Nachteile, sondern große Vorteile für den Wohlstand in unserem Land bewirkt.

Wie schätzen Sie die internationale Zusammenarbeit der Länder in Bezug auf Klimaschutz und Nachhaltigkeit mit dem Ziel des Erhalts einer lebenswerten Umwelt ein?

Internationale Zusammenarbeit ist ein komplexes Thema. Im Rahmen der Vereinten Nationen zeigen sich langsame Fortschritte. Die große Klimakonferenz 2009 in Kopenhagen hat noch nicht das angestrebte ambitionierte Abkommen geschaffen und endete mit einer großen Enttäuschung. Die Klimakonferenz im letzten Dezember in Cancún hat dann allerdings schon gezeigt, dass die internationale Staatengemeinschaft nach wie vor ein sehr großes Interesse an einer gemeinsamen Lösung hat. Die Idee eines großen international rechtsverbindlichen Abkommens wurde nicht aufgegeben, Fortschritte sind möglich, werden aber ihre Zeit benötigen. Wir dürfen uns allerdings jetzt nicht nur auf das eine große Klimaschutzabkommen der internationalen Staatengemeinschaft fixieren, das, kurzfristig ausgehandelt, alle Probleme lösen und regional umgesetzt werden würde. Wir müssen auf nationaler Ebene Entwicklungsmuster entwickeln, die international beachtet und übernommen werden. Mit bilateralen Übereinkommen können die Möglichkeiten einer internationalen Verbreitung ausgelotet werden. Die Leitidee der internationalen Zusammenarbeit ist inzwischen nicht mehr nur, irgendwann ein umfassendes Abkommen zu verabschieden, das dann in den verschiedenen Staaten und Regionen quasi im Selbstlauf in die konkrete Umsetzung geht. Es

Torfmoorwälder Dammbau, Indonesien 2007
Seit 2006 verschließt der WWF gezielt Entwässerungskanäle durch den Bau zahlreicher Dämme, um die Torfmoorwälder Sebangaus (Indonesien) wieder zu vernässen, einen natürlich funktionierenden Wasserkreislauf herzustellen und die Waldbrandgefahr deutlich zu verringern.

Gorilla Beobachtung Dzanga Sangha, 2004
Die Naturschützer vom WWF arbeiten seit über zehn Jahren daran, Gorillas im Regenwald in der Zentralafrikanischen Republik an die Anwesenheit von Menschen zu gewöhnen. Diese sogenannte „Habituierung" soll helfen, den sanften Tourismus in der Region zu fördern.

„UNSER ENERGIESYSTEM MUSS SCHNELLSTMÖGLICH AUF ERNEUERBARE ENERGIEN UMGESTELLT WERDEN"

ist ein schrittweiser und mühsamer Prozess mit vielen Handlungssträngen, für den man einen langen Atem und vor allem viel politischen Willen und große politische Fantasie haben muss. Deutschland und Europa sind hier stark gefordert, um zu demonstrieren, dass sie weiter die international anerkannte Führungsrolle im Klimaschutz haben. Diese Rolle kann Europa halten, denn es hat sich gezeigt, dass wir uns für die Zukunft gut aufgestellt haben. Wir müssen uns nur, auch im wohlverstandenen eigenen Interesse, entscheiden, diesen Weg fortzusetzen und die Innovation nicht anderen Staaten zu überlassen. Die chinesische Regierung plant beispielsweise in ihrem nächsten Fünfjahresplan Milliarden in den Umbau in eine klimafreundliche Wirtschaftsweise durch erneuerbare Energien zu investieren. Hier erschließt sich ein gigantischer Zukunftsmarkt. Für Europa stellt sich dabei die Frage, ob es an diesem Markt teilnehmen und ihn prägen wird oder nicht. Auch insofern ist natürlich internationale Zusammenarbeit wichtiger denn je. Einerseits bei internationalen Verhandlungen, aber andererseits auch parallel dazu in multi- und bilateralen Klimaschutzkooperationen.

Welchen Einfluss können Sie auf die Wirtschaft nehmen, um die Unternehmen für den Klimaschutz zu gewinnen?

Wir sehen am Beispiel der erneuerbaren Energien, dass immer mehr Unternehmen vom Wandel unseres Energiesystems profitieren. Ähnliches ist für die Energieeffizienz zu beobachten, beispielsweise bei Dämmstoffen oder modernen Heizungsanlagen. Die Entwicklung dieser neuen Industrien vollzieht sich aber inmitten vielfältiger politischer Auseinandersetzungen und auf teilweise stark vermachteten Märkten. Gut lassen sich Gegner oder Befürworter des Wandels in der Energiewirtschaft ausmachen. Die großen etablierten Energieversorgungsunternehmen verdienen immer noch mit Kern- und Kohlekraftwerken sehr viel Geld. Die Treiber für die Zukunft sind

aber zumeist Newcomer. Wir versuchen, diese Innovateure zu unterstützen. Es gibt auch etablierte Technologieanbieter, wie beispielsweise Siemens, die ihr Portfolio von Klima schützenden Technologien sehr stark ausgebaut haben und zu den Gewinnern der neuen Wirtschaftsweise gehören. Wir versuchen gerade mit Blick auf die Unternehmen auch gegenüber der Politik viel offensiver aufzutreten und so deutlich zu machen, dass klimafreundliches und effizientes Wirtschaften ökonomisch profitabel ist und unsere Zukunft sichert.

Wie beurteilen Sie die Nachhaltigkeitsergebnisse der öffentlichen und privaten Wirtschaft?

Es gibt Fortschritte im Bereich der Energieeffizienz. Viele Unternehmen haben ihre Treibhausgasemissionen reduziert, allerdings oft nicht in dem notwendigen Ausmaß und in der klimapolitisch notwendigen Geschwindigkeit. Wir haben Erfolge, dürfen aber nicht stehen bleiben, sondern der Wandel muss beschleunigt werden. Im Moment sehe ich da Schwierigkeiten, weil die Unternehmen, die als Gegner des Wandels auftreten, augenblicklich sehr viel Gehör finden. Dennoch, der Wandel wird kommen. Handlungsdruck kommt teilweise aus Regionen wie China und Indien. Diese Staaten erkennen zunehmend, dass sie mit dem Ressourcenverbrauch auf dem Niveau der westlichen Welt niemals den Wohlstand für ihre Bevölkerung schaffen können, wie wir ihn heute genießen. Sie werden ihre Wohlstandsziele nur erreichen, wenn sie Ressourcen viel effizienter nutzen und nicht allein von erschöpflichen und damit zukünftig teuren Rohstoffen abhängig werden. Insofern gibt es dort einen großen Zwang und eine wirtschaftliche Notwendigkeit, anders zu wirtschaften, als wir es getan haben. Wenn ein Produkt mit der Hälfte der Energie oder mit der Hälfte der Rohstoffe produziert werden kann, dann ist das heute schon ein klarer und zukünftig ein unschlagbarer Wettbewerbsvorteil. Den Anschluss an diese Entwicklung zu verlieren, bedeutet lang

andauernde Wettbewerbsnachteile. Den Unternehmen muss klar werden, dass sie, wenn sie nicht an neuen Produkten zu Energie- und Ressourceneffizienz sowie erneuerbaren Energien forschen und die notwendigen neuen Geschäftsmodelle entwickeln, sehr schnell nicht mehr im Geschäft sind. Im Jahr 2050 werden ungefähr neun Milliarden Menschen auf unserer Erde leben, viele der Ressourcen werden verbraucht sein. Es ist unmöglich, weiter Wohlstand zu generieren, wenn wir so weiterleben wie bisher. Die Unternehmen, die sich relativ schnell umstellen, werden wirtschaftlich erfolgreich sein. Die deutsche Industrie hat jetzt noch die Chance, ein Teil des erfolgreichen Segments der zukünftigen Wirtschaft zu sein.

Wie bewerten Sie die Umsetzung des Themas Nachhaltigkeit in der deutschen Bau- und Immobilienbranche?

Die Sanierung der bestehenden Gebäude mit effizienteren Materialien, die weniger umweltbelastend sind, ist eine der großen Herausforderungen ambitionierter Energie- und Klimapolitik. Wir brauchen neue Produkte, Geschäftsmodelle und veränderte politische Rahmenbedingungen, um das umzusetzen. Hier bleibt viel zu tun. Wenn wir im Jahr 2050, so lautet die Herausforderung, fast alle Häuser auf Null-Emissionsstandard umstellen wollen, brauchen wir Innovationen, bei Dämmstoffen, bei der Qualität am Bau, bei der Finanzierung und im Mietrecht. Das ist noch ein weiter Weg. Ich glaube, dass die Bauindustrie hier mehr Fantasie entwickeln und Druck auch in Richtung Politik ausüben muss, sowohl bei ambitionierten technischen Standards als auch mit Blick auf intelligente Fördermodelle. Gerade heute ist das von nicht zu unterschätzender Bedeutung: Das Sparpaket für Gebäudesanierungen wird wegen der geplanten Streichung von Fördergeldern erhebliche negative Auswirkungen auf die Bauwirtschaft haben. Hier muss etwas vonseiten der Bau- und Immobilienbranche passieren.

Eisskulpturen am Gendarmenmarkt, 2009
Anlässlich der Vorstellung einer Studie zur Bedeutung der Arktis und der Bedrohung der dortigen Eis-
schmelze für unser Klima platzierte der WWF zusammen mit ca. 300 Berlinern und Besuchern im Sep-
tember 2009 1.000 handgefertigte Eisfiguren auf der Freitreppe des Konzerthauses am Gendarmenmarkt.

Wo werden wir in 40 Jahren mit dem Thema Klimaschutz stehen?

Wenn unsere Gesellschaft verantwortungsbewusst handelt, wohnen wir in 40 Jahren in gut gedämmten Häusern. Wir werden uns mit Elektroautos und in öffentlichen Nahverkehrsmitteln fortbewegen. Bei weiteren Entfernungen nutzen wir vielleicht effiziente Fahrzeuge, die Biokraftstoffe verbrauchen. Die Industrie wird auf Ressourceneffizienz ausgerichtet sein. Wir werden weniger Fleisch essen und die Waldvernichtung stoppen, indem wir auf andere Produkte umgestiegen sind, und werden trotzdem kein schlechteres Leben führen. Wenn wir dagegen in dieser Frage kollektiv versagen, werden wir die globale Klimaerwärmung nicht eindämmen können. Wir würden einen galoppierenden Klimawandel erleben, der uns Stürme und Hochwasser bringt, der in vielen Regionen die Gletscher abschmelzen lässt, der zu vielerlei Katastrophen führen und viele Pflanzen- und Tierarten in der Natur aussterben lassen würde. Auch ökonomisch würden wir in diesem Szenario schlechter stehen, weil wir für die vielen Schäden zahlen müssten. Wir werden uns entscheiden müssen. Entweder gehen wir den Weg, der wirklich mehr Zukunft und besseren Lebensstandard für alle bringt, oder wir verweigern uns weiterhin dem notwendigen Wandel und bleiben beim Nichtstun. Eine ökologisch bessere Zukunft ist mit maximal ein Prozent des Bruttoinlandsproduktes zu finanzieren und wird uns zukünftig auch ökonomisch weniger verletzbar machen. Ich glaube fest daran, dass der große Paradigmenwechsel darin besteht, den Menschen verständlich zu machen, dass Wandel nicht Unsicherheit, sondern größtmögliche Sicherheit bedeutet. Nur wenn wir uns heute schnell und stark verändern, ist unsere Zukunft gesichert.

WWF

Adresse
WWF Deutschland-Zentrale
Reinhardtstraße 14
10117 Berlin
Tel. 030-308742-0
Fax 030-308742-50

Gründung WWF Deutschland
1963 in Berlin

Anzahl der Mitarbeiter
150 WWF Deutschland, 5.000 weltweit

Fünf Referenzen
■ Brandbekämpfung, Russland, 2008
■ Gorilla-Beobachtung, Dzanga Sangha, 2004
■ Torfmoorwälder Dammbau, Indonesien, 2007
■ Tigerzählung, Russland, 2009
■ Wiederaufforstung, Indonesien, 2009

Energiewende jetzt! - Earth Hour, 2011
Aus über 3.000 Kerzen hatten Aktivisten des WWF und der WWF-Jugend anlässlich der Earth Hour am 26. März 2011 den riesigen Schriftzug „Energiewende jetzt!" vor dem Brandenburger Tor in Berlin gelegt.

Wolfsschutzprojekte in Deutschland, 2011
Der WWF setzt sich dafür ein, dass sich die Wölfe langfristig wieder in Deutschland ansiedeln und unterstützt weitere europäische Wolfsschutzprojekte.

„NACHHALTIGKEIT IST VERANTWORTUNG FÜR BAUKULTUR"

Annette von Hagel

Annette von Hagel (Jahrgang 1955) studierte Architektur an der Technischen Universität Darmstadt. Sie war bis 1981 bei der Lufthansa in Frankfurt am Main tätig, von 1985 bis 1992 IT-Consultant und IT-Trainerin für Maschinenbau bei der Prime Computer GmbH Wiesbaden. Von 1992 bis 1995 arbeitete sie bei J.S.K. Architekten Berlin, ab 1995 engagierte sie sich als selbstständige Architektin und Beraterin im Facility Management. 2003 wechselte sie in das Bundesamt für Bauwesen und Raumordnung. Seit 2005 ist sie bei der Bundesanstalt für Immobilienaufgaben mit den Schwerpunkten Facility Management und Konzepte nachhaltigen Bauens verantwortlich. Seit 2010 ist sie aktiv im Beirat der Deutschen Unternehmerinitiative Energieeffizienz (DENEFF) und als Dozentin für Facility Management an den Fachhochschulen Spittal an der Drau und Kufstein (Österreich).

„MIT DER WAHL EINES STANDORTES FÜR EIN GEBÄUDE MÜSSEN SICH BUND, LÄNDER UND KOMMUNEN IHRER VERANTWORTUNG UND VOR-BILD-FUNKTION BEWUSST SEIN"

Der Begriff Nachhaltigkeit durchdringt alle gesellschaftlichen Bereiche. Wie beurteilen Sie die Diskussion um Nachhaltigkeit in unserem Land?

Die Diskussion in Deutschland zu diesem Begriff ist weit fortgeschritten und an sich positiv besetzt. Ist ein Begriff allerdings nicht klar und eindeutig definiert, sodass er nur in einem engen Rahmen zu nutzen ist, kann er inflationär werden. Die Diskussionen werden seit Ende der 80er Jahre geführt und sind seit dieser Zeit sehr öffentlich, Nachhaltigkeit wird mittlerweile auf sehr viele Bereiche übertragen, unter anderem den Umwelt- und Klimaschutz sowie die Bau- und Immobilienbranche. Die Komplexität des Bauens darf man nicht unterschätzen. Ein nachhaltiges Konzept bezieht sich eben nicht nur auf den Neubau. 95 Prozent aller Gebäude, die wir benötigen, sind bereits gebaut. Wir müssen uns dessen bewusst sein, wie viel Zeit die Errichtung eines Gebäudes in Anspruch nimmt, und in welchem Verhältnis die Bauzeit zur Nutzungszeit steht. Deshalb müssen wir uns vornehmlich Gedanken über den Gebäudebestand – und dies immer unter dem Aspekt des Lebenszyklus – machen. Das Thema des nachhaltigen Bauens hat sich etabliert und wird selbstverständlicher. Die Widerstände werden den positiven Erfahrungen weichen. Das Thema Nachhaltigkeit wird sich in allen Gesetzgebungsverfahren sowie in allen EU-Richtlinien widerspiegeln. Man wird in Europa nach den gleichen Maßstäben arbeiten und dieselben Ziele verfolgen. Es gibt aktuell zwei deutsche Bewertungssysteme für nachhaltiges Bauen: einmal das Bewertungssystem für nachhaltiges Bauen (BNB) des BMVBS für den Bund und das Deutsche Gütesiegel Nachhaltiges Bauen der Deutschen Gesellschaft für Nachhaltiges Bauen (DGNB). Das BNB wird 2011 verbindlich eingeführt und zuerst für Neubauten gelten. Die Deutsche Gesellschaft für nachhaltiges Bauen

hat ein System, welches auf denselben Erkenntnissen basiert, aber andere Ansichten in Bezug auf die kommerzielle Vorgehensweise vertritt.

Wie wird Nachhaltigkeit konkret von Ihrem Unternehmen umgesetzt?

Im Fokus unseres Handelns steht die Verantwortung für die Behörden und damit für den Verwaltungsbau. Das sind Stadtbild und Baukultur, insbesondere das Regierungsviertel in Berlin mit seinen architektonisch anspruchsvollen repräsentativen Gebäuden, die großteils unter Denkmalschutz stehen und jetzt mittlerweile in großer Zahl saniert sind. Die architektonische Sicht und der Standort bedeuten Verantwortung. Mit der Wahl eines Standortes für ein Gebäude müssen sich Bund, Länder und Kommunen ihrer Verantwortung und Vorbildfunktion bewusst sein. Damit kann auch in einer kritischen Umgebung eine Aufwertung der Lebensqualität in einem Quartier erreicht werden. Nicht nur das Quartier muss sich aus eigener Kraft entwickeln, sondern wir wollen positiv aus unserer Rolle heraus in das Quartier hinein wirken. Das Bewertungssystem und das Deutsche Gütesiegel für nachhaltiges Bauen basieren auf dem Forschungsprojekt Zukunft Bau. Aktuell ist ein Forschungsprojekt zum Thema Architektur vergeben worden. Baukultur und Kunst am Bau sind wichtige Faktoren. Wir sind für die Baukultur verantwortlich! Im öffentlichen Bereich gibt es einen großen Sanierungsstau. Wir sind gefordert, nicht nur energetisch, sondern auch unter anderen Prämissen des nachhaltigen Bauens zu sanieren und dazu vernünftige zukunftsfähige Konzepte zu erstellen. Die Konzepte für nachhaltiges Bauen von Neubauten im Verwaltungsbereich stehen. An den Entwürfen für Bestandsgebäude wird gearbeitet. Architekturwettbewerbe sind eine Bedingung für die Vergabe von Aufträgen bei

Hauptzollamt in Rosenheim

Obwohl das HZA in Rosenheim nicht unter der Prämisse der Anforderungen des nachhaltigen Bauens geplant und gebaut wurde, sondern im Nachhinein zertifiziert wurde, hat es mit Recht den hohen Anforderungen des Bewertungssystems Nachhaltiges Bauen entsprochen und ist mit „Silber" ausgezeichnet worden.

„IM ÖFFENTLICHEN BEREICH GIBT ES EINEN GROSSEN SANIERUNGSSTAU"

Neubauvorhaben und ein elementarer Bestandteil des nachhaltigen Bauens. Viele Architekten können hier ihr Können und Wissen einbringen. Die Wettbewerbe werden von Anbeginn durch uns begleitet. Es werden Kriterien wie Energieeffizienz, Erschließung der Gebäude, Flächeneffizienz, Materialien und Einfügung in vorhandene Baukultur untersucht. Die wesentlich größeren Herausforderungen liegen im Bestand. Wir haben 47 Steckbriefe, die uns aufzeigen, welche ökonomischen, ökologischen, soziokulturellen und funktionalen Kriterien zu beachten sind.

All diese Aspekte müssen beurteilt und im Ganzen betrachtet werden. Die vielen Bestandsvarianten werden einer genauen Betrachtung unter verschiedenen Gesichtspunkten wie Umgebung, Entstehung des Gebäudes und Materialien unterzogen. Es ist wichtig zu wissen, warum und wann das Bauwerk aus welchen Materialien und nach welchen Ideen geschaffen wurde. Das ist ein äußerst komplexer Prozess.

Die DENEFF ist das erste unabhängige Industrie übergreifende Netzwerk von Vorreiter-Unternehmen der Energieeffizienzbranche in Deutschland zur gemeinsamen politischen Interessenvertretung. Worin sehen Sie Ihre Aufgaben im beratenden wissenschaftlichen Beirat konkret und welche Ziele streben Sie an?

Ich bin im Beirat, nicht im wissenschaftlichen Beirat, da ich die Anforderungen der öffentlichen Hand mit einbringe. Meine Aufgabe sehe ich konkret darin, Gesamtlösungen für den Bund und für Immobilien anzubieten, sie verständlich darzustellen und greifbar zu machen. Es geht immer um ein Gebäude, das insgesamt funktionieren muss. Es geht nicht nur um dichte Fenster oder Außendämmungen. Das Thema Nachhaltigkeit muss mit einheitlicher Stimme vertreten werden. Ich bin dem Beirat der DENEFF beigetreten, da ich die Bundesanstalt für Immobilienaufgaben als einen der größten Immobiliendienstleister in einer Vorbildfunktion sehe. Der Gesetzgeber fordert die Vorbildfunktion der öffentlichen

Hand ein, die viel umzusetzen hat. Wir benötigen Ansprechpartner, die wirklich etwas umsetzen und realisieren können. Ich sehe die Möglichkeit, die wirtschaftlichen und klimapolitischen Effizienzpotenziale durch neue politische Rahmenbedingungen besser auszuschöpfen. Die DENEFF kann es schaffen, das Gebäude im Ganzen darzustellen, wogegen die jeweiligen Verbände den Einzelbereich präsentieren und vor allem die Interessen ihrer Mitglieder. Das ist selbstverständlich ein wichtiger Aspekt und rechtfertigt ihr Handeln. Unsere Aufgabe besteht darin, mehr Verständnis für die Aufgaben und Anforderungen des nachhaltigen Bauens zu erreichen sowie diese Anforderungen und fehlende Innovationen zu definieren. Untersuchungen haben ergeben, dass Gebäude mit einem Nachhaltigkeitsgütesiegel über einen längeren Zeitraum eine bessere Vermietbarkeit und beim Verkauf höhere Erlöse nachweisen können. Mit dem Zertifikat erhält auch der Nutzer und Käufer ein anderes Sicherheitsgefühl für die Wertigkeit seiner Immobilie. Das wird auch für Banken und Versicherungen ein Qualitätskriterium sein. Anhand der Steckbriefe kann man die einzelnen Gütefaktoren auf einen Blick erkennen.

Eines der größeren Rückbauprojekte bzw. die Umnutzung eines Objektes wird Ende Juni 2012 mit Schließung des Flughafens Tegel beginnen. Aktuell wird am Standortprofil gearbeitet, welches Berlin-Tegel zum nachhaltigen Standort mit modernen Technologien für die Stadt Berlin führen soll. Die ersten Entwürfe von Gerkan, Marg & Partner liegen bereits vor. Welche Ideen begleiten Sie besonders gerne?

Das Projekt wird von der Bundesanstalt für Immobilienaufgaben entwickelt. Das erfolgt allerdings im Verantwortungsbereich der Sparte Portfolio Management und nicht unmittelbar in der Sparte Facility Management. Die Idee der Umnutzung dieses Standortes ist eine tolle Herausforderung und eine große Chance. Es ist einzigartig, dass in der Stadt, nahe am Zentrum im Grünen,

Hauptzollamt in Rosenheim, Südfassade

Elena Eichhorn

ein völlig neues Quartier entstehen kann. Die Erkenntnisse und technologischen Anforderungen, die man in der Vergangenheit durch die einzigartige Chance des neu geschaffenen Regierungsviertels in Berlin gewonnen hat, können hier eingebracht werden. Es gibt jetzt eine ähnliche Chance, das Viertel um den Flughafen Tegel nachhaltig zu kreieren. Um die visionären Ideen des Entwurfes von gmp Architekten weiterzuentwickeln, sind alle Beteiligten gefordert. Dabei dürfen weiter gesteckte Grenzen, anders als gewohnt zu bauen, ausgelotet werden. Das Regierungsviertel entstand unter dem Gesichtspunkt der herausragenden Architektur, der technischen Innovation und vor allem der Energieeffizienz. Jetzt ist ein neues Jahrzehnt erreicht. Wir bauen unter den Aspekten der Nachhaltigkeit mit weiteren neuen Herausforderungen und Anforderungen. Das empfinde ich als wunderbar.

Wofür steht eine nachhaltige Stadt? Ist die Verdichtung der Stadt auch aus ökologischer Sicht nachhaltig?

Die Verdichtung der Stadt ist nachhaltig, da sie zu kurzen Wegen führt und dadurch zu geringerem Flächenverbrauch. Kulturelle und soziale Angebote sind nah und von allen gut zu nutzen. Man muss diesbezüglich auf ein gutes Verhältnis und eine Symbiose zwischen Natur und Verdichtung achten. Berlin ist mit 3,5 Millionen Einwohnern eine große Stadt mit viel Grün. Es gibt viele kleine Zentren, die wunderbar vernetzt sind und über eine gute Infrastruktur verfügen. Berlin lässt Vielfalt zu und ist auch deshalb eine herrliche Stadt. Elementare Voraussetzungen für gutes Leben in der Stadt sind, dass das Leben bezahlbar ist und ein hervorragendes Nahverkehrssystem existiert. Auch das ist Nachhaltigkeit. Darüber hinaus ist es wichtig, dass die tägliche Versorgung, das Gesundheitssystem sowie das Gefühl der Sicherheit, sich beispielsweise auch nachts allein auf den Straßen bewegen zu können, gegeben ist. Eine Stadt braucht ebenso Zentren wirtschaftlicher Kraft und Stärke. Diese fehlen bisher in Berlin in ausreichender Zahl. Die Stadt war über 40 Jahre geteilt. Das hatte und hat immer noch große Auswirkungen

auf den Arbeitsmarkt. Es wurden Arbeitsplätze für Leute mit geringer Ausbildung geschaffen, um die Menschen in der Stadt zu halten und diese nicht zu entvölkern. Das prägt die Stadt bis heute. Bildung muss gefördert werden. Um aus diesem Tal herauszukommen und der nachkommenden Generation die maximalen Chancen zu geben, hat Berlin noch einiges im Bereich von Ganztagsschulen, Kindergärten und Vorschulen vor sich. Vor allem Universitäten benötigen hier Fördermittel. Bildungsangebote für die breite Bevölkerung sind notwendig, um eine geistige Verarmung zu verhindern und soziale sowie kulturelle Nachhaltigkeit zu bewirken. Mit der jahrelangen Existenz der Mauer weist Berlin eine Besonderheit gegenüber anderen Städten auf. Die Mauer hat die Stadt nicht nur geteilt, sondern sie hat auch verhindert, dass nach außen gebaut wurde. Berlin blieb kompakt und konzentriert. Berlin empfängt seine Gäste als eine sich öffnende Metropole mit einer Grenze, sie verschwimmt nicht langsam im Umland. Eine Stadt lebt ebenfalls davon, dass das Nahverkehrssystem gut ausgebildet und strukturiert ist.

Bundesanstalt für Immobilienaufgaben Stabsstelle Facility Management

Adresse
Fasanenstraße 87
10623 Berlin
Tel. 030 31814000
Fax 030 31811152

Bürogründung
Errichtungsgesetz zum 1.1.2005

Anzahl der Mitarbeiter
6.000 deutschlandweit

Referenzobjekt
▪ Hauptzollamt, Rosenheim 2005-2007
(wurde mit dem Bewertungssystem Nachhaltiges Bauen silber zertifiziert)

Durch die gute Anbindung gibt es in Berlin wesentlich weniger Autos als in anderen großen deutschen Städten. Das ist auch ein Aspekt von ökologischer Nachhaltigkeit in der Stadt.

Menschen suchen immer wieder eine Idylle in Anlehnung an die Vergangenheit, Schutz und Sicherheit. Braucht die Gesellschaft Utopien? Welche Visionen haben Sie in Bezug auf eine nachhaltige Entwicklung in der Gesellschaft?

Die Menschen halten oft an der Vergangenheit fest und scheuen die Veränderung. Man ist mit dem Gewohnten vertraut, kann es beurteilen. Gutes bleibt in Erinnerung, Negatives wird verdrängt. Das ist auch gut für den Menschen. Wir brauchen dennoch Veränderungen, Visionen und Utopien. Meine Vorstellungen stehen für verdichtete Städte und ein Ende der Zersiedlung des ländlichen Raums. Die Bevölkerung in Deutschland nimmt ab, was gemeinhin als Nachteil angesehen wird. Ich sehe das eher als Chance. Man kann an der Stelle hinterfragen, wie viele Menschen versorgt werden können.

Mehr Menschen – das führt zu größerem Flächenverbrauch, höherem Verkehrsaufkommen, mehr Müll, Energie und Versorgung. Ich gehe davon aus, dass die Anzahl der Menschen weniger wird und wir die Chance nutzen, auf einem höheren Niveau mit anderen Anforderungen zu leben. Unser Sozialsystem muss andauern. Es muss Gerechtigkeit in der Gesellschaft geben, soziale Gerechtigkeit bedeutet auch Sicherheit durch weniger Kriminalität und mehr Lebensqualität in den Städten. Insbesondere Bildung an Schulen, Universitäten, aber auch in Museen und bei Ausstellungen muss für alle erreichbar und greifbar sein. Wir werden in naher Zukunft eine neue Sicht auf die Dinge bekommen. Ein Paradigmenwechsel wird eine andere Art von Qualität herbeiführen, die sich in den Wohnungen, in der Umgebung und in der Stadt widerspiegelt. Die Menschen werden wieder mehr zueinander finden und miteinander leben. In Berlin wird das schon im Kiez gelebt, man kennt sich und man ist zu Fuß in der Umgebung unterwegs. Berlin ist für mich in dieser Beziehung eine vergleichsweise zukunftsweisende Stadt. Ich hoffe, dass es so sein wird, dass wir Lebensqualität für weniger Menschen auf hohem Niveau entwickeln. Und das die Menschen generationsübergreifend die Gesellschaft gestalten, auf dass die ältere Generation ihre freie Zeit nach dem langen Arbeitsleben nutzen kann, um ihre Erfahrungen so lange wie möglich in die Gesellschaft einzubringen.

„NACHHALTIGKEIT ENTSTEHT IN LOKAL ORIENTIERTEN LÖSUNGEN"

Prof. Manfred Hegger

Prof. Manfred Hegger (Jahrgang 1946) studierte an der Universität Stuttgart und der Hochschule für Gestaltung in Ulm von 1967 bis 1973 Architektur von 1969 bis 1970 an der Technischen Universität Berlin Systemtechnik sowie von 1975 bis 1976 an der University of London und der London School of Economics and Political Science Planung. Seit 1980 ist er Geschäftsführer und Vorstand der HHS Planer + Architekten AG mit Sitz in Kassel. Er arbeitete in mehreren internationalen Gremien, so u. a. von 1979 bis 1982 als Consultant der OECD Paris, von 1998 bis 2007 als Director of the UIA International Work Programme „Sustainable Architecture of the Future" sowie seit 2008 als Mitglied des World Economic Forum, Global Agenda Council on the Future of Sustainable Construction. Seit Juni 2010 ist er Präsident der Deutschen Gesellschaft für Nachhaltiges Bauen (DGNB) in Stuttgart.

„ALS ARCHITEKT MÖCHTE ICH DAS THEMA NACHHALTIGKEIT MIT DER WEITERENTWICKLUNG DER BAUKULTUR IN UNSEREM LANDE VERBINDEN"

Welche Ziele wollen Sie als Präsident der Deutschen Gesellschaft für Nachhaltiges Bauen verstärkt angehen?

Als Architekt möchte ich nun das Thema Nachhaltigkeit mit der Weiterentwicklung der Baukultur in unserem Lande verbinden und die Chancen, die darin stecken, deutlich machen. Ich möchte das Thema der Zertifizierung weiter vorantreiben. Vor allem aber geht es mir darum, die Kompetenzen für eine nachhaltige Entwicklung im Bauwesen zu stärken. Deshalb bieten wir in Zukunft für Hochschulen, Berufsakademien und andere Bildungsinstitutionen einen grundlegenden Lehrgang zum nachhaltigen Bauen an. Dieser soll die Fähigkeit vermitteln, nachhaltig zu planen und zu bauen. Die Absolventen können eine Anerkennung zu dem sogenannten Certified Professional erhalten.

Was stört Sie an der Diskussion über Nachhaltigkeit?

Mich stört, dass dieser Begriff teilweise sehr oberflächlich oder lediglich als Marketinginstrument ohne viel Substanz eingesetzt wird. Bleibt man den Nachweis der Nachhaltigkeit schuldig, wird dies jedoch schneller offenbar, als es die Urheber nicht nachgewiesener Behauptungen wahrhaben wollen. Wer Nachhaltigkeitsversprechen zu Werbezwecken nutzt, muss in der Folge diese Behauptungen auch einlösen. Damit kommt dann die notwendige Sachlichkeit ins Spiel: durch glaubwürdige Nachweise oder veränderte Produkte.

Woran liegt es Ihrer Meinung nach, dass die Erfolgsquote der deutschen Architekten, im Ausland unter 5 Prozent liegt?

Eine Prozentzahl ist mir nicht bekannt, aber Sie haben natürlich recht, unser Erfolg im Ausland könnte größer sein. Wir vermarkten unsere Qualitäten noch nicht wirksam genug. Es mangelt auch an einer Unterstützung der Politik. Die aktive Förderung der

deutschen Architektur als Kulturexport findet in Deutschland kaum statt. Unser Architekturexport beschränkt sich deshalb hauptsächlich auf hoch qualifizierte Hochschulabsolventen und Mitarbeiter in ausländischen Büros, die sich besser darstellen und wirksamer gefördert werden.

Benötigen wir lokale Lösungen für globale Herausforderungen?

Nachhaltigkeit bedeutet auch, dass man sich auf die besonderen Verhältnisse an jedem Ort bezieht: lokal spezifische Lösungen, die die spezifischen kulturellen und klimatischen Bedingungen, die Verfügbarkeit von Ressourcen und den kulturellen Kontext beachten. Wir arbeiten schließlich immer zwischen lokalem Handeln und globalem Bewusstsein.

Was haben wir in Vorbereitung auf eine weiche Landung aus dem „Öl-Zeitalter" getan?

Das ausgehende „Öl-Zeitalter" ist die Phase des Industriezeitalters, das uns über die berechtigten Ängste vor seinem Ende die Endlichkeit vieler anderer Ressourcen erst bewusst gemacht hat. Seit Beginn der Industrialisierung sind wir in der Lage, weltweit und mit künstlich niedrig gehaltenen Kosten auf wertvolle Ressourcen zuzugreifen. Ihre Weiterverwendung im Bauen geht nicht voran. Wir müssen zu Stoffkreisläufen im Bauen kommen, viel bewusster mit Materialien und Energie umgehen und recyclingbewusst konstruieren. Sonst werden wir in Zukunft große Schwierigkeiten haben, unsere Materialbedürfnisse weiter zu befriedigen.

Bis 2020 könnten bis zu 250 Millionen Menschen klimawandelbedingt unter knappem Trinkwasser leiden. Gleichzeitig steigt jedoch der Bedarf aufgrund von wachsender Bevölkerung. Was sollte man jetzt tun?

Als Vertreterin von Grohe kommen Sie aus einem Bereich, der hier viel Verantwortung trägt. Die Armatu-

ren, die wir heute einbauen, sollten Wasser sparen und tun dies auch vielfach. In Deutschland ist dazu schon viel geschehen, was man an den sinkenden durchschnittlichen Verbrauchswerten sieht. In vielen Ländern ist die Energiewirtschaft der größte Wasserverbraucher, vor allem durch die Kühlung ihrer Kraftwerke. Auch hierdurch wird der Umstieg zu erneuerbaren Energieträgern zu einem geringeren Wasserbedarf führen. Erfreulicherweise haben wir in unserem Land geringere Probleme

Monika Nikolic

Fortbildungsakademie Mont Cenis
Ein neuer Gebäudetyp der mikroklimatischen Hülle mit eingestellten Häusern für verschiedene öffentliche Nutzungen. Die photovoltaische Oberfläche der Hülle erzeugt mehr Energie als die Gesamtanlage verbraucht.

als in vielen anderen Ländern. Das Thema Trinkwasser und die Formen seiner Bereitstellung werden jedoch in vielen anderen Ländern zu einem großen Problem führen.

Heute ist die Wasserkraft für die Abdeckung von Verbrauchsspitzen unverzichtbar. Welche der erneuerbaren Energien wird Ihrer Meinung nach in Zukunft die führende sein?

Nicht eine einzige Energiequelle wird über die nächsten 50 Jahre führend

sein, sondern wir werden uns eines Mix an verschiedenen erneuerbaren Energiequellen bedienen, die am jeweiligen Ort am günstigsten und am sinnvollsten erschließbar sind. Hinzu kommt, dass sie einen sinnvollen, versorgungssicheren Verbund bilden, der die unregelmäßige Verfügbarkeit von Naturenergien wie Wind und Sonne auffängt. In diesem Zusammenhang wird die Speicherung von Energie in ihren verschiedenen Formen wie Batteriespeicher, Gasspeicher, thermische Speicher etc.

und auf allen Ebenen vom Haus bis zum großen Pumpspeicherwerk eine wichtige Rolle spielen.

Was halten Sie von Biokraftstoffen?

Auf Flächen, die bislang land- oder forstwirtschaftlich nicht genutzt werden, und von Quellen, bei denen die Biomasse bisher einfach verpufft ist, kann man Biomasse nutzen; aus altem Deponiegas beispielsweise oder Biogas aus der Tierhaltung.

„WIR MÜSSEN ZU STOFFKREISLÄUFEN IM BAUEN KOMMEN, VIEL BEWUSSTER MIT MATERIALIEN UND ENERGIE UMGEHEN UND RECYCLINGBEWUSST KONSTRUIEREN"

Vernünftige Nutzungen von Biomasse findet man auch in Reststoffen der Forstwirtschaft sowie durch die Erschließung von bislang brach liegenden Flächen. Wir haben jedoch das ethische Problem, dass wir vorhandene Agrarflächen zunächst einmal für die Landwirtschaft nutzen sollten. Erst in einem zweiten Schritt können wir verantwortlich Biomasse für die Energieversorgung anbauen und sollten zu ihrer Umsetzung nur solche Technologien einsetzen, deren Energieeinsatz überschaubar bleibt.

Was denken Sie über Atomstrom?

Der Atomstrom selbst ist nahezu CO_2-neutral. Aber wir haben weder eine Lösung für die Endlagerung der Abfallstoffe, noch haben wir eine vernünftige Lösung dafür, dass auch dieser Rohstoff in einigen Jahren zu Ende gehen wird.

Die Regierungskoalition ist vom ursprünglichen Zielniveau Null-Emissionen für 2050 für alle Gebäude nach heftigen Protesten von Hausbesitzer- und Mieterverbänden abgerückt. Was halten Sie von der Devise, je höher die Energieeinsparung, umso höher die Fördersumme?

Das ist grundsätzlich der richtige Weg. Allerdings könnte ich mir vorstellen, dass auf lange Sicht eher die Minimierung von CO_2-Emissionen gefördert werden sollte als die Energieeinsparung. Reduzieren sich die Kosten der Nutzung erneuerbarer Energien weiter so rapide wie in den vergangenen Jahren, macht dies möglicherweise mehr Sinn, weil uns genügend Umweltenergien um unsere Gebäude zur Verfügung stehen. Allerdings müsste der Vorteil für die Nutzer der Gebäude deutlicher werden. Die EU fordert bereits für das Jahr 2020 für Neubauten nahezu Null-Energie-Gebäude. Wenn

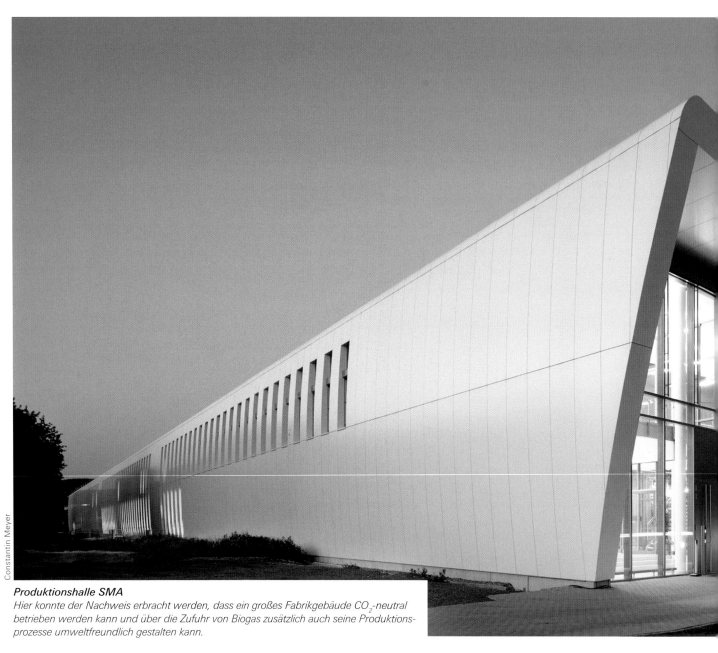

Constantin Meyer

Produktionshalle SMA
Hier konnte der Nachweis erbracht werden, dass ein großes Fabrikgebäude CO_2-neutral betrieben werden kann und über die Zufuhr von Biogas zusätzlich auch seine Produktionsprozesse umweltfreundlich gestalten kann.

wir uns darauf einstellen, haben wir in den nächsten Jahren eine Menge zu tun, um das wirklich umsetzen zu können. Es verändert Förder- und Finanzierungsmodelle, besonders aber auch Anforderungen an die beteiligten Akteure. Bildung, Berufsbilder und administrative Strukturen werden sich entsprechend verändern.

In Deutschland gibt es das Ministerium für Umwelt, Naturschutz und Reaktorsicherheit und das Ministerium für Wirtschaft und Technologie. Vermissen Sie in Deutschland ein Energie-Ministerium?

Ein zusätzliches Energie-Ministerium muss nicht zwingend hilfreich sein. Was ich aber vermisse, ist ein gutes Zusammenspiel der vier Ministerien, die Kompetenz für Energie beanspruchen. Sowohl das Wirtschaftsministerium, das Umweltministerium, das Bauministerium, aber auch das Forschungsministerium beanspruchen Zuständigkeiten. Ihr Zusammenspiel ist verbesserungsfähig. Solange dies nicht der Fall ist, sollte es eine klare Zuständigkeit für die Sicherung der Ressourcen geben, die in Zukunft vorrangig über eine wirksame Kreislaufwirtschaft und die Nutzung erneuerbarer Ressour-

cen erfolgen muss. Energie ist hier nur eine von vielen Ressourcen. Wir sprechen viel über den „Peak of Oil", den Zeitpunkt, von dem an mehr Öl verbraucht als neu erschlossen wird. In einer begrenzten Welt mit rapide steigendem Verbrauch aller Ressourcen sollten wir jedoch den „Peak of Everything" im Auge haben. Denn jeder Stoff, den wir verbrauchen, hat einen solchen Peak und wird danach knapp. Dieses Thema der Ressourcenverfügbarkeit könnte man in einem Ministerium bündeln. Wäre dies das Wirtschaftsministerium, kämen die Förderung der Wirtschaft und die Sicherung der Ressourcen in eine gemeinsame Verantwortung.

Gibt es Punkte in der DGNB-Zertifizierung, die Sie vermissen?

Wir arbeiten an der Bewertung der Architekturqualität, die schließlich auch in der Nachhaltigkeit von Gebäuden eine wichtige Rolle spielt. Wir überlegen, wie wir diesen qualitativen Aspekt der Architektur in eine ansonsten quantitative Bewertung einbeziehen. Das spricht mich als Architekt ganz besonders an. Wir wollen auf der „Consense"-Messe Ende Juni 2011 in Stuttgart näher Auskunft geben, in welcher Form wir architektonische Qualität als wichtigen Bestandteil von Gebäudewert und Dauerhaftigkeit in die Zertifizierungssystematik einbinden werden. Denn nur Gebäude, die ihren Nutzern und Betrachtern wirklich gefallen, Innovation voranbringen und über die messbare Nachhaltigkeit hinaus auch faszinieren und schön sind, werden auf lange Sicht ihren hohen Wert erhalten.

Halten Sie es langfristig für sinnvoll, dass jedes Land bei seiner eigenen Zertifizierung bleibt?

In einer offener werdenden europäischen und globalen Welt werden die Zertifizierungssysteme sich näherkommen und angleichen. Andererseits müssen wir sie an die spezifischen Verhältnisse jedes Landes anpassen, das heißt

unterschiedliche lokale Einflüsse und Ansprüche, rechtliche Vorgaben und unterschiedliche Benchmarks für die Nachhaltigkeitsbewertung und Zertifizierung berücksichtigen. Mit dem noch jungen DGNB-System genießen wir aufgrund seiner hohen Qualität international hohes Ansehen. Deshalb gibt es nun auch ein internationales Kernsystem, das an die Anforderungen anderer Länder angepasst wird.

Immer mehr Gebäude erhalten eine Zertifizierung der Energiesparverordnung plus eine Summe X an Prozent. Ist die Energiesparverordnung inzwischen überholt?

Nein. Sie wird regelmäßig überprüft und an die technischen und wirt-schaftlichen Rahmenbedingungen angepasst. Manchen erscheint sie zu hart. Bei den Planungen an der Universität und den Bauten, die in unserem Büro entstehen, gehen wir weit darüber hinaus. Die Studierenden müssen weiterdenken. Wenn sie in die Praxis gehen, werden sich die Anforderungen weiter erhöht haben. Und Bauherrn sind gut beraten, ebenfalls über die Mindestanforderungen der EnEV wie der Zertifizierung nach DGNB hinaus zu gehen. Dies vermeidet eine mögliche Wertminderung in einer Zukunft mit knapper und entsprechend teurer werdenden Ressourcen.

Sind die kleineren Gebäudegruppen wie Einfamilienhäuser in der DGNB-Zertifizierung berücksichtigt?

Ja. Wir werden auch eine Zertifizierung für kleine Wohnhäuser einrichten, weil auch dort eine Nachfrage besteht.

Was wäre Ihr Wunsch in punkto Nachhaltigkeit?

Mein Wunsch wäre langfristig, dass sowohl der Begriff als auch die Diskussion darüber nicht mehr notwendig ist, weil es selbstverständlich geworden ist, nachhaltig zu bauen und die nachhaltigen Eigenschaften unserer gebauten Umwelt in all ihren Facetten nicht mehr nachzuweisen sind.

Deutsche Gesellschaft für Nachhaltiges Bauen (DGNB)

Adresse
Kronprinzstraße 11
70173 Stuttgart
Germany
Tel. +49 (0)711-722322-0
Fax +49 (0)711-722322-99

Gründung
2007 in Stuttgart

Anzahl der Mitglieder
derzeit 974

Drei Referenzen
▦ Fortbildungsakademie Mont-Cenis, Herne 1999
▦ Produktionshalle SMA, Kassel 2009
▦ SMA Solar-Academy, Niestetal 2010

HHS Planer+Architekten AG Hegger Hegger Schleiff

Adresse
Habichtswalder Straße 19
34199 Kassel
Germany
Tel. +49 (0)561-93094-0
Fax +49 (0)561-93094-21

Bürogründung
1980 in Kassel

Anzahl der Mitarbeiter
33

SMA Solar Academy
Das Gebäude ist nicht nur architektonisch ein Solitär, sondern auch energetisch. Als Anschauungsobjekt oder Teil des Lehrplans ist die Akademie abgekoppelt vom Netz und erzeugt die benötigte Energie aus ihrem natürlichen Umfeld.

„AM ENDE HAT NACHHALTIGKEIT IMMER ETWAS MIT ÖKONOMIE ZU TUN"

Hennig Kiesewetter

Hennig Kiesewetter (Jahrgang 1960) ist Prokurist der Hines
Immobilien GmbH, der deutschen Niederlassung von
Hines, einem weltweit agierenden Immobilienunternehmen
im Familienbesitz. Nach dem Studium der Architektur in
München und Zürich war er in Berlin im Büro von Prof. Josef
Paul Kleihues tätig. Seit dem Jahr 2000 ist er Construction
Manager bei Hines. Mit dem Erwerb der ehemaligen alten
Oberpostdirektion ist Hennig Kiesewetter vor Ort in Stuttgart
für die Konzeption und Realisierung der Revitalisierungs-
sowie Erweiterungsmaßnahmen des nun Postquartier
genannten Projektes durch Hines verantwortlich. Es wurde
mit LEED-Gold vorzertifiziert. Zu den zertifizierten Projekten
von Hines in Europa gehören neben dem Postquartier in
Stuttgart, u. a. „Die Mitte", Berlin, das Karolinen Karree,
München, das Postquartier, Stuttgart und das Zielo in Madrid.

„DAS THEMA NACHHALTIGKEIT IST INZWISCHEN ALS ETWAS SELBSTVER-STÄNDLICHES IM BEWUSSTSEIN DER BRANCHE VERANKERT"

Die Mitte, Berlin 2009
Die Mitte – Einkaufen am ...

Wie definiert die Hines Immobilien GmbH Nachhaltigkeit?

Für das Unternehmen bedeutet Nachhaltigkeit die Arbeit im ökonomischen, ökologischen und kulturellen Kontext. Seit dem Gründungsdatum 1957 in den Vereinigten Staaten hat bei Gerald D. Hines das Thema Nachhaltigkeit eine bedeutende Rolle gespielt. Das hat zu dem damaligen Zeitpunkt keiner so genannt. Als Gerald D. Hines mit seiner Firma begann, sich in Texas selbstständig zu machen und für die ersten Interessenten Immobilien entwickelte, war für ihn Nachhaltigkeit aufgrund seiner Ausbildung als Ingenieur aus dem Bereich der Gebäudetechnik schon ein wesentliches Anliegen. Hines war folgerichtig in späteren Jahren sowohl an der Entwicklung des LEED-Zertifikats in den USA als auch des DGNB-Siegels in Deutschland beteiligt. Als Immobilienentwickler übernehmen wir in Bezug

auf diese Thematik Verantwortung, sowohl in technischer als auch gesellschaftlicher Hinsicht. Nachhaltigkeit ist eine der Säulen unserer Unternehmensphilosophie.

Sie positionieren sich im Internet als führender Entwickler und Manager in Sachen nachhaltiger Immobilien. Ist die Beteiligung an der Entwicklung von Bewertungssystemen das, was Sie differenziert von anderen Immobilienunternehmen?

Nein. Die Mitwirkung an der Entwicklung von Zertifikaten ist nur das Ergebnis eines Denk-, eines Erkenntnisprozesses. Die Amerikaner haben aufgrund ihrer Historie und ihrer Ressourcen grundsätzlich immer auch ein etwas anderes Verhältnis zum Thema Energie gehabt. Die Art und Weise, wie in den USA gebaut wird, unterscheidet sich doch relativ deutlich von der Art und Weise, wie wir hier in Deutschland

bauen. In diesem Zusammenhang hat Gerald D. Hines erkannt, dass er Voraussetzungen schaffen musste, um sich vom Markt zu differenzieren, auch dadurch, dass man intensiv über technische Möglichkeiten, zum Beispiel über Energieeinsparungen, in welchen Bereichen auch immer, nachdenkt und wie man diese messbar macht.

Hines ist ein international tätiges Unternehmen. Können Sie Ihre Vorstellung von Nachhaltigkeit auch in Ländern wie zum Beispiel China, Polen und Russland umsetzen?

Das ist eine äußerst komplexe Frage, die wir im Unternehmen, alleine auf Europa bezogen, immer wieder diskutieren. Es ist sehr interessant, wenn Sie mit den Kollegen aus den anderen europäischen Staaten zusammenkommen und dann sehen, wie unterschiedlich die Philosophie,

*Die Mitte (Nachtaufnahme), Berlin 2009
...Alexanderplatz (BREEAM – Zertifikat)*

die Kultur, die Rechtsformen und die damit verbundenen Konsequenzen beispielsweise in der Umsetzung eines Immobilienprojektes sind. So gibt es unterschiedliche Baurichtlinien und Unterschiede im Zivilrecht. Es gibt in jedem Land auch immer bestimmte Anforderungen, zum Beispiel technischer Natur, die zu Herausforderungen im Zusammenhang mit Nachhaltigkeit werden. Wenn man sich die Zertifikate ansieht, wie beispielsweise das DGNB-Siegel, das unseres Erachtens für den Export geeignet ist, dann geht es um bestimmte Schwerpunkte, die man durchaus in verschiedenen Ländern umsetzen kann. Stichworte sind dabei: haustechnische Spezifikationen und Standards, Qualitäten von Fassaden, Layout von Grundrissen, Nutzflächenverhältnisse. Dies sind alles Themen, die den Begriff der Nachhaltigkeit mit abdecken. Flächeneffizienz und flexible Grundrisse haben mit Nachhaltigkeit zu

tun, weil nach einer bestimmten Zeit des Betriebs die Immobilie einen anderen Wiederverkaufswert durch Potenziale in der Adaption auf neue Nutzerbedürfnisse hat. Effizienzen im technischen, im architektonischen, sicherlich auch im kulturellen Bereich sind Themen, die in allen Ländern von Bedeutung sind.

Die Problematik der Umsetzung von Nachhaltigkeit bezieht sich hauptsächlich auf den Bestand. Beobachten Sie bei Ihren Kunden eine zunehmende Bereitschaft, für Nachhaltigkeit mehr Geld zu investieren?

Der Begriff der Nachhaltigkeit hat in den letzten drei bis vier Jahren enorm an Bedeutung gewonnen. Das Thema Nachhaltigkeit ist inzwischen als etwas Selbstverständliches im Bewusstsein der Branche verankert. Jeder Marktteilnehmer verfolgt dieses Thema, ganz egal an welcher

Stelle er unterwegs ist, als Entwickler, als Investor, als Behörde, als Planer oder als Baufirma. Es ist ein Unterschied, ob man entwickelt, Bestandshalter ist, eine Immobilie verwaltet, betreibt oder baut und möglicherweise dann hinterher auf dem Markt spekulativ verkauft. Diese in den letzten Jahren gestiegene Bedeutung des Begriffs der Nachhaltigkeit hat mich zuversichtlich gestimmt. Das Thema Nachhaltigkeit ist inzwischen auch kein Fantasiewort mehr, sondern es ist ein Wort, welches zunehmend seiner wirtschaftlichen Seite gerecht wird. Wir unterstützen daher auch Eigentümer von Bestandsimmobilien und -portfolios mit unserer Erfahrung bei der Implementierung von Nachhaltigkeitsstandards und bei Zertifikationsprozessen.

Nachhaltigkeit hat insbesondere etwas mit Qualität zu tun. Viele Ihrer Kollegen meinen, wir

„ICH GLAUBE, NACHHALTIGKEIT FUNKTIONIERT LETZTEN ENDES NUR ÜBER ERZIEHERISCHE MITTEL"

Karolinen Karree, München 2008
Nachhaltiges Bauen von Beginn an (DGNB Silber)

müssen abkehren von der Quantität in Richtung der Qualität. Wie sehen Sie das?

Richtig. Ihre Frage war, wie wir in dem Zusammenhang mit Bestandsobjekten umgehen, und da ist sicherlich auch unser Projekt in Stuttgart ein gutes Beispiel. Das Postquartier ist ein Gebäude, das in den 80er-Jahren errichtet und jetzt mit einem Gold-Level des LEED-Systems vorzertifiziert wurde. Das ist für ein fast 25 Jahre altes Gebäude grundsätzlich herausragend und macht es vergleichbar mit Neubauten. Es entspricht der Hines-Philosophie, vor allen Dingen in zentralen Lagen tätig zu werden. Ein Gebäude wie jenes in Stuttgart, mit einer sehr signifikanten Architektur, ursprünglich aus den 20er-Jahren, in den 80er-Jahren in gleicher Gestaltung wieder aufgebaut, hat auch eine kulturelle Bedeutung für die Stadt und ihre Bewohner. Wir behalten trotz Modernisierung für die kollektive Erinnerung, um es so zu nennen, bedeutsame Elemente am Gebäude bei, belassen sie als Identifikationspunkt und schaffen damit in der Stadt gestalterisch einen veränderten neuen, aber dennoch irgendwie vertrauten Bezugspunkt: ein Ansatz kultureller Nachhaltigkeit. Ein anderes Beispiel: Hines hat das erste Hochhaus, den Maintower, mit zu öffnenden Fenstern in Frankfurt gebaut. Warum sollte man in einem Hochhaus im 50. Stock ein Fenster öffnen können? Keine einfachen Dreh-Kipp-Fenster natürlich, sondern komplizierte Konstruktionen, die aber den Nutzern eines Büros den Kontakt nach außen ermöglichen. In München, bei Uptown München, hat man das in Form von Bullaugen gelöst. Wir haben sehr gute Erfahrungen mit diesem Detail gemacht, weil der Mensch gerne sein Büro nutzt, wenn er Möglichkeiten hat, an seinem Arbeitsplatz etwas zu verändern. Damit die Nutzer sich wohlfühlen, gilt es, ihnen Möglichkeiten zu geben, in einem bestimmten Rahmen die Qualität ihres Arbeitsplatzes mitzugestalten, eine individuelle Beleuchtung zu schaffen, Temperaturen zu regeln, den Sonnenschutz zu bedienen oder eben auch ein Fenster aufmachen zu können.

Denken Sie, dass der Anspruch an Nachhaltigkeit durch die drei Säulen Ökologie, Ökonomie und Soziales ausreichend erschöpft ist?

Diese drei Aspekte decken das Thema der Nachhaltigkeit durchaus ab.

Wird die Nachhaltigkeit Ihrer Meinung nach in der Branche auch stellenweise missbraucht?

Ich glaube nicht, dass man von Missbrauch reden kann.

Namhafte Architekten haben geäußert, dass sie sich wundern, dass Gebäude zertifiziert werden, aus denen die Menschen reihenweise ausziehen, weil sie sich nicht wohlfühlen.

Zertifizierungsprozesse bewirken zunächst, dass Gebäude vergleichbar gemacht werden. Die Zertifikate werden dazu beitragen, dass der Anspruch an Immobilien insgesamt größer und eine fehlende Zertifizierung im Markt ein Nachteil wird. Diese Vergleichbarkeit wird dazu führen, dass man sich noch intensiver über Bauqualität Gedanken macht. Dahinter steckt wieder die Ökonomie. Wenn die Qualität nicht gefordert wird, wenn Nutzer dafür nicht bezahlen möchten, dann wird man sie auch nicht umsetzen.

Wie beurteilen Sie das Engagement der Politik in Bezug auf Nachhaltigkeit?

Ich weiß aus anderem Zusammenhang, dass die Politik in Berlin bei den Bundesbauten durchaus ein Benchmarking im Hinblick auf Energie und Ökologie betrieben hat. Grundsätzlich wird die Richtung jedoch zunächst durch die Forderungen des Marktes vorgegeben. Deutschland hat sich im internationalen Vergleich nichts vorzuwerfen. Wir haben so hohe Anforderungen an Gebäude und ihre Standards, Kontrollen, Instanzen, durch die Entwicklungen laufen müssen, dass wir eigentlich auf der sicheren Seite sind und die anderen Länder nachziehen müssten. Es ist aber nicht unser Ansatz, dass man sich auf dem Erreich-

ten, ausruht. Unsere Frage lautet: Wie kann ich kultivieren und weiter verbessern, möglicherweise aus deutscher Sicht auch exportieren?

In 2009/2010 wurde Ihr Unternehmen mit dem Energy Star Sustained Excellence Award ausgezeichnet. Was begründete diese Auszeichnung?

Das ist eine amerikanische Geschichte. Es geht um das Thema Energieeinsparung. Es gibt verschiedene Initiativen, die neben dem Thema Zertifizierung bei Hines zusammenkommen.

Wo stehen wir in Bezug auf das Thema Nachhaltigkeit in 30 Jahren?

Die Diskussion, die wir heute führen, wird zu einer deutlichen Veränderung im Bewusstsein aller Marktteilnehmer führen. In den letzten Jahren haben wir die Erfahrung gemacht, dass, wenn die ökonomische Notwendigkeit fehlt, die Bereitschaft sich zu verändern, relativ gering ist. Ich kann entweder über die Politik, das ist aber abstrakt, oder über tatsächlich gefühlte oder erfahrene Veränderungen mit Sicherheit mehr an nachhaltiger Entwicklung bewirken, wenn ich bei den Beteiligten, ob Bauherren, Nutzern von Gebäuden oder den Bewohnern der Städte, eine Erkenntnis erzeuge, sich mit dem, was sie umgibt, was sie tun, was sie betreiben, was sie benutzen, auseinanderzusetzen. Und ich denke, dass dieses Thema der Nachhaltigkeit schon in fünf bis zehn Jahren ein selbstverständlicher Teil des täglichen Lebens geworden ist.

Sind Sie mit dem Innovationsgrad der Industrie in Bezug auf Produkte, Materialien und Baustoffe zufrieden?

Grundsätzlich ja. Bauen ist jedoch ein schwieriger Prozess, keine Serienfertigung wie in der Automobilbranche, sondern jedes Gebäude ist am Ende immer wieder ein Prototyp. Es gibt dennoch verschiedene Punkte, an denen man Dinge verbessern muss. Das betrifft vor allem Schnittstellen,

z. B. zwischen verschiedenen technischen Elementen. Die Fassade des Gebäudes hat sehr viel mit der Haustechnik innerhalb des Bauwerks zu tun. Wesentlich ist es, alle Systeme besser aufeinander abzustimmen.

Was könnte in Bezug auf Nachhaltigkeit in der Branche noch verbessert werden?

Ich bin nicht rundherum zufrieden, weil die Kriterien, über die sich beispielsweise ein Zertifizierungssystem begründet – Qualitäten, Anforderungen, technische Vorschriften – immer ein Zeichen dafür sind, dass etwas noch nicht so ist, wie es sein könnte. Der Wunsch ist der, dass in fünf Jahren die Zertifizierung ein normaler Standard ist.

Was ist Ihr persönliches Credo zur Nachhaltigkeit?

Credo ist ein sehr großer Begriff. Jeder Mensch muss sich dazu zwingen, über die vielen Dinge, die er täglich tut, nachzudenken und im Kleinen zur Nachhaltigkeit beizutragen. Wenn man so will, kann das Credo heißen: einfach anfangen.

Hines Immobilien GmbH

Adresse
Friedrichstraße 155-156
10117 Berlin
Tel. 03072-6241-0
Fax 03072-6241-109

Bürogründung
1991 in Berlin

Anzahl der Mitarbeiter
40

Vier Referenzen
▦ Die Mitte, Berlin, 2009
▦ Karolinen Karree, München, 2008
▦ Postquartier, Stuttgart, 2010/2011
▦ Zielo, Madrid, 2009

Postquartier, Stuttgart 2010/2011
Respektvoller Umgang mit der Substanz (LEED ® Gold (CS) vorzertifiziert).

„NACHHALTIGE ARCHITEKTUR GEHÖRT IN DAS BEWUSSTSEIN DER GESELLSCHAFT!"

Jan Kleihues

Jan Kleihues (Jahrgang 1962) studierte von 1983 bis 1989 an der Hochschule der Künste Berlin und machte dort sein Diplom im Fachbereich Architektur. 1988 arbeitete er als Projektarchitekt im Büro von Prof. Peter Eisenman, New York, von 1989 bis 1991 war er Mitarbeiter im Büro von Daniel Libeskind, Berlin, und 1991/1992 im Büro Prof. Rafael Moneo, Madrid. 1992 ließ er sich in die Architektenkammer Berlin als freischaffender Architekt eintragen und gründete sein Büro „Jan Kleihues" in Berlin. 1996 erfolgte die Gründung des Büros „Kleihues + Kleihues" Gesellschaft von Architekten mbH gemeinsam mit Prof. Josef P. Kleihues und Norbert Hensel. Zu seinen bekanntesten Projekten der Gegenwart gehören das Concorde Hotel Berlin und die Hauptzentrale des Bundesnachrichtendienstes in Berlin.

„NACHHALTIGES BAUEN SOLLTE SELBSTVERSTÄNDLICH SEIN"

Welche Emotionen entwickeln Sie bei der Thematik „Nachhaltigkeit in der Bau- und Immobilienbranche"?

Es scheint, als würde Architektur nur noch über das Thema Nachhaltigkeit bewertet werden und nicht mehr über die baukulturelle Qualität eines Gebäudes an sich. Ich bin der Meinung, dass wir schon immer nachhaltig gebaut haben, aber anders, als es heute diskutiert wird. Wir bauen gestern wie heute mit einem auf nachvollziehbare und selbstverständliche Weise nachhaltigen und dauerhaften Anspruch.

Bedeutet Nachhaltigkeit im Bauen für Sie, den Lebenszyklus eines Gebäudes durch Umnutzung der Immobilie zu verlängern?

Ja. Das setzt aber voraus, dass man ein Gebäude von vornherein so entwickelt, dass man es auch umnutzen kann. Die Architektur muss eine gewisse Qualität und Flexibilität gewährleisten. Es muss möglich sein, in einem Gebäude die Nutzungen den sich wandelnden Ansprüchen folgend anzupassen. Wie wir wissen, ändern sich diese im Laufe der Zeit.

Über 80 Prozent der Bevölkerung identifizieren sich mit den Zielen und Inhalten einer nachhaltigen Entwicklung, doch weniger als 20 Prozent können mit dem Begriff der Nachhaltigkeit auch konkrete Vorstellungen verbinden. Welche Lösungsvorschläge haben Sie für eine bessere Aufklärungspolitik?

Die Gesellschaft ist ausreichend aufgeklärt. Die Frage stellt sich eher nach dem Inhalt der Gespräche in der Gesellschaft. Das Thema Nachhaltigkeit sollte öffentlich in den Mittelpunkt rücken, damit sich die Bevölkerung damit auseinandersetzt. Sobald das passiert, werden sich die Menschen dafür interessieren und die meiner Meinung nach ausreichende Information dazu aufgreifen und nutzen. Die Bauherren wissen sehr gut Bescheid. Falls nicht, ist es unsere Aufgabe, dafür zu sorgen, dass sie ausreichend informiert werden. Das passiert natürlich in Abstimmung mit den Fachplanern für Haustechnik, Bauphysik u.Ä.

Wissen auch alle Beteiligten der Immobilienbranche, was Nachhaltigkeit umfasst? Welche Verantwortung übernehmen die Investoren, Projektentwickler und Immobilienberater bisher?

Leider wird das Thema Nachhaltigkeit mittlerweile eher als Marketinginstrument denn als ehrlicher Beitrag zur Umwelt missbraucht. Die Struktur der Bauherrschaft hat sich verändert. Es gibt nicht mehr den einzelnen Bauherrn, sondern immer mehr Investorengruppen, die letztendlich gar nicht an dem Ergebnis nachhaltiger Architektur als solches interessiert sind, sondern an der erhofften Rendite der Immobilie mit Hilfe dieses Themas. An dieser Stelle stellt sich die Frage, wofür man eine Immobilie baut. Entsteht das Gebäude, um es im Portfolio zu behalten oder um es weiterzuveräußern? Hier treffen unterschiedliche Ansätze aufeinander. Wir haben Bauherren erlebt, die nur auf eine Zertifizierung in Gold, Silber oder Bronze wert legten. Es ging ihnen dabei um das zusätzliche Verkaufsargument. Auf der anderen Seite gibt es Firmen, die bei dem Erwerben oder Anmieten einer Immobilie sehr viel Wert auf eine Zertifizierung legen und darüber ihre Haltung in Bezug auf Nachhaltigkeit kommunizieren. Man findet aber auch Gebäude, die keine Plakette haben, augenscheinlich jedoch wesentlich nachhaltiger sind als manche mit Plakette. Da findet leider vieles auf sehr vordergründiger Ebene statt. Glücklicherweise sind da noch die Investoren, denen die Plakette vollkommen egal ist. Sie erwarten ein langlebiges Gebäude, welches eine dauerhafte wirtschaftliche Nutzung einschließt.

Vor wenigen Jahren hat man neues Bauen in alter Umgebung in erster Linie unter ästhetischen Gesichtspunkten betrachtet. Gegensätze galten als reizvolle Herausforderungen. Jeder Eingriff sollte sich klar und deutlich vom Originalbestand absetzen. Inzwischen werden vor allem nachvollziehbare

Baugeschichte, Nachhaltigkeit und Ensemblepflege sehr hoch eingeschätzt. Wie beurteilen Sie diese Entwicklung?

Schönheit ist ein wichtiger Aspekt und gehört zum Bauen. Unter dieser Prämisse haben wir immer gearbeitet. Unsere Gebäude werden aus dem Kontext heraus entwickelt und nicht im Kontrast zu ihrer Umgebung. Für uns war und ist es selbstverständlich, dass man die Geschichte des Ortes und die Tradition als wichtigen Anhaltspunkt berücksichtigen muss. Dies hat unserer Meinung nach nicht nur städtebauliche Auswirkungen, sondern führt auch zur Nachhaltigkeit eines Gebäudes. Das Potenzial, die Nutzungen eines Bauwerkes verändern zu können, ist genauso entscheidend für ein Projekt wie der Einsatz eines die Umgebung respektierenden Materials. Wenn man das berücksichtigt, wird wie von selbst ein zeitlos modernes und damit nachhaltiges Haus entstehen, welches ohne komplizierte Technik auskommt. Ich denke, das ist ein entscheidender Punkt für dauerhaftes Bauen.

Wie dokumentiert sich Nachhaltigkeit in Ihrem architektonischen Stil? Engen die mittlerweile zahlreich einzuhaltenden Verordnungen Ihr Gestaltungspotenzial ein?

Am wichtigsten an einem Gebäude ist, dass man darin gut leben kann. Es gibt Null-Energiehäuser, die nur dann funktionieren, wenn man die Fenster nicht öffnet. Das hat für mich keine Zukunft und sollte als Bewertungsmaßstab nicht herangezogen werden. Ich denke, dass nachhaltiges Bauen selbstverständlich sein sollte. Die aktuelle Diskussion über nachhaltiges Bauen verwundert mich deshalb ein wenig, weil ich der Meinung bin, dass man als Architekt auch schon vor 20 Jahren dazu verpflichtet war, nachhaltig zu bauen. Unsere Gebäude waren und sind in der Regel immer so konzipiert, dass sie die aktuellen Vorschriften mehr oder weniger automatisch eingehalten haben. Die Ausnahme sind die Null- oder Minusenergiehäuser. Hier stellt sich allerdings die Frage der

Maritim Kongresshotel
Der Turm betont den Eingang, das Vordach nimmt Bezug auf die benach-barte „Neue Nationalgalerie" von Ludwig Mies van der Rohe.

„MATERIALIEN, DIE IN WÜRDE ALTERN, SIND NACHHALTIG"

Stefan Müller, Berlin

**Fassade Hitzigallee
(Seitenansicht Maritim Kongresshotel)**
Die stufenweise vorspringende Fassade entlang der
Hitzigallee mit dem Nutprinzip als Antwort auf das konisch
zulaufende Grundstück.

Stefan Müller, Berlin

Hotel Concorde
Hotel Concorde - Die skulpturale
Bearbeitung betont die Vertikalität
an der Ecke. Haupteingang
mit Turm.

Akzeptanz dieser Häuser in 20 oder 40 Jahren. Werden die Menschen darin tatsächlich so leben, wie sie es tun müssten, um die vorgegebenen Standards zu erfüllen? Wird der Anspruch der Menschen an ihre Lebensqualität mit diesen Standards auf Dauer vereinbar sein?

Eine Nachhaltigkeit von Architektur am Ort bedingt ja auch eine Nachhaltigkeit von Materialien. Können Sie generell in Ihren aktuellen Projekten den Einsatz langfristig nutzbarer Produkte und Materialien durchsetzen und damit die Langlebigkeit und Wertigkeit der Immobilie erreichen?

Um ein dauerhaftes Gebäude zu schaffen, hilft der Einsatz natürlicher Materialien. Dazu zähle ich Naturstein, Holz, Klinker, Terrakotta und alle Materialien, die in Würde altern können. Diese Materialien dürfen durchaus Patina ansetzen, ohne dass damit die Qualität und der ästhetische Anspruch an das Gebäude verloren gehen. Die Qualität eines Raumes an sich wird auch vom Einsatz der Materialien bestimmt. Beispielsweise ist ein Raum, der von Glaswänden umgeben ist, zwar physisch immer noch ein Raum, aber er hat eine ganz andere räumliche Qualität als ein Raum, der beispielsweise in Klinker gefasst ist. Die Anforderungen an Langlebigkeit und Wertigkeit konnten wir bisher in den meisten unserer Projekte durchsetzen. Es ist uns gelungen, den Bauherrn von der sinnvollen Maßnahme zu überzeugen, authentische Materialien einzusetzen und gleichzeitig im vorgegebenen Budget zu bleiben. Wertigkeit und Langlebigkeit sind durchaus vereinbar mit Wirtschaftlichkeit. Wirtschaftlichkeit bedeutet nicht zwangsläufig Verzicht auf den Einsatz von wertigen und nachhaltigen Materialien.

Über Architektur werden Gedanken und Empfindungen visualisiert. Wie wichtig ist Ihnen bei Ihren Projekten die Wahrnehmung durch den Menschen, die sinnliche Ausstrahlung Ihrer Bauten, die das Leben in der Stadt nachhaltig prägen?

Zunächst denke ich, dass Architektur Stadt macht. Architektur ist letztendlich ein wesentlicher Bestandteil unserer Städte und bestimmt die Qualität unseres Lebens. Deshalb ist es wichtig, dass wir mit unserer Architektur ein gesundes Stück Stadt schaffen. Uns geht es nicht darum, Label-Architektur zu erstellen und darüber erkannt zu werden. Uns geht es darum, einen vorhandenen Ort mit unseren Bauten zu ergänzen oder sogar zu verbessern. Unser Ziel wird niemals darin bestehen, im Kontrast zur Umgebung zu bauen. Es geht uns nicht darum, die Gebäude als die unsrigen wahrzunehmen, sondern sie als selbstverständlichen Teil der Stadt zu betrachten. Wir haben als Architekten unseren Bauherren gegenüber auch eine Aufklärungspflicht. Unsere Bauherren sollten wissen, was mit dem Haus geschieht, wenn es nicht mehr neu ist. Diese Empfehlungen fallen recht unterschiedlich aus. Es gibt Bauherren, die auf uns zukommen und nur etwas „Originelles", etwas Auffälliges erwarten. Oft ist es sehr schwierig, diese Bauherren davon zu überzeugen, eben dieses Streben nach „auf sich selbst bezogene" Gebäuden aufzugeben und stattdessen etwas Zeitloses und dadurch Dauerhaftes und Langlebiges zu gestalten. Viele Bauherren verwechseln das eine mit dem anderen. Sie vergessen, dass modische Architektur alles andere als dauerhaft und langlebig ist. Allzu oft steht die schnelle Vermarktung im Vordergrund. Hier sind wir als Architekten gefordert, mit dem Bauherrn zu arbeiten und ihn dahin gehend zu überzeugen, nicht dem Glamour zu folgen, sondern dem Anspruch, die Architektur am Ort einzufügen. Das ist für uns ein wichtiger Bestandteil, um ein wertvolles, den Charakter des Ortes respektierendes Gebäude zu erhalten und nachhaltiges Leben in der Stadt zu generieren.

Sehen Sie sich als Architekt und auch als Unternehmer berufen, den Menschen zu vermitteln, dass Langlebigkeit und Wertigkeit durchaus zu hoher Lebensqualität führen können?

Das genau ist unser Ziel und unser Anspruch. Wir wollen Gebäude entwickeln, die im Zweifelsfall ohne Technik auskommen und aufgrund ihrer physischen Beschaffenheit in der Lage sind, auch dann zu überleben, wenn beispielsweise der Strom ausfällt. Zusätzliche Technik kommt dazu, sollte aber für das Gebäude nicht lebensnotwendig sein. So stelle ich mir ein nachhaltiges Gebäude vor.

Was wäre für Sie das schönste Kompliment, das man Ihnen als Architekt machen kann?

Dazu müsste ich 500 Jahre alt werden. Wenn ich dann sehen könnte, dass meine Häuser noch immer als nützlich und schön empfunden würden, wäre das ein großartiges Kompliment und meine Vorstellungen von Nachhaltigkeit wären erfüllt.

Wie lautet Ihr Wunschszenario für die Zukunft der Bau- und Immobilienwirtschaft?

Ich glaube zunächst einmal, dass unsere Gesellschaft vergessen hat, zu verstehen, wie wichtig die Baukultur für unsere Umwelt und insbesondere für unsere Städte ist. Architektur „macht Stadt" und alles in unserer städtischen Umgebung hat mit Architektur zu tun. Mein Wunsch ist es, der Gesellschaft den Wert und die Stellung von Architektur bewusst zu machen. In dem Moment, in dem sich die Gesellschaft darüber bewusst wird, wie wichtig Architektur und Gebäude für eine gute Lebensqualität sind, in dem Moment passiert alles andere wie von selbst.

Kleihues + Kleihues
Gesellschaft von Architekten mbH

Adresse
Helmholtzstraße 42
10587 Berlin
Tel. 030-399779-0
Fax 030-399779-77

Bürogründung
1996 in Berlin

Anzahl der Mitarbeiter
in Berlin und Dülmen-Rorup insgesamt 70

Fünf Referenzen
▓ Hotel Concorde, Berlin
▓ Maritim Kongresshotel, Berlin
▓ Dienstgebäude und Hauptzentrale des BND, Berlin
▓ House of Finance – Campus Westend, Frankfurt am Main
▓ Kröpcke-Center, Hannover

Kröpcke-Center
Die klaren Gebäudekanten des Solitärs setzen die Fluchten der umgebenden Bebauung fort und umfassen den Opernplatz.

„NACHHALTIGKEIT BEDEUTET GLOBAL DENKEN, LOKAL HANDELN"

Lars Krückeberg / Thomas Willemeit /
Gregor Hoheisel / Wolfram Putz

Lars Krückeberg (Jahrgang 1967) studierte an der Technischen Universität Braunschweig, der Universitá degli Studi di Firenze in Italien und am deutschen Institut für Kunst und Geschichte Architektur. Seinen Master absolvierte er am Southern California Institute of Architecture in Los Angeles. 1998 gründete Lars Krückeberg zusammen mit Wolfram Putz und Thomas Willemeit GRAFT.

Thomas Willemeit (Jahrgang 1968) studierte an der Technischen Universität Braunschweig Architektur und belegte die Meisterklasse für Architektur und städtische Planung am Bauhaus in Dessau. Neben seiner erfolgreichen Karriere im Architekturbereich gewann er zahlreiche nationale Preise als Violinspieler und Chorsänger.

GRAFT hat bisher viele nationale und internationale Awards gewonnen. Zu den bekanntesten Projekten zählen die Wettbewerbsgewinne Tempelhof Columbiaviertel in Berlin und das Russian Jewish Museum of Tolerance in Moskau, das W Hotel Ground Zero New York, das Hotel Q! In Berlin und das Emperor Design Hotel in Peking sowie das Make It Right Wiederaufbauprojekt in New Orleans, USA.

„ES IST NICHT UNBEDINGT DAS ALLERHÖCHSTE ZIEL, ARCHITEKTUR NUR FÜR DIE EWIGKEIT ZU SCHAFFEN"

Was entscheidet maßgeblich darüber, ob Sie sich in einem Gebäude wohlfühlen? Sehen Sie in der Auswahl Ihres Bürostandortes einen Ansatz von nachhaltiger Nutzung eines Gebäudes?

Um sich in einem Gebäude wohlzufühlen, ist neben der Architektur und einer allgemeinen gestalterischen Qualität die Nutzung der Hauptfaktor. Der Nutzer eignet sich das Umfeld an, entweder es entspricht perfekt seinen Anforderungen oder er macht es sich zu eigen. Das ist ganz wichtig. In dem Gebäude hier, wie in vielen solcher Gewerbe- und Industrie-Immobilien in Berlin, hat man große Freiheiten, sich als kreatives Büro auszuleben. Viele neue Büro- oder Wohngebäude in Berlin sind für uns nicht das ideale Umfeld, da sie keine eigene Identität haben. Wir verstehen unser Büro als eine Werkstatt, in der man sehen darf, dass gearbeitet wird. Eine Autowerkstatt sieht auch nicht aus wie ein Museum für moderne Kunst. Dieser Standort hier ist für uns ideal, denn er entspricht der Typologie einer Kreativwerkstatt. Standort ist Programm.

Welche Rolle spielt die Betrachtung des Lebenszyklus eines Gebäudes beim Thema Nachhaltigkeit?

Sie hat eine extrem große Bedeutung. Jeder Nutzer und Bauherr hat eine ganz bestimmte Lifecycle-Vorstellung. Es gibt Bauherren mit einer extrem kurzen Lifecycle-Vorstellung, wie es bei temporären Bauten wie Messebauten oder Retail-Shops zutrifft. Restaurants in Las Vegas beispielsweise bestehen im Durchschnitt drei Jahre und werden dann wieder umgebaut. Im Sinne der Nachhaltigkeit wünscht man sich Gebäude mit einem längeren Lebenszyklus. Aber man muss auch schnelle Wandlungsprozesse akzeptieren. Dabei sollte man auf die Weiterverwendung dieser kurzfristigen Installationen achten. Wenn man versucht, in geschlossenen Materialkreisläufen zu agieren, dann werden Materialien verwendet, die nach Ablauf der Lebensdauer eines Gebäudes oder eines Interieurdesigns wieder komplett verwendbar sind.

Es ist nicht unbedingt das allerhöchste Ziel, Architektur nur für die Ewigkeit zu schaffen, sondern es geht darum, sich den Lebenszyklus eines Gebäudes oder eines Interieurs anzuschauen und eine Vorstellung davon zu haben, was nach dem Abbau damit passiert. Es gibt sehr unterschiedliche Vorstellungen, je nach Typologie und Bauherren. Viele Bauherren kommen und wollen etwas absolut Zeitloses haben. Das ist einfach ein vermessener Anspruch, denn man kann etwas Zeitloses nicht entwerfen, da man immer in der Zeit lebt. Wir glauben, bestimmte Architekten sind gut, nicht weil sie von vornherein etwas Zeitloses entwerfen, sondern weil sie etwas Besonderes schaffen. Das Zeitlose wird über die Zeit erst gesegnet. Nachhaltigkeit entsteht nicht nur in der richtigen Materialwahl und durch die Planung für die Ewigkeit, sondern Nachhaltigkeit entsteht auch durch Design, durch Schönheit, durch das Besondere. Ein Gebäude hat die Chance, durch das Besondere zu überleben, solange sich die Menschen damit identifizieren, im Sinne sozialer Nachhaltigkeit.

Nachhaltiges Bauen bedeutet Anwendung moderner Technologien unter Beachtung lokaler Gegebenheiten. Werden diese Anforderungen an die heutige Architektur bereits erfüllt?

Sie müssen bei Nachhaltigkeit immer global denken, aber lokal handeln. Es gibt extrem viele technologische Entwicklungen, die vorbildlich sind, aber es ist noch ein weiter Weg zum integrierten Planen und Denken, bei dem Technologie und gestalterische Anforderungen der Architektur zusammenfinden. Technologie wird noch zu oft wie eine Brosche auf ein Gebäude appliziert und wirkt dadurch aufgesetzt. Denken Sie an einen Lehmbau, der alles gleichzeitig leistet. Er übernimmt die statische Aufgabe, ist gleichzeitig auch der Wärmespeicher, nimmt Feuchtigkeit auf und reguliert darüber den Feuchtigkeitsgehalt der Luft. Heute wird oft jedes Einzelproblem mit einer Einzellösung beantwortet. Das integrierte Denken zu jeder einzel-

nen Fragestellung der Bedürfnisse in einem Prozess, der auch formal zu einer anderen Architektur führen könnte, steht noch am Anfang. Das ist genau der Bereich, der uns interessiert. Man darf aber neben dem systemischen integrierten Denken nicht die gestalterische Frage vergessen. Viele versuchen allein auf rationaler Ebene über die technischen Werte ihres Hauses zu begründen, weshalb ihr Gebäude gut ist. Ein rein rechnerisch nachhaltiges Gebäude ist noch längst nicht qualitätvolle Architektur. Das Duo Architekt und Statiker hat es schon zu Höchstleistungen integrativen Denkens gebracht und zu wunderbar neuen Ästhetiken geführt. Hier

gibt es noch Riesenchancen für alle Projektbeteiligten.

Ist eine Zertifizierung ein Qualitätskriterium für ein gutes, ein akzeptiertes Gebäude?

Für uns als Architekten und Menschen ist es entscheidend, in unserem Leben etwas Nachhaltiges zu schaffen. In jedem Projekt spielt das Thema Nachhaltigkeit und Zertifizierung deshalb eine Rolle. Nachhaltigkeitskriterien in Zertifizierungen sind relativ pragmatisch. Es ist viel einfacher, mit dem Bauherrn über Nachhaltigkeitskriterien zu sprechen als über ästhetische Qualitätskategorien. Der Bereich, sein ästhetisches Empfinden zu verbalisieren, ist viel schwieriger zu beschreiben. Es bedeutet weniger Arbeit, einem Bauherrn vorzurechnen, wie viel weniger sein Gebäude verbraucht und nach wie vielen Jahren es sich amortisiert. Die Frage der zertifizierbaren Nachhaltigkeit ist im Bereich Qualität der Architektur zurzeit deutlich überbewertet. Nachhaltigkeit muss für ein Gebäude eine Selbstverständlichkeit sein. Wir müssen verstehen, dass es, wenn wir im Sinne von Nachhaltigkeit akzeptable Gebäude entwerfen, noch nicht die Garantie bedeutet, dass das gute Gebäude sind. Wir glauben, darauf sollte man mehr und mehr hinweisen. Die Debatte läuft ansonsten so, dass man, um sich aus der Diskussion um gute Architektur ein wenig herauszuziehen, sagt, das Gebäude sei doch ein Plus-Energie-Haus. Wir erleben oft Bewohner, die unter minderwertiger Innenraumluft leiden und von der Außenwelt nichts mehr hören. Das ist ein Beispiel, über das wir schon längst hinaus sind. Das Kriterium der Nachhaltigkeit kann eine ästhetische Beurteilung nicht komplett ersetzen.

Welche Bedeutung hat der Entwurf in Bezug auf die Nachhaltigkeit von Projekten?

Es gibt grundsätzliche Entwurfsgedanken Wenn man diese ausklammert, denkt man nicht nachhaltig.

Bird Island, Malaysia 2007
Zero Energy und Zero Emission heißt für GRAFT auch ein Maximum an Poesie und erzählerischer Architektur.

„EIN REIN RECHNERISCH NACHHALTIGES GEBÄUDE IST NOCH LÄNGST NICHT QUALITÄTVOLLE ARCHITEKTUR."

Die Menschen müssen sich beispielsweise mit ihrer Umgebung identifizieren und sich wohlfühlen. Dort, wo man sich wohlfühlt, wird man die Dinge erhalten. Ist das nicht der Fall, dann ist es wenig nachhaltig, da die Gebäude abgerissen werden. Wenn wir über Nachhaltigkeit sprechen, geht es nicht allein um einige Pilotprojekte. Diese sind jedoch wichtig, um das Thema zu verbreiten. Nachhaltiges Denken muss in den Städten ankommen, denn die Stadt ist die Zukunft der Menschheit. Die Menschen gehen in die Städte und es werden immer mehr werden. Daher müssen wir es schaffen, so zu denken. Gerade in Siedlungen, wo Menschen mit geringerem Einkommen leben, darf es nicht so weit kommen, dass es die Menschen nicht mehr interessiert, wie sie leben, und andere ihnen sagen, wie sie zu leben haben. Genau dann geht die Identifikation verloren. Oft fehlt diesen Projekten

ein grundsätzlicher Entwurfsgedanke. Irgendwann möchte dort keiner mehr leben. Wer es schafft, geht weg und zum Schluss leben dort nur noch diejenigen, denen man sagt, dass sie dort leben müssen. Das erzeugt nicht nur extreme gesellschaftliche Probleme durch Randgesellschaften und Ghettobildung, sondern weitere Probleme, weil diese Stadtteile nicht mehr zu retten sind. Sie müssen abgerissen und neu gebaut werden. Somit ist es nicht nachhaltig, wenn der Entwurf und das Wesentliche der Architektur ausgeklammert werden. Entwurf und Nachhaltigkeit, sozusagen Gestaltung und Nachhaltigkeit, müssen eins sein. Als Architekt muss man das Thema Nachhaltigkeit umarmen. Unserer Meinung nach muss ein Umdenken stattfinden. Nachhaltigkeit ist eine Selbstverständlichkeit und gehört zur Basis des Denkens. Wenn man gute Ideen wie Materialeinsatz, Energiegewinnung und -einsparung,

ideale Volumenkörper, Oberflächen, sinnvolle Leichtbautragwerke und lokale Baustoffe zu einer interessanten Architektur zusammenführt, ist man auf einem guten Weg. Das Ziel muss aber die Gestaltung sein. Die Gestaltung ist das, was unsere Gesellschaft, unsere Kultur und unsere Lebensrituale am idealsten zum Ausdruck bringt und über die wir uns definieren. So entsteht Baukultur.

Welche Bedeutung haben für Sie beim Thema Nachhaltigkeit die ethischen und sozialen Kriterien? Wie wird diese Seite der Nachhaltigkeit in Ihrem Unternehmen gelebt?

Nachhaltig in sozialen Strukturen ist, wenn man immer lernfähig bleibt. Das ist das Allerwichtigste und zwar auf jeder Ebene. Eine Grundforderung ist, dass man im Kontext der Architektur seinen Bauherren gegenüber lernfähig bleibt. In unserem Büro werden kollektive gestalterische

Hotel Q!, Berlin 2004
Berlins Avantgarde Hotel, das Bewegung und Körperlichkeit des Gastes in Raum übersetzt.

Shotgun Houses, USA 2008
MIR – die Make It Right Initiative steht für die Verbindung von hohem gestalterischen Anspruch mit sicherer und nachhaltiger Architektur, und das zu einem unvergleichlich günstigen Preis.

Prozesse sehr erfolgreich auspro-biert. Blickt man in die Vergangen-heit der Architektur, hat sich hier ein großer Wandel vollzogen. Dazu gehört, dass man selbst als Partner im Büro eine gewisse Entscheidungs-gewalt und Direktive behält, jedoch dem neu ins Büro kommenden Erfahrungshorizont der jüngeren Ge-neration gegenüber offen begegnet. Hier entstehen neue Lösungsansätze in gestalterischen Prozessen, die erfolgreich weiterentwickelt werden können. Ein fester Mitarbeiterstab ist uns sehr wichtig. Neue Mitarbeiter bringen neue Sichtweisen ein. Wenn Mitarbeiter lange im Büro bleiben, wächst der Erfahrungsschatz im Büro an und konsolidiert sich. Dadurch wird verhindert, dass die gleichen Fehler öfter gemacht werden. Das Risiko, Fehler zu begehen, sollte man in Maßen jedoch eingehen.

Welche Kriterien der Nachhal-tigkeit konnten Sie in Ihrem sehr ambitionierten Projekt in New Orleans nach Katrina umsetzen und sind Sie mit deren Umsetzung zufrieden?

Wir sind mit diesem Projekt, einem unserer erfolgreichsten überhaupt, sehr zufrieden. Es ist uns gelungen, zu implementieren, dass Material-aufwand verstanden wird. Es gibt eine klare Aussage, in welchen Materialzyklen, -kreisläufen man sich dort bewegt und dass sehr viel lokale Arbeitskraft eingesetzt wird. Das Ergebnis der Untersuchung zur Energieeinsparung und natürlicher Lüftung in den Gebäuden geht so weit, dass die Bewohner heute auf den Community-Meetings wetteifern, wer den geringsten Primärenergie-verbrauch hat. Uns ist es gelungen, viele unterschiedliche Bautechnolo-gien zu optimieren. Der Materialein-satz wurde wesentlich reduziert, in einigen Häusern bis zu 30 Prozent. Um Drainage einzusparen, verwen-deten wir zum Beispiel durchlässigen Beton auf den Bürgersteigen und

Straßen. Es war ein Experiment, aber die Tatsache, dass wir die Kriterien von Anfang an mit festsetzen konn-ten, hat zum Erfolg auf allen Ebenen geführt. Den beteiligten Architekten wurde nahegelegt, die Kultur der Re-gion ernst zu nehmen, was das Klima betrifft. Wir haben verschiedenste Entwürfe von weltbekannten und lokalen Architekten, aus denen die alten Bewohner auswählen können. So entstehen Diversität und Identi-fikation. Laut U. S. Green Building Council ist unsere neue Community die „grünste" Amerikas. Viele der realisierten Details werden wahr-scheinlich in den National Building Code aufgenommen und in die Ge-setzgebung einbezogen. Jedes ein-zelne Haus hat eine LEED-Platin-Zer-tifizierung erhalten. Es wurden nur gesundheitsverträgliche recyclebare Materialien eingesetzt. Es wurden auch Fehler gemacht mit Dingen, die es zu verbessern gab. In Summe ist das Projekt aber wunderbar und ein erfolgreiches Modell. Der Kontext wirkt gewachsen und die Menschen identifizieren sich mit ihren Häusern. Das ist nachhaltig. Es ging uns nicht nur um den Umgang mit der Katastrophe und die Lösung des Problems, sondern um den Anspruch, etwas Besseres als den vorherigen Status zu erreichen.

Worin besteht Ihr Beitrag für künstlerische Nachhaltigkeit?

Die Kunstwelt ist für uns immer eine verwandte Welt gewesen. Beispielsweise haben wir gerade einen Tisch entwickelt. An ihm kann man gut sitzen, essen, er ist also funktional und gleichzeitig ein Kunstwerk, eine Limited Edition für Stilwerk. Da wir Architekten sind, war es für uns sehr spannend, Kunst und Funktionalität gleichzeitig zu denken. Ein Tisch ist Raum und greift Raum, er versammelt Menschen. Es ist immer interessant, wenn Architektur mit Kunst in direkten Dialog tritt. Dafür stehen das Projekt der Temporären Kunsthalle, die „Art Cloud", wie sie von den Berlinern genannt wird, oder die vielen Kunstausstellungen, die wir in direktem Dialog mit Künstlern entworfen und gebaut haben. Mit Künstlern und Kunst kann Architektur eine synergetische Kräftesymbiose eingehen. Somit kann die Architektur und auch die Kunst gleichzeitig mehr sein, als sie selbst ist. Architekturen, die den Dialog mit der Kunst freudvoll suchen, werden überdauern.

GRAFT Gesellschaft von Architekten

Adresse
Heidestraße 50
10557 Berlin
Tel. 030-24047985
Fax 030-24047987

Bürogründung
1998 in Los Angeles

Anzahl der Mitarbeiter
100

Fünf Referenzen
▓ Bird Island, Malaysia, 2007
▓ Hotel Iveria, Georgia, 2008
▓ Hotel Q!, Berlin, 2004
▓ Shotgun Houses, USA, 2008
▓ Vertical Village, Dubai, 2009

Vertical Village, Dubai 2009
Zukünftige Gebäude werden sich durch ideale Ausrichtung zur Sonne und den Einsatz intelligenter Fassadentechnik als energieunabhängige Gebilde auch gestalterisch lokal sehr spezifisch verändern.

„WEGWERFEN KÖNNEN WIR UNS NICHT MEHR LEISTEN"

Michael Lanz

Michael Lanz (Jahrgang 1965) kam nach seinem Studium an der Universität Wuppertal, Fachrichtung Produkt-Design, im Jahr 1991 zu designaffairs (damals die Design-Abteilung der Siemens AG). Dort arbeitete er vorrangig als Industrial Designer in den Bereichen Medizintechnik, Professional Equipment, Mobile Phones sowie im Advanced Design Studio. Seit 2001 war er als Key Account Manager für den Bereich Gigaset Cordless Products tätig und leitete parallel ein Team von fünf Designern. Im Juni 2005 übernahm Michael Lanz die Leitung des Color & Material Design Teams und des Color & Material Labs. Seit März 2007 ist Michael Lanz einer der vier neuen Inhaber und Geschäftsführer der designaffairs GmbH und verantwortlich für den Bereich Industrial Design und Marketing. Während seiner Zeit bei designaffairs hat Michael Lanz eine Reihe prestigeträchtiger Auszeichnungen gewonnen, unter anderem den begehrten Designpreis des International Forum Design Hannover (IF) in den Kategorien „Top 10" und „Best of Category". Einige seiner Arbeiten sind Teil der „Neuen Sammlung" der Pinakothek der Moderne in München.

„LUXUS IST NACHHALTIG, WENN ES DIE RICHTIGE FORM VON LUXUS IST"

Sie positionieren sich als eine der führenden Designagenturen Europas. Was begründet diese Positionierung?

Zum einen sind wir sehr erfolgreich! Das belegen unsere langjährigen namhaften Kunden und die zahlreichen internationalen Design-Preise. Wir haben eine langjährige Erfahrung in einer Vielzahl verschiedener Branchen. Zum anderen sind wir multidisziplinär aufgestellt und betrachten ein Produkt immer in seiner Gesamtheit. Wir schaffen eine Wissensbasis über Design-, Kultur- und Technologie-Trends und vieles mehr, die wir ständig erweitern. Was uns darüber hinaus differenziert, ist, dass wir immer mit der Marke des Kunden arbeiten. Das heißt, wir sehen ein Produkt nicht losgelöst von der Marke, sondern begreifen es als einen Marken-Botschafter. Wir fragen uns deshalb, wofür steht die Marke? Wie kann sie sich von den Mitbewerbern positiv differenzieren? Und wie können diese Markenwerte wahrnehmbar in die Gestaltung einfließen? Wir gehen viel weiter in den strategischen Beratungsbereich, als das andere Design-Unternehmen tun.

Welchen Stellenwert hat Nachhaltigkeit in Bezug auf den Erfolg Ihrer Produktentwicklung? Wie viel Prozent Ihrer Auftraggeber fordern nachhaltige Produkte und sehen das als Erfolg des Produktes an?

Das sind leider noch nicht so viele. Wir beobachten aber, dass eine Diskussion in diese Richtung beginnt. Nachhaltigkeit muss man in der Summe sehen. Nachhaltigkeit ist ja mehr als nur nachwachsende Rohstoffe oder biologische Abbaubarkeit. Heute spricht man eher vom Carbon Footprint eines Produkts, das heißt, es wird die CO_2-Emission entlang des gesamten Lebenszyklus eines Produkts über Produktion, Transport, Gebrauch und Entsorgung/Recycling betrachtet. Letztendlich spielt dabei dann natürlich auch eine Rolle, wie lange das Produkt benutzt werden kann und wie langlebig das Design ist …

Ist das Thema Nachhaltigkeit in unserer Gesellschaft angekommen?

Es setzt ein Umdenken ein. Das sieht man zum Beispiel daran, dass die Nachfrage nach biologisch angebauten Lebensmitteln in den letzten Jahren stark gestiegen ist. Aber wir müssen noch viel weiter und langfristiger denken. So gibt es heute eine bereits deutlich spürbare soziokulturelle Tendenz, dass Leute wieder nachhaltige Werte für sich entdecken. Das hatten wir zwar in der Ökobewegung in den 70ern schon, aber im Unterschied zu damals lehnen die heutigen Verbraucher Konsum nicht generell ab. Im Gegenteil: Sie konsumieren gerne, aber bewusst und nachhaltig! Auch Luxus kann nachhaltig sein, wenn es die richtige Form von Luxus ist. Für mich können Produkte gar nicht hochwertig genug sein. Was teuer war, das werfe ich nicht einfach weg. Vor 200 Jahren waren wir bereits an diesem Punkt, wenn auch aus anderen Gründen. Da wurde zum Beispiel ein Schrank sehr aufwendig gebaut und hielt dann drei bis vier Generationen lang. Wenn er kaputt war, wurde er repariert und nicht weggeworfen. Die industrielle Revolution war so gesehen Segen und Fluch zugleich.

Würden Sie sich wünschen, dass das Bewusstsein für Nachhaltigkeit in der Bevölkerung schon weiter vorangeschritten wäre?

Ja, sicher. Aber es wäre schon viel erreicht, wenn jeder ein bisschen was für das Thema Ressourcenschonung tun würde. Nicht jeder wird von heute auf morgen vom Saulus zum Paulus werden, aber jeder kleine Schritt, zum Beispiel beim Energiesparen, ist ein Schritt in die richtige Richtung. Wir verbrauchen immer noch zu viel Energie, um von heute auf morgen komplett auf nachhaltige Energiequellen umstellen zu können. Das könnte man kurzfristig nur durch einen deutlichen Konsumverzicht erreichen, der aber dann sehr negative Auswirkungen auf unser Wirtschaftssystem hätte.

Vormals belächelte Schwellen- und Entwicklungsländer haben ein reiches, traditionelles Wissen, um zum Beispiel gut funktionierende Stoffkreisläufe in intakten ökologischen Gefügen aufrechtzuerhalten. Besteht die Gefahr, dass sie uns die globalen Märkte von morgen streitig machen?

Das ist gut möglich, aber für das Design gilt dies momentan noch nicht. Wer es sich zum Beispiel in China leisten kann, der kauft europäisches Design. Besonders deutsches Design steht momentan dort sehr hoch im Kurs. Mittelfristig wird es aber sicherlich so sein, dass die Chinesen auch im Design ein neues Selbstbewusstsein entwickeln werden. Die ersten Anzeichen sieht man bereits. Allein schon aufgrund der Tatsache, dass uns die Chinesen zahlenmäßig weit überlegen sind, haben sie auch mehr Ressourcen an begabten Menschen, also auch an Designern. Im Moment hat China noch das Problem, dass die Förderung nicht ausreicht und nur in ihren Metropolen gut funktioniert. Aber allein hier werden schon jährlich Hunderte von neuen Designern ausgebildet. Momentan sind wir hier noch auf einem technisch höheren Niveau, aber die Chinesen holen schnell auf und lernen sehr schnell.

Das so gekennzeichnete, derzeit noch dominante „westliche" Modell industriellen Wirtschaftens strapaziert inzwischen weltweit die ökologischen Systeme über die Grenzen ihrer Belastbarkeit hinaus. Welches Szenario würden Sie für die Zukunft beschreiben?

Das sehe ich genauso. Ich glaube nicht, dass eine Wirtschaft, die auf ständiges Wachstum angelegt ist, auf Dauer funktionieren kann. Die Natur ist nicht als expandierendes System angelegt, sondern als ein geschlossener Kreislauf. Nur das, was als geschlossener Kreislauf funktioniert, kann langfristig eine Lösung sein. Dabei spielt auch das Thema Überbevölkerung eine große Rolle. Wie viel Milliarden Menschen kann unsere Welt verkraften? Irgendwann ist da schon rein physikalisch Schluss. Man kann zwar durch Technologie diese Grenze zum Kollaps ein

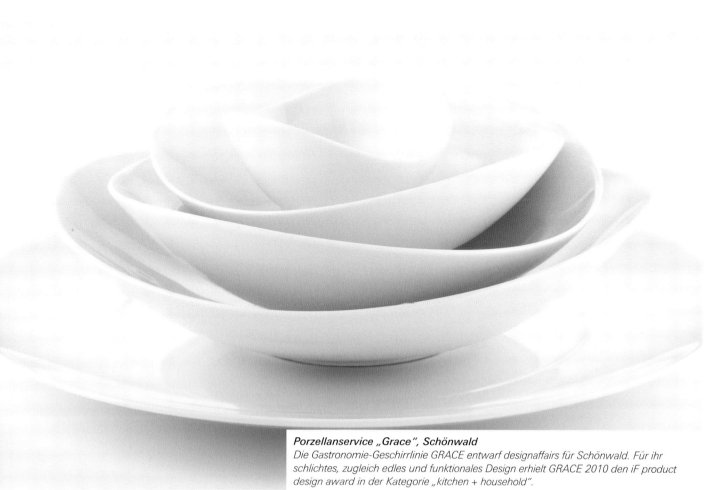

Porzellanservice „Grace", Schönwald
Die Gastronomie-Geschirrlinie GRACE entwarf designaffairs für Schönwald. Für ihr
schlichtes, zugleich edles und funktionales Design erhielt GRACE 2010 den iF product
design award in der Kategorie „kitchen + household".

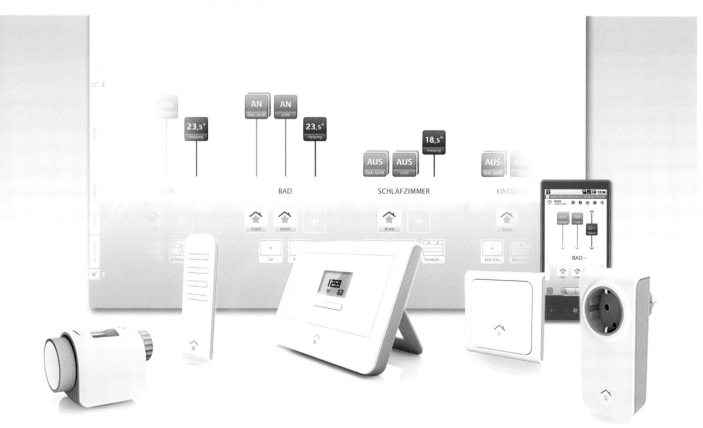

Haussteuerungssystem „SmartHome", RWE
Mit der SmartHome-Serie für RWE entwickelte designaffairs ein ganzheitliches und stim-
miges Konzept von benutzerfreundlichem Industrie- und User Interface Design. Die Linie
erhielt sowohl den GOOD DESIGN Award als auch den iF product design award.

Kühlgefrierkombination „3D-Fridge", Haier
Die Haier 3D-Fridge ist eine Gefrierkühlkombination in minimalistischem Design. Das
Touch-Display erleichtert dem Benutzer die Bedienung und bietet innovative technische
Features. Ausgezeichnet mit dem red dot Award sowie mit dem Plus X Award.

Stück weit verschieben, zum Beispiel durch bessere Anbaumethoden in der Landwirtschaft. Die Frage, die sich in diesem Zusammenhang stellt, ist, was wir wirklich zum Leben brauchen? Es gibt ein Umdenken, was Luxus ist. Luxus kann auch zum Beispiel sein, dass man Zugang zu sauberem Wasser hat. Das ist vielleicht den meisten Menschen in den Wohlstandsländern gar nicht bewusst. Sauberes Wasser haben die wenigsten Menschen auf der Welt. Wasser wird vielleicht das Gold des 21. Jahrhunderts. Es gibt Stimmen, die sagen, dass in Zukunft Kriege über Zugang zu sauberem Trinkwasser geführt werden könnten. Das sind Probleme, denen wir uns stellen müssen. Vielleicht hätte man schon ein bisschen früher anfangen sollen, diese Problematik ernsthaft in den Griff zu bekommen. Jetzt ist es kurz vor zwölf. Wir wissen heute, dass es in der Weltentwicklungsgeschichte immer – teils deutliche – Klimaveränderungen gegeben hat. Allerdings ist der heutige Einfluss der immer noch zunehmenden Umweltverschmutzung auf unser Klima nicht von der Hand zu weisen. Die Verschmutzung der Ozeane zum Beispiel ist ein sehr ernstes Thema. Es ist heute noch gar nicht absehbar, was durch die Verunreinigungen langfristig für Probleme entstehen. Der Lebensraum Wasser ist ein sehr sensibles System, dessen Komplexität wir noch gar nicht richtig durchdrungen haben. Wir können ohne Wasser nicht leben. Alles Leben auf der Erde basiert auf Wasser. Wasser ist auch chemisch oder physikalisch gesehen ein ganz außergewöhnlicher Stoff. Wasser ist der einzige Stoff, der in allen drei Aggregatzuständen – fest, flüssig, gasförmig – in der Natur vorkommt. Wasser hat besondere Eigenschaften, die andere Flüssigkeiten nicht haben, was letztendlich wiederum auf das Entstehen des Lebens Einfluss gehabt hat. Aber Wasser ist für uns Segen und Fluch zugleich. Wasser kann auch verheerende Schäden anrichten, zum Beispiel durch Flutkatastrophen und Tsunamis. Wasser ist eine Urgewalt. Wir Menschen haben einen großen Einfluss auf das Ökosystem Erde, aber uns fehlt der nötige Weitblick. Das ästhetische

Bewusstsein der Konsumgesellschaft steckt doch bisher noch in den von den Illusionen der materiellen Wohlstands-Sauberwelt geprägten Mustern und Symbolen fest! Wegwerfen können wir uns nicht mehr leisten, weil alle Rohstoffe, die wir haben, begrenzt sind. Wir werden in Zukunft dahin kommen, dass wir gar nichts mehr wegwerfen, weil wir es uns schlichtweg nicht mehr leisten können. Abfall ist wertvoller Rohstoff und Energie. Aber für Recycling braucht man Energie. Künftig sollten wir Müll vermeiden. Das heißt, dass wir und die ganze Industrie umdenken müssen. So gibt es in London jetzt schon ein Lebensmittelgeschäft, das ganz bewusst auf Verpackung verzichtet. Da kauft man alles wie früher im Tante-Emma-Laden. Nichts ist mehr eingeschweißt. Aber man muss natürlich aufpassen, dass dieses „Green-Design" nicht zu einer Marketingmasche verkommt. Hier ist die Eigenverantwortung der Unternehmen gefragt: Stichwort „Corporate Social Responsibility". Das ist etwas, in das eigentlich alle Unternehmen investieren sollten, weil dies ein wichtiger Baustein für die nachhaltige Sicherung ihres Erfolgs ist, denn es findet ein Umdenken auf der Konsumentenseite statt, das eine entsprechende Erwartungshaltung erzeugt.

Brauchen wir einen zeitgemäßen Design-Begriff, der auch den Punkt der Nachhaltigkeit mehr unterstützt?

Diese Diskussion ist nicht neu, aber vielleicht aktueller denn je. Meiner Meinung nach sollte Design auch immer das Thema Nachhaltigkeit beinhalten. Hier hat man als Designer ja auch einigen Einfluss: von der Wahl der verwendeten Materialien und Fertigungsprozesse bis hin zu einer langlebigen Designsprache.

Es gibt Designerkollegen, die behaupten, Design kann nicht nachhaltig sein, denn Design ist per se der Innovation verpflichtet! Wie sehen Sie das?

Das kommt darauf an. Wenn ich ein neues Produkt entwickle, dann muss

das besser sein als das alte. Sonst hat es keine Lebensberechtigung. Das nennt man dann Fortschritt. Aber man kann darüber streiten, ob Fortschritt etwas ist, was die Menschheit sich langfristig leisten kann oder nicht. Aber es ist müßig darüber zu philosophieren, ob es ein Fehler für die Menschheit war, in der Urzeit von den Bäumen zu steigen. Die Geschichte lässt sich nicht zurückdrehen. Und so sind wir mittlerweile an einem Punkt angelangt, an dem man sagen kann: Wenn heute noch etwas die Menschheit retten kann, dann ist es der technologische Fortschritt. Allerdings müssen wir diesen Fortschritt dazu nutzen, um einen nachhaltigen, in sich geschlossenen Kreislauf für unsere lebenswichtigen Ressourcen zu schaffen. Auf der anderen Seite kann Design sehr wohl nachhaltig sein, indem Produkte so gestaltet werden, dass sie möglichst lange mit Freude benutzt werden können. Das funktioniert natürlich am besten mit Dingen, die nicht so stark dem technologischen Wandel unterliegen. Bei elektronischen Produkten, speziell Computern, ist das anders. Wenn ich mir heute einen Computer kaufe, dann weiß ich genau, dass er, übertrieben gesprochen, eigentlich schon veraltet ist, sobald ich ihn auspacke, weil die nächste Generation schon ein

Schnurlostelefon „Gigaset S790",
Gigaset Communications
Bei dem Siemens Gigaset S790 zeichnet designaffairs sowohl für das Industrial-, als auch Color & Material-Design verantwortlich. Trotz der Vielzahl an verfügbaren Funktionen stehen einfache Bedienbarkeit und eine schlichte, edle Optik im Fokus. Das S790 erhielt den GOOD DESIGN sowie den red dot Award.

paar Wochen später im Laden steht. Nichtsdestotrotz kann ich ein paar Jahre gut damit arbeiten. Es ist eher die Frage, inwiefern es Sinn macht, einen Computer so zu gestalten, dass er zum Beispiel durch eine bessere Grafikkarte oder einen anderen Prozessor aufgerüstet werden kann. Aber nach einer gewissen Lebensdauer des Produkts macht das wirtschaftlich keinen Sinn mehr. So ist es heutzutage oft günstiger, ein Gerät wegzuwerfen, als es zu reparieren oder nachzurüsten. Zumal die neuen Produkte leistungsstärker sind und ggf. weniger Energie verbrauchen. Man sollte daher bei den Produkten, die weggeworfen werden, darauf achten, dass sie sauber recycelt oder in irgendeiner Form sinnvoll nachgenutzt werden können. Das Mindeste, was ein Produkt können sollte, ist, dass man es sortenrein in seine Bestandteile trennen kann,

damit es ordentlich recycelt werden kann. Das ist heutzutage eine Mindestanforderung an ein Produkt.

Wird hinter den Kulissen der Produktentwickler schon in der Breite grün gedacht oder ist produktintegrierter Umweltschutz noch exotisch?

Da ist noch Schulungsbedarf vorhanden. Neben dem Einsatz nachwachsender Rohstoffe ist bei uns vor allen Dingen das sortenreine Trennen der verwendeten Materialien ein Thema. Wie gut ist ein Produkt recyclingfähig? Es gibt viele Bereiche, in denen es vom Gesetzgeber schon Auflagen gibt. Es gibt die Rücknahmepflicht von Computern durch die Hersteller und diese achten darauf, dass das Material recycelt werden kann. Das spart dem Hersteller Geld und wird somit zu einer Auflage im Designbriefing.

Designaffairs GmbH

Adresse
Rosenheimer Straße 145 b
81671 München
Tel. 089-442 329 100
Fax 089-442 329 200

Bürogründung
1997 in München

Anzahl der Mitarbeiter
56

Fünf Referenzen
▩ Grace, 4*+ Gastronomie-Porzellanservice für Schönwald/ BSH tabletop AG, 2010
▩ 3D-Fridge, Kühl-Gefrierkombination für Haier Co., Ltd., 2006
▩ Gigaset S790, Schnurlostelefon für Gigaset Communications GmbH, 2009
▩ RWE Smart Home, System zur Hausautomatisierung für RWE AG, 2010
▩ WMF 1, Kaffeepadmaschine für WMF AG, 2005

Kaffeepadmaschine „WMF1", WMF
Mit der WMF1 entwickelte designaffairs in interdisziplinären Teams die bis dato weltweit kleinste Kaffee-padmaschine mit integrierter Tasse. Ausgezeichnet mit zahlreichen renommierten Designpreisen wie dem red dot Award, dem GOOD DESIGN Award, dem DesignPlus Award, etc.

„DAS VERDICHTETE BAUEN IST DIE ZUKUNFT"

Prof. Christoph Mäckler

Prof. Christoph Mäckler (Jahrgang 1951) studierte von 1973 bis 1980 Architektur in Aachen und Darmstadt. Von 1983 bis 1996 war er im Städtebaubeirat und von 1991 bis 1996 Vorstandsvorsitzender des Bundes Deutscher Architekten (BDA) in Frankfurt am Main. Von 1990 bis 1997 war er als Gastprofessor am Seminario internationale di progettazione Castel Sant'Elmo in Neapel sowie an der Technischen Universität (TU) Braunschweig und der Universität Hannover tätig. Seit 1998 ist er ordentlicher Professor für Städtebau an der TU Dortmund, Lehrstuhl Städtebau, und seit 2003 Mitglied der Internationalen Bauakademie in Berlin. 2008 gründete er in Dortmund das Deutsche Institut für Stadtbaukunst. Zu seinen bekanntesten Projekten der Gegenwart gehören die Kunsthalle Portikus in Frankfurt am Main, das Augustinermuseum in Freiburg, der OpernTurm und der Tower 185 in Frankfurt am Main sowie das Zoofenster Berlin mit dem Hotel Waldorf Astoria.

Was haben Sie aus Ihrer Zeit bei Gottfried Böhm und Oswald Mathias Ungers als Lehre oder Entwurfsphilosophie für sich mitgenommen, was man heute als nachhaltig bezeichnen würde?

Damals war Nachhaltigkeit überhaupt kein Diskussionsthema. Gottfried Böhm hat immer wunderbare Räume und auch städtische Räume geschaffen. Mit Material und Farbe hat er wunderbar proportionierte Gebäude errichtet. Das hat mich sehr fasziniert. Oswald Mathias Ungers ist dagegen der Theoretiker. Er ist derjenige, der in den 70er-/ 80er-Jahren gemeinsam mit Aldo Rossi in Italien versucht hat, die Architektur aus dem Funktionalismus herauszuführen und sie wieder als städtische Baukunst zu entwickeln, was in der damaligen Zeit sehr schwierig war. Er ist dafür sehr hart angegangen worden. Vor zwei Jahren habe ich ein Institut für Stadtbaukunst gegründet, an dem wir einzelne Schlüsselwerke dieser Zeit neu veröffentlichen. Wir übersetzen auch Aldo Rossi neu.

Was bestimmt bzw. prägt die derzeitige Architekturdiskussion in Deutschland?

Es gibt sehr viele unterschiedliche Richtungen. Die alte Richtung ist die der gläsernen Moderne, des ewig Transparenten, was heute sogar als nachhaltig, wie es so schön heißt, verkauft wird, was ich als völlig absurd empfinde. Ich glaube, Architektur muss dauerhafter sein, Architektur muss den Begriff Nachhaltigkeit durch Dauerhaftigkeit ersetzen, wenn man für die nächsten Generationen ökologisch oder auf die Zukunft gerichtet denkt. Wir versuchen, die Architektur in der Lehre an der Fakultät Architektur und Bauingenieurwesen an der TU Dortmund wieder auf andere Füße zu stellen. Wir wollen wieder Schwarzbrot herstellen, den Leuten wieder beibringen, wie man baut, wie man eine Fassade gestaltet, wie man diese proportioniert, wie man ihre Materialien zueinander fügt, wie man die Farben und Oberflächen behandelt oder wie man ein Fenster kon-

struiert, ohne dass man immer die gleichen Industrieprodukte darstellt. Das versuchen wir sowohl in der Lehre als auch in der Forschung. Ich bin fest davon überzeugt, dass sich die Architektur in den nächsten 20 Jahren stark ändern wird. Wir tun heute so, als wenn wir im zeitlosen Raum leben, als wenn die Architektur nicht in der europäischen Geschichte verwurzelt wäre. Das hat in Deutschland sicher auch etwas mit dem Schnitt zu tun, den wir durch das Dritte Reich erfahren haben. Man wollte nach dem Krieg nicht mehr zurückblicken, nur noch nach vorne sehen. Das ändert sich jetzt gerade. Wir erleben in ganz Deutschland, ob in Regensburg, in Aachen, hier in Frankfurt oder auch in München, dass sich die Bewohner per Bürgerbegehren gegen eine Architektur, die sich nicht mit unserer Geschichte auseinander setzt, wehren. Sie identifizieren sich nicht mit dieser scheinbaren Zeitlosigkeit. Die Architektur der Moderne hat sich immer schon gegen das Alte gewandt und stets gegen das Alte gearbeitet. Vor 100 Jahren war das etwas Verständliches. Man wollte kein Kaiserreich mehr. Man wollte etwas Neues. Heute aber haben wir schon seit 100 Jahren keinen Kaiser mehr und deswegen sollten wir auch mal wieder darüber nachdenken, wo eigentlich unsere Wurzeln liegen.

Der von Ihnen entworfene neue Portikus und der Brückenturm auf der Maininsel lehnen sich in ihrer architektonischen Form an die Typologie der mittelalterlichen Häuser in Frankfurt an. Wie wichtig ist Ihrer Meinung nach der Bezug zum Ort, damit wir uns Gebäude gerne und lange anschauen?

Der Ortsbezug ist das Wichtigste überhaupt und das ist ja eine der Tendenzen, von denen ich vorhin gesprochen habe. Der Portikus ist im Vorfeld sehr umstritten gewesen. Vor allem bei dem Nutzer, der Städelschule, der sich ein Bauwerk mit Schieferdach überhaupt nicht vorstellen konnte. Dass ein Schieferdach so gebaut wird, dass es eben nicht historisierend aussieht, ist sehr viel schwieriger als irgendeine Kiste

zu knautschen und als Kunstwerk zu verkaufen. Wir müssen uns wieder sehr viel mehr dem handwerklichen Detail widmen. Ich glaube, dass moderne Architektur sich weiterentwickeln muss, um zeitgemäß zu sein. Sie braucht Geschichtsbezug. Sie muss sich hin zu einer mit dem Ort verwurzelten Architektur entwickeln. Wenn sie das tut, ohne gleich zur Retro-Architektur zu werden, dann verwurzelt sie sich auch in den Köpfen der Bevölkerung.

Was sagen Ihnen die heutigen Bauformen über die Gesellschaft, die sie in Auftrag gibt?

Was heute in Auftrag gegeben wird oder was einige Bürgermeister noch immer lieben, sind mediale Highlights, Gebäude, die als Kunst verkauft werden, um eine starke Medienresonanz zu bekommen. Es gibt ganz wenige Städte, die verstanden haben, welche Juwele sie mit ihrer Bausubstanz besitzen. Diese gehen sogar so weit, dass sie Gestaltungssatzungen wieder einführen und auf Architektur die sich nicht einfügt, verzichten. Die Gesellschaft baut noch immer mehr Kunst- als Bauwerke. Das ist eine typische Erscheinungsform, ein gewisser Manierismus, wie Sie ihn am Ende einer jeden Kulturepoche finden. Eigentlich wird technisch schon alles beherrscht und trotzdem wird das Ganze noch mal etwas überdreht wiederholt. Das ist die Zeit, in der kulturell etwas Neues kommt, in der etwas umbricht. In dieser Umbruchsphase sind wir jetzt genau mittendrin.

Wie beurteilen Sie die Diskussion um das Thema Nachhaltigkeit in Deutschland?

Der Status der Diskussion ist etwas chaotisch, etwas zu nervös, etwas zu hektisch. Wir sind im Moment nicht in der Lage, das Thema Energie gesamtheitlich zu diskutieren. Wir diskutieren darüber, wie wir unsere Häuser besser wärmedämmen können, bauen aber weiterhin auf der grünen Wiese zweigeschossige Häuschen. Das passt nicht zusammen. Wenn wir ernsthaft Energie

Augustinermuseum, Freiburg im Breisgau
Kernidee des Umbaus des Kirchenschiffs des ehemaligen Eremitenklosters, das zwischen-
zeitlich zum Theater und später zum Museum umgebaut wurde, war, die Raumwirkung
durch eine ins Kirchenschiff eingestellte zweite Raumschale wieder erlebbar zu machen
und würdige Räume für die Sammlung kirchlicher Kunst zu schaffen.

„WIR SIND IM MOMENT NICHT IN DER LAGE, DAS THEMA ENERGIE GESAMTHEITLICH ZU DISKUTIEREN"

Opernturm, Frankfurt am Main
Der 170 m hohe OpernTurm mit seiner Blockrandbebauung ist als eines der ersten Bürohochhäuser in Europa nach dem Umweltstandard LEED-Gold zertifiziert worden. Die Natursteinfassade greift die einheitliche Steinverkleidung der umliegenden Bauwerke und der Alten Oper auf.

sparen wollen, dann müssen wir auch zurückkommen zu dichten, städtischen Strukturen. Der Siedlungsbau vor der Stadt mit Reihenhäuschen muss ein Ende haben. Die Stadt der Zukunft benötigt wieder eine Bebauung mit großzügigen Höfen und 4-5-geschossigen Häusern. Vor allem aber müssen wir den Begriff Nachhaltigkeit durch Dauerhaftigkeit ersetzen. Bauwerke wachsen nicht nach und der Recycleprozess ist volkswirtschaftlich, vor allem aber baukulturell und sozialpolitisch, nicht vertretbar. Im Sinne der Nachhaltigkeit mussten wir Siedlungsbauten der 20er-, 50erund 60er-Jahre abreißen. Wer will das ernsthaft gutheißen?

Durch die Tiefe der Natursteinfassade setzt sich der neue Opernturm in Frankfurt von den glatten Hüllen der Bürotürme der Frankfurter Skyline ab. Sie erhielten für dieses Gebäude die Zertifizierung LEED-Gold. Ist das Verlassen von kompletten Glasfassaden generell der neue Trend?

Es scheint mir eine ganz vernünftige und intelligente Konstruktion zu sein, die zumindest einmal eine Alternative zu den vorgehängten Glasfassaden darstellt. Hier trägt die Fassade die Decken. Das Tragwerk befindet sich in und nicht hinter der Fassade. Das bedeutet, dass man Masse hat, die den Innenraum vom Energieeintrag aus der Atmosphäre schützt. Wir haben die Fassade um mehr als 50 Prozent geschlossen. Sie haben damit sehr viel weniger Kühllasten, ohne dass Sie überhaupt auch nur ein Stück Technik eingebaut haben. Das Bauwerk hat keine Sonnenkollektoren, nutzt keine Erdwärme, sondern hat erst einmal eine intelligente Konstruktion. Wenn man in den Turm hineingeht, entsteht nicht das Gefühl, dass man hinter kleinen Fensterchen steht, sondern es sind Büroflächen mit großzügiger Fensterflächen vom Boden bis zur Decke. Ich glaube, dass dies Zukunft hat. Die schnelle Vermarktung jedenfalls zeigt, dass das Bauwerk den Ansprüchen des Mieters an eine zeitgemäße Architektur entspricht.

Denken Sie, dass neue Materialien auch auf ihre Kombination untereinander ausreichend erforscht sind?

Nein, genau dies ist das Problem, mit dem wir uns beschäftigen müssen. Unser Institut hat ein großes Forschungsvorhaben, in dem wir Bestandsgebäude in Deutschland sanieren und deren Energieverbrauch langfristig kontrollieren. Darüber hinaus bauen wir auch drei Musterhäuser der DOGEWO21 in Dortmund. Wir wollen dabei mit verschiedenen Wandaufbauten nachweisen, dass die Werte der Energie-Einsparverordnung (EnEV) relativiert werden müssen. Sie ist stark theoretisch, eine „Labor EnEV". In Langzeitmessungen am Ort wollen wir Erfahrungen sammeln, wie sich die Außenwände am Bauwerk in Bezug auf deren Durchgangswerte denn nun wirklich verhalten.

Wo müssen wir jetzt dagegen steuern, um langfristig keinen Ökofeudalismus heranzüchten?

Wir müssen einfach wieder normal bauen und Bauwerke errichten, die dauerhaft statt nachhaltig sind. Würden wir mit 50 cm starkem Ziegelmauerwerk bauen, statt mit Wärmedämmverbundsystemen (WDVS) oder in Blech und Glas, so müssten sich die künftigen Generationen sicher sehr viel weniger Sorgen machen. Darüber hinaus muss ein Bauwerk eine gewisse Selbstverständlichkeit haben, um zeitgemäß und wertbeständig sein zu können. Ökologisch bauen, heißt dauerhaft bauen!

Was schlagen Sie in punkto Städtebau vor?

Unser Institut hat im vergangenen Jahr eine Konferenz zur Schönheit und Lebensfähigkeit der Stadt in den Rheinterrassen der Stadt Düsseldorf abgehalten. Ziel dieser Konferenz, die in diesem und in den kommenden Jahren fortgesetzt wird, ist es, die wichtigsten Themen des Städtebaus gemeinsam mit allen Disziplinen zu behandeln und Handlungsempfehlungen für alle am Städtebau Beteiligten zu erarbeiten.

Unser Problem sind die untereinander zerstrittenen, oder zumindest nicht miteinander agierenden Einzeldisziplinen.

Welche Bedeutung hat Ihrer Meinung nach das Schrumpfen der Gesellschaft in Deutschland auf die Stadtentwicklung?

Jede Zeit hat ihre Probleme und wir werden dieses Problem auch wieder lösen. Wir müssen lernen, solche Entwicklungen zu relativieren, statt wortreich und medienwirksam die gesamte Stadtentwicklung in Frage zu stellen. Als die Pest Europa heimsuchte, wurden ganze Landstriche entvölkert. Und trotzdem haben sich die Städte weiterentwickelt. Sicher wird man darüber nachdenken

müssen, dass viele der kleinen Siedlungseinheiten vor der Stadt nicht mehr bewirtschaftbar sein werden, weil sie ausschließlich über den Individualverkehr erschlossen sind. Die dort lebenden Menschen müssen im Alter in irgendeiner Weise für sich selbst sorgen. Dafür wird der Staat kaum aufkommen können. Auf das Auto angewiesen, können sie kaum in ihrem Reihenhaus auf der grünen Wiese bleiben. Im Zentrum der Stadt mit ihren vielfältigen Angeboten sind sie besser aufgehoben. Das bedeutet für die Planung der Stadt, die Zentren zu stärken, sie noch lebensfähiger zu machen und den Reihenhaus- und Siedlungsbau auf der grünen Wiese einzuschränken. Das Gleiche gilt für die Einkaufsmöglichkeiten, die aus dem

Opernturm, Frankfurt am Main
Mit einer Höhe von 18 Metern sind die Proportionen der Eingangshalle einmalig in Deutschland. Zu einer erheblichen Energieeinsparung trägt die über 50 Prozent geschlossene Fassade bei.

Gewerbegebiet zurück in die Stadt müssen. Darauf muss sich die Stadtentwicklung langfristig einstellen, das aber, wissen wir auch ohne das Problem der schrumpfenden Gesellschaft.

Inzwischen findet man immer häufiger Entwürfe, die geradezu meteorologische Atmosphären erschaffen, Naturinszenierungen, in denen die Umwelt nicht mehr nur als betrachtet, sondern auch als eingeatmet gedacht wird. Steckt dahinter eine Angst, die wir mittels Architektur lindern können?

Das ist alles Showgeschäft. Man entwickelt solche Ideen und publiziert sie. Wir leben unser Leben aber ähnlich wie wir es vor 100 Jahren gelebt haben. Es hat sich nur wenig verschoben. Wir essen immer noch gerne unsere Weißwurst und ich wüsste auch nicht, warum wir das in Zukunft nicht machen sollten. Natürlich haben sich die Lebensbedingungen verändert. Aber wir werden mit Sicherheit nicht irgendwelche Glaskuppeln über Städte bauen. Das sind Visionen, die man aufzeichnen und ausdenken kann, die vielleicht das Denken über bestimmte Probleme weiterbringen. Aber es bleiben Visionen.

Was würden Sie gerne in Deutschland ändern?

Man muss den Mittelstand und das Handwerk sehr viel stärker fördern als dies bisher getan wird. Die mittelständischen Unternehmer aber sind die Einzigen, die langfristig denken. Das wiederum fördert die Kultur qualitativer Bauweisen. Politisch wird immer wieder betont, dass der Mittelstand das Rückgrat unserer Wirtschaft ist, die Politik tut aber hier weitaus zu wenig für das Handwerk. Wir müssen das Handwerk fördern, es wieder zur Blüte bringen! Wir leben in einem der reichsten Länder der Erde und bauen mit dem billigsten Materialien Häuser, die wir „Gebäude" nennen. Vergleichen Sie eine Haustür aus den vergangenen Jahrhunderten mit einer aus unserer Zeit, um zu verstehen, mit welchen Billigprodukten wir uns umgeben! Wir leben heute vor allem von den Qualitäten vergangener Generationen. Sie haben Werte geschaffen, die wir schätzen und wir müssen uns die Frage stellen, welche Werte wir kommenden Generationen weitergeben wollen. Wie lange kann der Zustand, dass wir uns in alten Städten wohler fühlen, als in unseren neuen, noch bestehen? Wir müssen uns bewusst machen, dass die Ressourcen dauerhafter Qualität, die wir von unseren Großeltern übernommen haben, endlich sind.

Prof. Christoph Mäckler Architekten

Adresse
Platz der Republik 6
60325 Frankfurt am Main
Tel. 069 5050800-0
Fax 069 5050800-60

Bürogründung
1981 in Frankfurt am Main

Anzahl der Mitarbeiter
52

Fünf Referenzen
▦ OpernTurm, Frankfurt am Main, 2009
▦ Modernisierung DZ Bank (City Haus I), Frankfurt am Main, 2008
▦ Tower 185, Frankfurt am Main, im Bau
▦ Zoofenster Berlin, im Bau
▦ Augustinermuseum, Freiburg im Breisgau, 2009 1. BA

Tower 185, Frankfurt am Main
Der Baukörper des Tower 185 in Frankfurt a. M. fügt sich in die Abfolge der Friedrich-Ebert-Anlage und der sich anschließenden Gebäude des Viertels ein und bildet ein neues Ensemble mit seiner Umgebung. Gleichzeitig wirkt der Turm als Symbol und Auftakt des Europaviertels.

City Haus I, Frankfurt am Main
Die Fassadensanierung des City Haus I erfolgte bei laufendem Betrieb. Das Ergebnis ist die städtebauliche Neupositionierung eines prominenten Bauwerks inmitten der Frankfurter City. Zertifizierung als EU Green Building.

„NACHHALTIGKEIT IST NICHT MEHR NUR TREND, SONDERN PHILOSOPHIE"

Ralf Molter

Ralf Molter (Jahrgang 1963) schloss 1991 sein Studium des
Bauingenieurwesens an der Technischen Hochschule
Darmstadt mit Diplom ab. Während des Studiums
war er bei der L. A. Molter Bauunternehmung als
Geschäftsführer mit Schwerpunkt Organisation und
Durchführung von Baumaßnahmen in den Bereichen Roh-
und Schlüsselfertigbau beschäftigt. Seit 1993 arbeitete er
selbstständig mit der Ralf Molter Bau GmbH, seit 1992 ist er
in die Handwerksrolle im Maurer- und Straßenbauhandwerk
eingetragen. 1995 stieß Ralf Molter als Projektmanager zur
Drees & Sommer GmbH in Frankfurt. 1996 wurde
Ralf Molter Projektpartner bei Drees & Sommer Frankfurt.
Seit 2003 ist er dort Mitglied der Geschäftsleitung.

„ES IST NICHT DIE RICHTIGE PHILOSOPHIE, NUR WEGEN DES GELDES NACHHALTIG ZU BAUEN"

Wie positioniert sich Ihr Unternehmen in der Real Estate Branche durch Nachhaltigkeit?

Zum einen positioniert sich unser Unternehmen durch Beratungsleistungen, zum anderen durch Tradition und Herkunft. Unser Hauptquartier in Stuttgart wurde in den 90er-Jahren errichtet und ist jetzt nachträglich mit dem DGNB-Zertifikat in Gold ausgezeichnet worden. Wir denken nicht erst seit Kurzem über Nachhaltigkeit nach, sondern schon seit Anfang der 90er-Jahre. Mit diesen jahrelangen Erfahrungen platziert sich Drees & Sommer sehr gut am Markt und hat dadurch ein Alleinstellungsmerkmal gegenüber den Mitbewerbern.

Wie haben Sie Ihre Kooperationspartner gefunden, die über ähnliche Qualitätsansprüche verfügen wie Sie, insbesondere im Ausland?

Wir wagten den Schritt zunächst ohne Kooperationspartner, stellten dann aber fest, dass das nicht funktioniert. Daraufhin kooperierten wir mit Partnern, mit denen wir schon Projekte abgewickelt haben. Da man sich kannte, bestehen ähnliche Denkansätze. Wir führten in unsere Beratungsleistungen den Aspekt der Nachhaltigkeit ein, weil wir erkannten, dass darin viele Vorteile liegen und es zudem ein Imagethema ist. Vor vier bis fünf Jahren war das ein richtiger Trend. Inzwischen wird Nachhaltigkeit nicht mehr als Trend, sondern als Philosophie gesehen.

Herr Drees spricht von zwei Säulen des Erfolgs. Vom Wissen um das Bauen und von der Partnerschaft. Welche Rolle spielt bei Ihrem langjährigen Erfolg die Nachhaltigkeit?

Für die Nachhaltigkeit spielt gerade die Partnerschaft eine entscheidende Rolle. Sie sorgt dafür, dass Strukturen wachsen, sich verändern und anpassen können. Man sieht viele Unternehmen, die sehr hierarchisch strukturiert sind. Sie funktionieren lange sehr gut. Vor allem, wenn sie über Produkte verfügen, die sonst niemand hat. Oft können sie sich

aber nur schwer anpassen. Je größer sie werden, umso schwieriger wird es. Durch unsere gewohnte Flexibilität können wir auf Märkte reagieren. Bevor wir Trends aufnehmen, prüfen wir, ob diese Nachhaltigkeitsfaktoren enthalten. Wir überlegen, ob es Sinn macht, diese weiterzuführen oder sie abzustoßen. Das funktioniert nur, wenn man offen und ehrlich miteinander umgeht und man eine starke Partnerschaft hat. Dann können Sie sich ähnlich einer Amöbe, die sich auch immer wieder verschiedenen Strukturen anpasst, voran bewegen. Genauso ist Drees & Sommer gewachsen.

Sie kamen 1995 als Projektmanager zum Frankfurter Büro. Seit 2003 sind Sie Mitglied der Geschäftsleitung. Inwieweit hat sich Ihre Firmenphilosophie bezüglich des nachhaltigen Bauens über die Jahre geändert?

Die Sichtweise auf das Thema Nachhaltigkeit hat sich in den letzten Jahren relativ stark verändert. Ich komme aus der Praxis. Ich bin keiner, der nur an der Akademie oder Hochschule Theorie gelernt hat und aus der Theorie den anderen die Praxis erklären will. Ich habe von meinem 12. Lebensjahr an auf der Baustelle gearbeitet und habe gesehen, wie man damals mit dem Thema Entsorgung umging. Es wurde fast alles weggeworfen. Die Abfälle wurden auf Halden geschüttet oder in Gruben gekippt und zubetoniert. Teilweise waren das sicher auch umweltschädliche Dinge wie Öl, das einfach weggeschüttet wurde. Darüber hat sich damals keiner Gedanken gemacht. Das war einfach nicht in den Köpfen drin. Dann bildete sich die Partei der Grünen, deren Mitglieder zu Beginn noch als Spinner abgetan wurden. In unserem Unternehmen wurde über die „Ökojungs" ebenfalls gelächelt. Unser Professor Bauer, der aus dieser Ecke kam, ist heute ein wesentlicher Treiber für die Nachhaltigkeit. Er hat das Unternehmen dementsprechend vorangebracht. Zu Beginn lag der Schwerpunkt vermehrt auf Energieeffizienz. Ein Beispiel dafür ist ein Gebäude mit Geothermie-Nutzung, das wir gebaut

Sophienterassen, Hamburg, 2010 - 2012
Das exklusive Wohnquartier an der Außenalster: Ein einmaliges Premium-Wohnobjekt –
im Grünen, am Wasser, autofrei und doch zentrumsnah.

„MAN SPRICHT VOM NATURSCHUTZ, ABER IM ENDEFFEKT IST ES IMMER MENSCHENSCHUTZ"

Deutsche Bank, Frankfurt am Main, 2011
Die „Greentowers" sind auch nach der Generalüberholung äußerlich, was sie sind: Ein Symbol und ein Wahrzeichen für den Finanzplatz Frankfurt.

haben. Man kann aber genauso viel tun, indem man passive Maßnahmen anwendet, wie man sie bei den Lehmhütten in Afrika vorfindet. Da gibt es keine übergroßen Fenster, die Wärme hereinlassen, sondern da ist alles geschlossen. Es gibt nur einen kleinen Eingang, damit es drinnen kühl bleibt. Das Baumaterial selbst sorgt für entsprechenden Temperaturausgleich. Diese Ideen sind in unsere Gebäude bereits eingeflossen. Drees & Sommer ist Gründungsmitglied der DGNB. Wir haben mit einem unserer Gebäude den höchstzertifizierten Level erreicht, zu einer Zeit, als in Deutschland noch keiner über Zertifizierungen gesprochen hat.

Sie sind für das Mieter-Management und die Mieter-Beratung tätig. Macht die Zertifizierung eines Gebäudes die Vermietung leichter?

Auch wenn es zunächst einmal teurer erscheint, wird die Nachfrage nach Green-Building-Zertifizierungen immer stärker. Noch vor einem Jahr habe ich mit Investoren gesprochen, die meinten, dass keiner danach fragen würde. Mittlerweile haben sie bei ihren Gebäuden einen Bewertungsabschlag. Der Markt wird von den Mietern bestimmt. Die Immobilieninvestoren haben erkannt, dass das Haus mehr wert sein kann, wenn der Mieter aufgrund einer gewissen Nachhaltigkeit der Immobilie eine entsprechende Miete zahlt. Wenn die Endkunden zertifizierte Häuser wünschen, dann muss man darauf eingehen. Dieses Bewusstsein ist bei den Mietern inzwischen sehr stark verbreitet und damit zwingen sie die Investoren zur Umsetzung von nachhaltigem Bauen.

Investoren, Entwickler und Bauherren sind bereit, in Nachhaltigkeit zu investieren, um langfristig Kosten zu sparen. Wie lange wird ein Zeitraum kalkuliert, damit sich das Investment lohnt?

Ich denke, man sollte nicht zu sehr hin und her rechnen. Wenn man nur über die Kosten nachdenkt, dann handelt es sich normalerweise um die Energieeinsparung. Es ist nicht die richtige Philosophie, nur wegen des Geldes nachhaltig zu bauen, sondern nachhaltiges Denken ist die Bereitschaft, für eine bessere Lebensqualität und eine gesündere Umwelt einen gewissen Aufwand zu betreiben. Das ist die Grundvoraussetzung, mit der Sie Menschen begeistern können, und gleichzeitig die nötige Vision, um das Thema voranzutreiben. Wenn Sie das nur rechnen, rechnen Sie es in der Regel kaputt. Der Markt ist noch nicht so groß, dass es nur wettbewerbsfähige Artikel gibt. Aber wir haben inzwischen einen Wandel vom Trend der Nachhaltigkeit hin zu einem echten Wertewandel.

Halten Sie Reglementierungen für den Umgang mit Ressourcen seitens des Gesetzgebers für sinnvoll?

In einem ausgewogenen Maße sind Reglementierungen sinnvoll. Wenn man allein die Entwicklung der Solarindustrie in den letzten zehn Jahren betrachtet, so ist Deutschland, was die Technologie angeht, inzwischen führend. Das verhält sich so, da der Gesetzgeber mehr oder weniger die Rahmenbedingungen geschaffen hat, innerhalb derer man sich bewegen musste.

Welches Land ist aus Ihrer Sicht momentan führend in punkto Nachhaltigkeit?

Deutschland ist in Bezug auf Nachhaltigkeit führend. In Amerika ist die LEED-Zertifizierung vielleicht vor der DGNB entwickelt worden, aber dort sprechen wir von einer anderen Qualität. Wenn man heute nach Amerika fährt und in ein Fünf-Sterne-Hotel geht, dann sind dort beispielsweise teilweise Einscheibenverglasungen eingebaut. Die gibt es bei uns seit 40 Jahren nicht mehr. Man redet von extremen Einsparpotenzialen in diesen Positionen, aber das, was am Ende herauskommt, ist immer noch wesentlich ineffizienter als das, was wir hier als Standard haben. Wir sprechen somit von zwei unterschiedlichen Niveaus. Man ist geneigt, das übertrieben zu beachten, da die Angelsachsen es hervorragend verkaufen. Wir Deutschen

Frankfurter Welle, Frankfurt am Main, 2003
Der auch als „liegendes Hochhaus" bezeichnete Baukörper vermittelt durch die gestalterischen Elemente aus Glas und Natursteinen eine transparente, kommunikative und konstruktive Architektur.

können in dem Zusammenhang viel lernen, wie man so etwas populär macht. Ein weiteres Beispiel ist Al Gore, der durch die ganze Welt gereist ist und diese Themen sehr stark vorangebracht hat. Das, was wir hier als Standard betrachten, gibt es in fast allen anderen Ländern der Welt nicht. Sie sind davon noch weit entfernt. Die Energie-Differenzen liegen somit in anderen Größenordnungen.

Halten Sie Reglementierung vonseiten der Politik bei Neu- und Umbauten, die genau vorgeben, wie viel Prozent des Energiebedarfs durch erneuerbare Energien zu decken sind, für sinnvoll oder Bevormundung?

Das kann man nicht nur mit Ja und Nein beantworten. Es ist ein Stück weit Bevormundung. Wenn ich mir eine Energie nicht leisten kann oder will, dann ist es schwierig, wenn ich es dennoch muss. Aber andererseits ist die Wirtschaft gezwungen, das umzusetzen, da es als Standard festgesetzt ist und die Rahmenbedingungen dazu festgelegt sind. Wenn man die Atomkraft nicht nutzen möchte, weil sie einem zu gefährlich ist, kann man auf andere Energien zurückgreifen. Ich halte die Sonne für die Hauptenergiequelle überhaupt. Die ganze Erde lebt nur von der Sonne. Meistens startet es mit einem pekuniären Vorteil, das heißt mit einem ökonomischen Thema. Teilweise erst durch Subventionen wird die Motivation zu Veränderung ausgelöst. Ohne Subvention passiert so lange nichts, bis der Ölpreis wieder hochschnellt und man plötzlich in einen Bereich kommt, in dem sich das rechnet. Das haben wir schon erlebt.

Öl wird momentan noch zu 90 Prozent verbrannt. Wenn man sich überlegt, welche Materialien und Produkte alle mittels Rohöl hergestellt werden: Treffen wir Ihrer Meinung nach genügend Vorkehrungen für eine Zeit, in der es diesen Rohstoff nur noch begrenzt geben wird?

Ich habe da meine eigene Philosophie. Der Mensch und die Lebewesen, die auf der Erde leben, passen sich den neuen Begebenheiten immer wieder an. Das mag für den Einzelnen mitunter schmerzlich sein. Vor 80 Jahren hatten wir beispielsweise keine Kunststoffe. Die Leute haben auch gelebt und denen ist es auch mehr oder weniger gut gegangen. Früher hatten sie keine Plastik-becher, da haben sie Gefäße aus Keramik, Holz oder Metall gehabt. Ganz früher haben

Drees & Sommer AG

Adresse
Obere Waldplätze 13
70569 Stuttgart
Tel. 0711-1317-0
Fax 0711-1317-100

Bürogründung
1970 in Stuttgart

Anzahl der Mitarbeiter
1.120

Fünf Referenzen
▦ Centrum Galerie, Dresden, 2010
▦ Deutsche Bank, Frankfurt, 2011
▦ Frankfurter Welle, Frankfurt am Main, 2003
▦ Sophienterrassen, Hamburg, 2010-2012
▦ Wirtschaftsuniversität, Wien, 2008-2013

sie nicht einmal Metalle gehabt. Der Mensch wird sich den Veränderungen der Umwelt und den Veränderungen der Systematiken immer anpassen. Wie gesagt, mehr oder weniger schmerzlich. Man spricht zwar vom Naturschutz, aber im Endeffekt ist es immer Menschenschutz. Es macht Sinn, dass man sich überlegt, wie es zukünftig weitergehen wird, wie es sein wird, wenn sich die Themen verändern. Dann werden die, die sich damit stärker und früher auseinandergesetzt haben, weniger Schwierigkeiten oder gar einen Vorteil davon haben.

Wie schätzen Sie die Weiterentwicklung neuer Materialien ein?

Inzwischen gibt es viel, was man aus Pflanzen machen kann. Beispielsweise elastische Fasern. Es gibt Werkstoffe, bei denen Pflanzenfasern eingewebt sind, die ähnlich wie Baustahl funktionieren. Es gibt extrem viele Themen, die sich entwickeln. Und sie werden sich umso stärker entwickeln, je mehr Vorteile man darin sieht. So ist der Mensch gestrickt. Er macht nichts, was ihm nicht weiterhilft. Entweder braucht er es zum Überleben, um Geld zu verdienen oder um einen besseren Lebensstandard zu erreichen. Wir bauen gerade einen Teilchenbeschleuniger in Weiterstadt. Auch dort suchen Wissenschaftler nach dem kleinsten Teilchen. Wenn sie das kleinste Teilchen gefunden haben, dann können sie aus diesem alle anderen Teilchen zusammensetzen, nur die Kombinationen sind unterschiedlich.

Wie denken Sie über Biokraftstoffe?

Grundsätzlich finde ich Biokraftstoffe sehr positiv. Im Endeffekt ist das auch nur eine Nutzung der Sonnenenergie. Die Pflanzen wachsen aufgrund der Energie, die durch die Sonne auf die Erde kommt. Natürlich muss zuvor sichergestellt sein, dass genügend Nahrungsmittel für Menschen vorhanden sind. Aber ich denke, das wird sich ausnivellieren. Sobald es von dem einen zu wenig gibt, steigt die Nachfrage nach dem anderen. Je mehr Know-how wir haben, desto flexibler können wir auch damit umgehen. Im Endeffekt ist es eine Transformation von Sonnenenergie in verschiedene Stoffe, ob das Öl oder Holz ist. Öl war schließlich auch einmal eine Pflanze. In der Summe wird es gleich bleiben, nur die Nutzung wird effizienter sein.

Wirtschaftsuniversität, Wien, 2008 - 2013
Auf ca. 100.000 m² entsteht in Wien die größte Wirtschaftsuniversität in Europa. Gleichzeitig ist der Neubau das umfangreichste heimische Universitätsprojekt und eines der größten Bauprojekte Österreichs.

„DIE NACHHALTIGKEITS-DISKUSSION LEIDET UNTER DER ÜBERTRIEBENEN TECHNIKGLÄUBIGKEIT"

Barbara Possinke und Matthias Pfeifer

Barbara Possinke (Jahrgang 1955) studierte von 1973 bis 1980 Architektur in Warschau. Im Jahr 1982 machte sie ein Aufbaustudium an der Kunstakademie in Düsseldorf. Von 1981 bis 1985 war sie in diversen Architekturbüros tätig. Sie übernahm nach der Umfirmierung zu RKW Architektur + Städtebau GmbH & Co. KG die Aufgabe einer Geschäftsführerin. Seit dem Jahr 2000 ist sie geschäftsführende Gesellschafterin.

Matthias Pfeifer (Jahrgang 1958) studierte an der Rheinisch-Westfälischen Technischen Hochschule (RWTH) Aachen und der TH Delft. Seit 1986 ist er bei RKW Architektur + Städtebau tätig. Im Jahr 1992 wurde er Partner der Architekten RKW + Partner. Im Jahr 1998, nach der Umfirmierung zu RKW Architektur + Städtebau GmbH & Co. KG, wurde er Mitglied der Geschäftsführung. Seit dem Jahr 2000 ist er geschäftsführender Gesellschafter.

„UNSER BESTREBEN IST, DIE INTELLIGENZ DER ARCHITEKTUR ZU ERHÖHEN"

Im Internetauftritt Ihres Büros heißt es: „Im internationalen Vergleich gehört RKW zu jenen Büros, die den Charakter der zeitgenössischen Architektur entscheidend beeinflussen." Können Sie Ihre Vorstellung von zeitgenössischer Architektur genauer definieren?

Matthias Pfeifer: Die zeitgenössische Qualität bedingt sich in unserem Büro durch den Pluralismus unserer Ansätze. An erster Stelle kommt der Städtebau. Wir achten darauf, dass sich unsere Objekte zeitlos in die Quartier- und Innenstadtentwicklungen einfügen. Es geht uns nicht allein um Oberfläche, um die Gestaltung der Haut, sondern auch um die inneren und inhaltlichen Werte. Wir verstehen daher unter zeitgenössischer Architektur eine Architektur, die immer intelligenter wird. Nicht im Sinne der Überfrachtung der technischen Lösungen, sondern im Sinne einer annehmbareren und besser nutzbaren Architektur für den Menschen. Wir sind kein Büro, das eine genau fokussierte architektonische Stilrichtung vertritt, sondern suchen unsere Lösungen in einer größeren Breite. Die angemessene vom Stil unabhängige Qualität jedes einzelnen Entwurfs ist die Leitlinie, die wir nicht verlassen.

Was bedeutet nachhaltiges Bauen konkret für Sie?

Barbara Possinke: Eine nachhaltig gestaltete Architektursprache steht für uns an erster Stelle. Wir beschäftigen uns mit Nachhaltigkeit in jeder Dimension, im Entwurf und im Städtebau. Nachhaltig heißt, dass die Architektur nicht kurzlebigen Moden unterliegt, mit Gebautem, das nach 10 bis 20 Jahren im Stadtquartier nicht mehr funktioniert. Das ist die erste und wichtigste Dimension der Nachhaltigkeit aus unserer Sicht. Dann kommen die Inhalte und Konzepte der Gebäude selbst, die nachhaltig und flexibel für den Nutzer sein müssen. Das ist der zweite Aspekt der Nachhaltigkeit. Als dritter Punkt kommt die Nachhaltigkeit im Sinne der Deutschen Gesellschaft für nachhaltiges Bauen (DGNB) hinzu, deren Mitglied wir sind. Wir

haben dort intensiv unsere Auditoren ausgebildet und beschäftigen uns sehr umfänglich mit Baustoffen und Energieeffizienz, um unsere Objekte zertifizieren zu lassen. Dabei müssen die Baukosten intensiv mit den Bauherren diskutiert werden, denn Nachhaltigkeit hat ihren Preis.

Wird der gesellschaftliche Kontext, kulturelle und gestalterische Nachhaltigkeit, nicht allzu oft außer Acht gelassen?

Barbara Possinke: Bei der DGNB wird der gesellschaftliche und soziale Aspekt in der Zertifizierung sehr hoch bewertet. Wir selbst sind im Beirat von Urban Index Institut von Professor Christ. Wir haben gerade in diesem Institut ein Modell entwickelt, wie man die städtebauliche Qualität einer Innenstadt in Zusammenhang mit innerstädtischen Funktionen zertifizieren kann. Da wird der gesellschaftliche Kontext in keiner Weise außer Acht gelassen, sondern unterliegt der Zertifizierung. Es gibt zwei Pilotprojekte, die wir diesbezüglich gemeinsam mit der Stadt entwickeln.

Was prägt die derzeitige Architekturdiskussion in Deutschland?

Matthias Pfeifer: Es existieren heute verschiedene Diskurse nebeneinander, das heißt, es gibt eine breite Architekturdiskussion. Hierbei beschäftigt sich die Öffentlichkeit mit der Gestalt ihrer Stadt. Wir persönlich finden es sehr wichtig, dass sich die Kommunen und Bürger ein Bild davon machen, in welche Richtung sich ihre Stadt entwickelt. Dann gibt es innerhalb der Immobilienwirtschaft eine Diskussion, die technisch wie auch formal stark von wirtschaftlichen Aspekten geprägt ist. Des Weiteren gibt es eine Diskussion innerhalb der Architektenszene. Architekten reden mit Architekten über Architektur. Das funktioniert in der Regel sehr selbstreferenziell. Insgesamt gibt es eine Gemengelage an Diskussionen. Wir leben in einer sehr stark individualisierten Gesellschaft, in der dem Individuum viele gesellschaftliche Fragen überlassen werden. Die Vorgabe von Doktrinen, wie wir sie stilprägend über Jahrhun-

derte erlebt haben, in denen bestimmte formale Auffassungen von Architektur einfach zwingend vorgegeben waren, gibt es nicht mehr. Wir erleben heute eine breit gefächerte Diskussion. Das gilt auf nationaler und internationaler Ebene. Eine Regionalität ist in unserer globalisierten Welt kaum noch auszumachen.

Was hat sich in der Nachhaltigkeitsdiskussion in den letzten Jahren spürbar verändert? Inwiefern beeinflusst die Politik Ihre Tätigkeiten?

Matthias Pfeifer: Die politische Diskussion hat immer eine Auswirkung auf die Gesetze, die sich demzufolge verändern. Um ein Beispiel zu nennen: Früher siedelte man den Einzelhandel auf der grüner Wiese an und schwächte damit die Innenstädte. Das ist heute nahezu in allen Bundesländern über entsprechende Erlasse verboten. Da hat sich städtebauliche Nachhaltigkeit entwickelt. Was die energetisch-technische Nachhaltigkeit betrifft, erinnere ich mich noch an meine Kindheit. Da kostete ein Liter Erdöl zehn Pfennig. Energetische Nachhaltigkeit stand damals nicht auf der Tagesordnung. Mit der ersten Ölkrise Mitte der 70er-Jahre änderte sich diese Haltung nach und nach. Die energetischen Anforderungen an die Wärmedämmung von Hauswänden haben jahrzehntelang zugenommen. Wir haben hierfür immer Lösungen gefunden. Über Jahrhunderte hat sich Architektur an den technischen Lösungsmöglichkeiten orientiert. Es gab technische Anforderungen und Konstruktionsmöglichkeiten. Dadurch ist moderne Architektur entstanden, auch die Stahl- und Glas-Architektur, die in der Form vorher gar nicht möglich war. Die Frage, die sich uns inzwischen stellt, ist, ob die Anforderungen nach diesen sehr hohen Wärmedämmwerten nicht eine Veränderung der Architektur mit deutlicher Reduzierung des Glasanteils erfordern. Über Jahrzehnte zeichnete sich moderne Architektur u.a. dadurch aus, dass es einen möglichst hohen Verglasungsanteil mit Wärmeverlust im Winter und Überhitzung im Sommer gab. Wir

Michael Reisch

Flagshipstore s.Oliver
In prominenter Innenstadtlage in Würzburg präsentiert sich der Flagshipstore s.Oliver modern und selbstbewusst.

Michael Reisch

Modehaus Lengermann + Trieschmann
Das Modehaus Lengermann + Trieschmann gehört mit rund 22.000 m² Verkaufsfläche zu den größten Textilhäusern in Norddeutschland in der Osnabrücker Altstadt.

„WIR MÜSSEN SCHON DARÜBER NACHDENKEN, OB NICHT AUCH IN DER GESTALTUNG UNSERER ARCHITEKTUR VERÄNDERUNGEN NOTWENDIG ODER SINNVOLL WÄREN"

Michael Reisch

Lookentorpassage
Die 18.000 m² große Shopping-Mall eröffnete nach 12-monatiger Bauzeit im März 2007.

sollten darüber nachdenken, ob nicht in der Gestaltung unserer Architektur Veränderungen notwendig und sinnvoll wären. Im Moment machen wir weiter wie bisher. Alles bleibt so schön, wie es ist, nur die Ingenieure müssen uns die technischen Kniffe weisen, damit die Immobilien energetisch akzeptabel werden. Das halte ich für den falschen Ansatz. Man müsste viel grundsätzlicher darüber nachdenken.

Barbara Possinke: Das Schlüsselthema ist der CO_2-Ausstoß, der uns und unsere Umwelt umbringt. Die Politik drückt sich wegen der einflussreichen Industrie-Mafia darum, die CO_2-Ausstoße in allen Ländern auf einen Level zu führen. Das sind Dinge, die zuerst geklärt werden müssen und uns beeinflussen. Nur mit ganz kleinen Schritten bewegen wir die Substanz auch in der Architektur. Jeder ist hier für sich verantwortlich, die Dinge zu lösen. Wir haben heute international vier verschiedene Zertifikate. Wenn Sie in Deutschland nach EnEV 2009 bauen bekommen Sie bereits das LEED-Zertifikat. Dieser Mangel an Einheitlichkeit und diese verschiedenen Sichtweisen dokumentieren, dass das Thema insgesamt in den Kinderschuhen steckt.

Experten meinen, es müsse uns gelingen, in der Energie- und Umweltpolitik eine wettbewerbsfähige Gesamtstrategie zu entwickeln. Wie sehen Sie das?

Matthias Pfeifer: Es wird seit Jahrzehnten behauptet, ohne eine wettbewerbsfähige Gesamtstrategie drohe unser Land zu verkommen. Das ist schon bei der Ökosteuer-Diskussion so gewesen. Man sagte, das würde uns strangulieren. Wenn man aber zurückschaut, hat es Deutschland zur Nr. 1 in der Umwelttechnologie gebracht. Diese ist im Moment im Exportbereich eine ganz tragende und wichtige Säule und wird als Zukunftstechnologie gesehen. Wenn man heute als deutscher Architekt oder Ingenieur ins Ausland kommt, genießen wir mit unserer technischen Kompetenz einen extrem hohen Stellenwert. Das kommt nicht daher, dass deutsche Ingenieure ständig der Technologie hinterherlaufen, sondern dass sie ganz offensichtlich die Spitze der Bewegung sind.

Muss nicht der Mittelstand gefördert werden, um diese Positionierung halten zu können und muss nicht auch die Bereitschaft und die Akzeptanz für neue Technologien in der Bevölkerung geöffnet werden?

Barbara Possinke: Die Sorge um den Mittelstand ist ganz groß in Deutschland. Der Mittelstand ist nicht nur Basis und Plattform für unseren Wohlstand, er ist die motorische Kraft für Entwicklungen und Trägerplattform für neue Ideen. Er steht für Innovationslust und Innovationsneugierde. Dieser Mut zu neuen Innovationen, zu neuen Produkten ist nicht in Großbetrieben entstanden. Autohersteller dachten beispielsweise 20 Jahre über irgendwelche neuen Hybridfahrzeuge nach, bis sie das in Realität umsetzten. Bei Grohe ist dieser Schritt zu der Wasseraufbereitung mit Grohe Blue getätigt worden, sodass gut schmeckendes, aufbereitetes Trinkwasser aus dem Hahn kommt, unabhängig, in welchem Land ich mich befinde. Das zeigt die Intelligenz des Produktes. Das ist es, was die Menschen brauchen.

Mit welchen Gefühlen beobachten Sie, dass das Umlagevolumen für die Förderung erneuerbarer Energien in den nächsten Jahren dramatisch steigen wird und somit auch die Strompreise belastet werden?

Matthias Pfeifer: Ich halte vieles für eine Fehlentwicklung, und zwar deswegen, weil die Dinge nicht in einer direkten Kosten-Nutzen-Relation betrachtet werden. Energie ist zurzeit am leichtesten einzusparen in der energetischen Sanierung von Bestandsgebäuden, die sich in einem schlechten Zustand befinden.

Michael Reisch

Karstadt Leipzig innen
Einladende Eingänge und breite Wege münden in einen zentralen glasüberdachten Lichthof.

„ENERGIE IST ZURZEIT AM LEICHTESTEN IN DER ENERGETISCHEN SANIERUNG VON BESTANDSGEBÄUDEN EINZUSPAREN."

Mit jedem eingesetzten Euro kann man relativ viel Energie sparen. Das Reinbuttern von Geld in den Solarstrom halte ich für unvernünftig. In der energetischen Sanierung von Altbauten wäre es besser angelegt. Das zeigt aber auch, dass die ganzen Energie-Diskussionen häufig nicht allzu vernünftig geführt werden, sondern sehr plakativ sind. Natürlich ist der Solarstrom das Aushängeschild, das Icon für nachhaltige, regenerative Energiegewinnung. Weil das so ist, hat das den größten Zugriff auf die Fördertöpfe.

Barbara Possinke: Das Problem der Steigerung der Energiepreise ist für mich und all diejenigen, die sich mit Nachhaltigkeit beschäftigen, eine willkommene Erscheinung, weil der Handlungsdruck dann tatsächlich groß wird. Deutschland ist nicht das Problemfeld, es ist eher China. Die ungezügelte Industrieentwicklung ohne Rücksicht auf die Umwelt und auf die Mengen des CO_2-Ausstoßes

ist unverantwortlich. Wenn Chinesen nach EnEV bauen würden, dann würden sie die Hälfte der Energie für die Haushalte verbrauchen, die sie jetzt benötigen. Angeblich bauen die Chinesen jedes Jahr so viel Kraftwerkskapazität, wie Deutschland insgesamt hat.

Können Sie Ihre Vorstellungen von nachhaltigem Bauen im Ausland wie im Inland gleich umsetzen?

Barbara Possinke: Nein. Wir haben Erfahrung bei der Planung von Wohnbauten in Polen und Moskau gemacht. Die Energie in Polen beispielsweise ist im Moment so billig, dass eine allgemeine Überzeugung für nachhaltiges Bauen im Sinne der energetischen Politik oder Energieeffizienz nicht vorhanden ist. Unterschwellig wissen die Projektentwickler, dass sie diesbezüglich aktiv werden müssen, denn die Banken kaufen oder finanzieren eines Tages nur noch Produkte, die zertifiziert

sind. Das betrifft Fonds und Anleger. Die Überzeugung und die Basis für Ökologie sind jedoch, was die Bauwirtschaft in den Ostblockländern betrifft, nicht gegeben.

Matthias Pfeifer: Wir glauben, dass das Motiv der Anleger nicht aus Umweltbewusstsein resultiert, sondern daraus, ihr Kapital langfristig gut anzulegen und den Wert der Immobilien zu erhalten. Es gibt die berechtigte Sorge, dass nicht zertifizierte Immobilien in 20 Jahren vielleicht nicht mehr vermietbar sind oder Nachbesserungen erfordern. Das ist eine stärkere Triebfeder als die Rettung der Welt.

Glauben Sie, die Nachhaltigkeitsdiskussion leidet an einem Überhang an Technisierung?

Matthias Pfeifer: Ja, absolut, die Gebäude haben eine viel zu große Fokussierung auf technische Fragestellungen. Auch die Nachhaltigkeitsdiskussion leidet unter dieser übertriebenen Technikgläubigkeit. Wir Architekten würden uns freuen, wenn es wieder einen Konsens über Gestaltung gäbe.

Wie lautet Ihr persönliches Credo zum Thema Nachhaltigkeit?

Matthias Pfeifer: Nachhaltigkeit ist das große Thema unserer Zeit. Als Gesellschaft müssen wir uns darüber im Klaren sein, dass wir die Welt nicht retten können. Das Einzige, was wir erreichen können oder vielmehr erreichen müssen, ist, Zeit zu gewinnen. Wir können Prozesse nicht stoppen, wir können sie nur verlangsamen.

Barbara Possinke: Wir würden uns wünschen, dass Nachhaltigkeit mehr im interdisziplinären Bereich außerhalb von Technik und Energiefragen gesehen wird. Soziale, künstlerische und philosophische Betrachtungen auf wissenschaftlicher Basis sollten in dem Zusammenhang eine größere Bedeutung bekommen. Das wäre unser persönliches Credo für die Nachhaltigkeit.

RKW Architektur und Städtebau GmbH & Co. KG

Adresse
Tersteegenstraße 30
40474 Düsseldorf
Tel. 0211-4367350
Fax 0211-4367333

Bürogründung
1950 in Düsseldorf

Anzahl der Mitarbeiter
ca. 230

Fünf Referenzen
▨ s.Oliver Store, Würzburg, 2009
▨ Modehaus Lengermann + Trieschmann, Osnabrück, 2006
▨ Innerstädtisches Einkaufszentrum Stadtpalais, Potsdam, 2009
▨ Karstadt, Leipzig, 2006
▨ Lookentorpassage, Lingen, 2007

Karstadt Leipzig
Das neue Karstadt-Gebäude im Herzen von Leipzig auf sechs Etagen.

„AUCH DAS SPIEGELT DIE ZERSPLITTERUNG DER BRANCHE WIDER, DASS JEDER SEIN PRODUKT ALS NACHHALTIG TITULIEREN KANN"

Dr. Lars Bernhard Schöne

Dr.-Ing. Lars Bernhard Schöne (Jahrgang 1971) ist „Direktor Assets Immobilien" der LHI Leasing GmbH in Pullach. Er ist promovierter Bauingenieur und war in leitenden Funktionen bei STRABAG PFS, Real I.S. sowie KPMG Consulting tätig. Dr. Schöne ist Lehrbeauftragter für Portfoliomanagement an der Technischen Universität München und Vorstandsmitglied von agenda4 – Verein zur Förderung einer nachhaltigen Stadt- und Immobilienentwicklung. Er ist Co-Autor des Bundesverband der Deutschen Industrie (BDI)-Manifestes für Wachstum und Beschäftigung – Deutschland 2020 sowie im Springer-Verlag Herausgeber der Fachbücher „Immobilien-Benchmarking" sowie „Real Estate und Facility Management". Zu den bekanntesten Projekten der LHI gehören das Hahnline-Office in Frankfurt, der Technologiepark Köln, das Laimer Atrium in München sowie diverse Engagements in Deutschland, Österreich, Polen und Luxemburg.

„DIE NACHFRAGE NACH NACHHALTIGKEIT IST DA, ABER SIE WIRD NICHT UNBEDINGT HONORIERT"

Was ist die Philosophie von LHI in Bezug auf Nachhaltigkeit?

Die LHI ist ein Immobilienbestandshalter und Entwickler, der langfristig denkt und auf Kontinuität und vor allem Qualität setzt. Das Unternehmen steht für nachhaltige Produkte, insbesondere für regenerative Energien. Die LHI gibt es seit 38 Jahren, sie beschäftigt 280 Mitarbeiter und verantwortet Assets in Höhe von 26 Milliarden Euro, davon 19 Milliarden in Immobilien, in über 2.400 Objektgesellschaften. Das schafft man nur, wenn man nachhaltig und langfristig denkt. Wir stehen für das Einlösen eines Versprechens gegenüber unseren institutionellen und privaten Investoren. Das ist uns in der Vergangenheit gut gelungen. Weiter wachsen wird in Zukunft das Thema Immobilien. Hier entsteht in den nächsten Jahren ein entsprechendes Portfolio, das auch ‚nachhaltige' Renditen abwerfen wird.

Können Sie anhand eines konkreten Projektes das Nachhaltigkeitsbestreben der LHI dokumentieren?

Unsere Hauptverwaltung, die vor einem Jahr fertiggestellt worden ist, wurde unter den Aspekten einer höchstmöglichen Nachhaltigkeit von der Tiefen-Geothermie über Erdwärmetauscher bis hin zur Lademöglichkeit von Elektro-Autos in der Tiefgarage entwickelt. Wir haben das Gebäude jedoch nicht zertifizieren lassen, nicht weil wir Zertifizierungen ablehnen. Der Sache wegen haben wir in Nachhaltigkeit investiert und nicht um der Zertifizierung willen. Folglich benötigen wir die Plakette an der Hauswand nicht.

Ist Nachhaltigkeit in den täglichen Entscheidungsprozessen der Real Estate Branche angekommen?

Die Diskussion ist angekommen, allerdings kann nicht alles, was man im Moment tut, nachhaltig sein. Die Nachfrage nach Nachhaltigkeit ist da, aber sie wird nicht unbedingt honoriert. Das ist das Problem. Aus Sicht des Asset Managements, das Kapital anlegt, wird natürlich nachhaltig investiert, aber nicht in Nach-

haltigkeit per se, sondern für eine entsprechend notwendige Rendite. Es kommt darauf an, in was man investiert. Wenn das Investment mit Nachhaltigkeit kompatibel ist oder durch Nachhaltigkeit geschaffen oder entwickelt wird, zum Beispiel durch einen Mietvertrag mit einem Staatsunternehmen, das auch in der Folge in Nachhaltigkeit investiert und einen höheren Mietzins entrichtet, dann kommt Nachhaltigkeit auch im Produkt an. Aber über Nachhaltigkeit zu diskutieren und sie sich vorzunehmen, obwohl der Mieter bzw. der Anleger es später nicht honoriert, wird nicht funktionieren. Generell muss die Branche Ladenhüter vermeiden! Das, was heute entwickelt wird, kann möglicherweise in fünf oder zehn Jahren nicht mehr vermietbar, vermarktbar oder verkaufbar sein. Das ist die Gefahr, die besteht, wenn man nicht in Nachhaltigkeit investiert. Und dieses Gefahrenpotenzial ist in der Bau- und Immobilienwirtschaft offenbar angekommen.

Ist in Deutschland der Überhang zur Technisierung in der Nachhaltigkeitsdebatte zu groß?

Ja, das finde ich. Wir haben in den letzten zehn Jahren über Energieeinsparung diskutiert, haben eine immens starke Energieeinsparverordnung erlassen. Die Diskussion muss jedoch meines Erachtens in eine andere Richtung gehen. Sie muss auf der Investorenseite stattfinden, bei denen, die es letztlich bezahlen müssen oder wollen. Wir erleben heute, dass niemand in neue Fenster investiert, wenn sie sich nicht spätestens nach 20 Jahren durch Energieeinsparung amortisieren.
Generell wird Nachhaltigkeit bei uns immer noch zu sehr von der ökologischen Seite betrachtet, die soziale Komponente wird vernachlässigt. Sie findet in Ansätzen schon statt, aber der Zug ist noch nicht wirklich angefahren. Zu wenige setzen bewusst nachhaltige Produkte auf, zum Beispiel einen Fonds mit ausschließlich nachhaltig entwickelten Immobilien. Das liegt aber auch daran, dass diese Immobilien am Markt noch gar nicht verfügbar sind. Es gibt zwar einige Leuchtturmprojekte, auf die konzen-

trieren sich natürlich viele. Wenn mehrere um ein nachhaltiges Gebäude, das womöglich noch eine Zertifizierung erhalten hat, konkurrieren, dann erzielt das Produkt vielleicht einen entsprechenden Imagegewinn. Dieses Objekt wird dann aber in der Regel deutlich teurer im Einkauf. Und wenn es teuer wird, kann man keine entsprechende Rendite abbilden. Der Kreis schließt sich und die Diskussion um Nachhaltigkeit wird dann per se wieder schwierig.

Wie spiegeln sich die Nachhaltigkeitsaktivitäten der LHI im Benefit wider?

Das Problem ist, dass sich Nachhaltigkeit, so wie sie beispielsweise die DGNB definiert hat, fast gar nicht im eigentlichen Bewertungsverfahren wiederfindet. Sie lässt sich folglich kaum in Prozent oder mit einer Prozentrendite ausdrücken. Dafür gibt es auch aktuell zu wenig Erfahrung mit diesem Thema.

In England und den USA existieren Analysen, die belegen, dass Nachhaltigkeit die Werte der Immobilien, die Vermietungsquoten und Mieten erhöht. Warum gibt es solche Analysen bei uns (noch) nicht?

Im Vergleich zu den Engländern und Amerikanern haben wir einen unglaublich hohen Baustandard. Wenn wir nach deutscher Norm bauen, haben wir fast das Qualitäts-Niveau von LEED-Silber erreicht. Durch den ordnungspolitischen Rahmen und gesetzliche Vorgaben hat bei uns die Zertifizierung mit dem Bau eigentlich schon immer stattgefunden. Dies gibt es weder in England noch in den USA in dieser Form. Insofern ist der Nutzen eines LEED-Zertifikates fraglich, wenn es bei uns bereits indirekt Baustandard ist.

Wie beurteilen Sie die Diskussion um das Thema Nachhaltigkeit und Klimaschutz in unserer Gesellschaft?

Ich beobachte kritisch, dass die Diskussion wieder abebbt. Es versickert ein wenig oder es verwässert sich die Tendenz, die insbesondere von

Hahnline-Office, Frankfurt
*Modernes, flexibles Bürogebäude zwischen Finanzzentrum und Flughafen
der Stadt Frankfurt.*

der Bundesregierung eingeschlagen worden ist. Da gab es hervorragende Energieeinsparprogramme, was auch beispielsweise die Solartechnik betrifft. Die Initiativen werden wieder deutlich zurückgefahren. Damit bekommt die ganze Nachhaltigkeitsdiskussion, zumindest formal vom Staat, einen enormen Dämpfer. Wenn man das auf die Immobilienwirtschaft überträgt, dann ist es wie vor zwei bis drei Jahren. Man hat das Gefühl, es passiert gerade etwas, der Zug fährt an, aber verlässlich planbar ist der Fortschritt keinesfalls. In Bezug auf die Baubranche lässt sich beobachten, dass im Falle von Revitalisierungen nachhaltige Aspekte wahrscheinlich integriert werden. Bei bestehenden Mietverträgen wird allerdings wegen der Investitionskosten keiner aktiv auf den Bestand zugehen und von sich aus in Nachhaltigkeit investieren. Und der Neubau, wo findet er in Deutschland – insbesondere im Gewerbe- oder im Bürobereich – noch statt? Es sind lediglich wenige Prozente vom Gesamtbauvolumen. Das wirkliche Problem ist Nachhaltigkeit in Bestandsobjekten. Schauen Sie sich doch die Automobilindustrie an, da tut sich relativ wenig. Das Feigenblatt Hybrid könnte man in die Runde werfen. Aber wenn wir uns die neuen Fahrzeuge 2011 anschauen, dann sind immer noch genügend 15-Liter-Geschosse dabei. Die Diskussion ist entfacht, aber sie ist in der Tiefe noch längst nicht angekommen. Es wird vielleicht gar nicht mehr meine Generation sein, die das alles bewusst umsetzt. Es werden folgende Generationen sein müssen, die aus der Schule heraus nachhaltig denken. Vielleicht können wir das gar nicht mehr lernen.

Wie beurteilen Sie das Engagement der Politik in Bezug auf Nachhaltigkeit?

Wir sind Weltmarktführer, was Nachhaltigkeit anbetrifft. Es gibt kein zweites Land, das so massiv in Nachhaltigkeit investiert hat. Die Ergebnisse zeigen auch, wie gut wir

unterwegs sind. Das birgt teilweise jedoch auch einen Wettbewerbsnachteil für Deutschland. Wenn wir uns die politischen Rahmenbedingungen ansehen, so haben wir auf der anderen Seite das Problem, dass wir unsere Technologien – und dies betrifft auch indirekt unsere Immobilien – nicht ins Ausland verkauft bekommen. Das Ausland hat nicht das gleiche Interesse an Einsparpotenzialen wie Deutschland. Einen Gewerbebau können wir zum Beispiel nicht 1:1 in Italien, Frankreich oder schon gar nicht im osteuropäischen Ausland oder über den Großen Teich in den USA realisieren. Das wird nicht funktionieren. Das ist eine große Herausforderung, die in meinen Augen verschlafen worden ist. Ich bin mir nicht sicher, inwieweit das heute schon erkannt worden ist und wir tatsächlich daran arbeiten. Das Stichwort ist: Exportfähigkeit von Lösungen, die wir nur schwer erreichen. Das fängt mit dem DGNB-Siegel an, das mit Sicherheit mit Abstand weltweit das beste ist, aber in Bezug auf den hohen Qualitätsanspruch im Ausland nur schwer verkaufbar ist. Die fehlende Exportfähigkeit ist das eine. Ein weiteres Problem ist die unzureichende Lobbyarbeit der gesamten Bau- und Immobilienbranche. 70.000 Unternehmen dieser Branche schaffen es nicht, sich eine angemessen mächtige Lobby zu schaffen und sich beispielsweise neben einer Energiewirtschaft zu positionieren und ihre Lösungen tatsächlich in der Politik zu verankern. Aus den vielen Strömungen, die es da gibt, haben wir es verpasst, eine Art positiv gemeintes Kartell zu gründen, um zu einer gleichgerichteten Meinung zu kommen. Wir sehen ja auch, wohin unsere Baukonzerne verkauft worden sind. Eine starke Bauwirtschaft in Deutschland gibt es nicht mehr. In der Immobilienwirtschaft gibt es ebenso viele unterschiedliche Interessen und Strömungen, also in diesem Sinne keinen großen Verbund. Schauen wir auf die Pharma-, Automobil- und die Energie-Industrie, dann sehen wir auf der anderen Seite drei ganz Große, die

Technologiepark Köln
Zentrum für Forschung und Industrie. Sieben Fondsgebäude mit insgesamt
115.000 m² Mietfläche, u. a. Daimler Chrysler, Fordbank und Bundesverwaltungsamt.

LHI Hauptverwaltung, Pullach
Modernes, hochwertiges Bürogebäude mit Blick auf Burg Schwaneck. Höchstmaß an
Nachhaltigkeit durch u. a. Geothermie-Fernwärme und Erdwärmetauscher.

es verstehen, Politik zu gestalten. Die Bau- und Immobilienbranche ist zwar die tragende Säule der deutschen Wirtschaft, kann ihre Interessen aber auf politischer Ebene nicht wirklich durchsetzen. Bei staatlichen Investitionsprogrammen bildet die Real Estate Branche mit das Schlusslicht.

Fehlen eindeutige Nachhaltigkeits-Standards auf der Entwicklerseite?

Ja, sie fehlen! Auch das spiegelt die Zersplitterung der Branche wider, dass jeder sein Produkt als nachhaltig titulieren kann. Es ist beinahe sekundär, ob es nachhaltig ist oder Nachhaltigkeit erzeugt. Es wird als nachhaltig gelabelt und dadurch lässt es sich möglicherweise besser verkaufen.

Wie lauten Ihre Wunschszenarien in Bezug auf Nachhaltigkeit?

Ein Wunsch wären Ansprechpartner, mit denen ich ehrlich über Nachhaltigkeit sprechen kann. Mit der Energiewirtschaft und der Automobilindustrie kann ich nicht glaubwürdig

über Nachhaltigkeit diskutieren. Die Gesellschafter der Automobilindustrie kommen im Wesentlichen aus den Erdöl fördernden Ländern. Also haben diese keinerlei Interesse, beispielsweise das Vier-Liter-Auto wirklich zu produzieren. Das Problem der Regierung ist heute, dass die Interessenslagen so unterschiedlich sind, dass kaum eine Handhabe gegen diese Größen besteht. Mein zweiter Wunsch richtet sich an die nachhaltige Denke der Menschen. Wir müssen endlich anfangen, für die nachfolgende Generation Verantwortung zu tragen. Wir wissen, dass die Renten- und Gesundheitspolitik nicht funktioniert, wir wissen, dass die Laufzeitverlängerung für Atomkraftwerke eine Katastrophe für Hunderte nachfolgender Generationen ist. Der dritte Wunsch bezieht sich auf exportfähige Lösungen, die wir entwickeln müssen. Wir müssen Lösungen für das Ausland, insbesondere für Schwellenländer, zum Beispiel für China und Indien, schaffen. Das sind die Wachstumsmärkte von heute und als exportorientiertes Land ist dies doch gleichzeitig der Wachstumsmotor.

LHI Leasing GmbH

Adresse
Emil-Riedl-Weg 6
82049 Pullach im Isartal
Tel. 089-5120-1537
Fax 089-5120-2537

Bürogründung
1950 in Düsseldorf

Anzahl der Mitarbeiter
280

Fünf Referenzen
▪ Hahnline-Office, Frankfurt
▪ Technologiepark Köln
▪ Laimer Atrium, München
▪ LHI Hauptverwaltung, Pullach
▪ Innovationszentrum, Frankfurt

Laimer Atrium, München
*Siebengeschossiges attraktives Bürogebäude an Münchens Hauptachse. 13.000 m²
Mietfläche mit hervorragender Anbindung an das öffentliche Verkehrsnetz.*

„NACHHALTIGKEIT BEGINNT BEI DER STADTENTWICKLUNG!"

Andreas Schulten

Andreas Schulten (Jahrgang 1961) hat sein Studium an der technischen Universität München mit dem Diplom für Geografie abgeschlossen. Seit 2005 ist er Vorstand der Bulwien Gesa AG und verantwortet dort die Bereiche Büro- und Wohnungsimmobilienmarkt. Durch sein Wirken in Vorgängergesellschaften ist er seit mehr als 20 Jahren mit dem Unternehmen verbunden und hat den Wachstums- und Reifeprozess der Gruppe kontinuierlich entwickelt. Er ist Dozent an der European Business School in Oestrich-Winkel, am Real Estate Management Institute, an der International Real Estate Business School in Regensburg, beim Verband Öffentlicher Banken in Bonn und Berlin, an der Technischen Universität Berlin sowie an der Sommerakademie der Universität Riga. Ehrenamtlich engagiert er sich in der Förderung des Stadtklosters Segen in Berlin am Prenzlauer Berg. Zu den aktuell besonders wichtigen Projekten gehören Markt Due Diligence für die Sony Center-Transaktion, Wirtschaftlichkeits-Szenarien zum Wiederaufbau des Berliner Schlosses sowie Büroflächenstudien für große deutsche Metropolen.

„NACHHALTIGKEIT IN DER STADTPLANUNG IST EIN SCHWERPUNKTTHEMA"

Was bedeutet Nachhaltigkeit für Ihr Unternehmen?

Wir unterscheiden zwischen der direkten und indirekten Beteiligung an Nachhaltigkeit. Green-Building und die tatsächlichen Nachhaltigkeitskriterien für ein Gebäude sind nicht unser Hauptarbeitsfeld. Für uns beginnt Nachhaltigkeit noch eine Stufe früher bei der Frage, wie nachhaltig eine Stadtentwicklung und wie nachhaltig Planungsprozesse sind. Was die Qualität und Größe einzelner Gebäude betrifft, ist die Nutzernachfrage interessant. Deutsche Stadtplanung ist bekannt dafür, dass sie sehr gut mit diesen Themen umgeht. Nachhaltigkeit beginnt bei der Stadtentwicklung, sie gehört also zum Schwerpunkt bei der Stadtplanung. Leider gibt es auch negative Beispiele, wie zum Beispiel das Frankfurter Mertonviertel. Hier wurden Gebäude geschaffen, die bereits nach 15 Jahren leer stehen und wahrscheinlich nie wieder einen Nutzer finden werden. Das ist Ressourcenverschwendung und somit genau das Gegenteil von nachhaltiger Stadtplanung. Aus unserer Sicht ist Nachhaltigkeit die Optimierung von und die Kenntnis über Märkte, Marktbalance, Angebot und Nachfrage.

Sehen Sie sich als Spezialist, der Marktfähigkeit und Nachhaltigkeit von Projekten im Markt positioniert sowie die Wirtschaftlichkeit und die Nutzerqualität von Objekten berechnet?

Wir sind insofern Spezialisten, als wir anfänglich sehr viele Daten ermitteln – sowohl statistische Daten als auch sehr viele Immobilien-ökonomische Fakten. Daraufhin folgt die Auseinandersetzung mit den Verkaufspreisen der Immobilien und dem künftigen Käufer, dem Mittelständler oder dem Private-Equity-Unternehmen, welches für die unterschiedlichen Marktsituationen steht. Im Bereich der umfassenden Analyse für Wohn-, Büro- und Einzelhandelsimmobilien sowie anderen Immobilien haben wir eine Alleinstellung in Deutschland erreicht. Das Thema nachhaltige Tragfähigkeit können wir gut abbilden, da wir diese Datenreihen schon lange bearbeiten. Wir können beispielsweise nachweisen, dass 1975 nicht München die teuerste Stadt in Deutschland war, sondern Düsseldorf. Beim Thema nachhaltige Stadtentwicklung ist es sehr wichtig, darüber Bescheid zu wissen, was derartige Veränderungen verursachen. Wir erstellen dafür entsprechende Erklärungsmuster. Die Wirtschaftlichkeit eines Gebäudes wird immer am Ertrag gemessen. Entscheidend sind die Verkaufserlöse, Mieten und Kosten für die Errichtung und Bewirtschaftung eines Gebäudes. Alle Informationen werden in unsere Datenbanken eingeordnet, um der jeweiligen Aufgabe entsprechende Informationen abrufen zu können. Wir arbeiten hierbei eng mit den Beteiligten der Immobilienbranche zusammen.

Wie gelingt es Ihrem Unternehmen, Mehrwertergebnisse durch Nachhaltigkeit von Objekten für die Partner der Immobilienwirtschaft zu vermitteln?

Die Antwort darauf ist keine Frage nach methodischer Kompetenz, sondern eine Frage nach politischer Durchsetzungsfähigkeit. Man muss für die ökonomischen Akteure die Immobilienperformance in Bezug auf den zu erwartenden Erfolg oder Misserfolg über einen langen Zeitraum darstellen. Leider sind die Städte und Kommunen hier noch nicht so weit, um nachhaltigkeitsorientierte Investoren an einen Standort zu binden und ihnen mit unseren Analysen entsprechende Rahmenbedingungen zu bieten. Die Stadt Bremen bietet hier ein positives Beispiel. In der Innenstadt soll ein Shopping-Center gebaut werden. Es soll über verschiedene Grundstücke aus einem Business Improvement District heraus als einheitlich gemanagtes Konglomerat von Einzelgebäuden funktionieren. Über lange Zeiträume sollen individuelle Anpassungen möglich sein, da es viele unterschiedliche Eigentümer und Mieter gibt. Wir sehen derartige Entscheidungen als eine legitime nachhaltigkeitsorientierte Entscheidung der Stadt. Leider werden in Städten oft komplette, sehr ähnliche Shopping-Center ohne individuellen Charakter gebaut, die bereits nach 20 Jahren das Ende ihres Lebenszyklus erreicht haben. Ein weiteres Thema ist die Erhaltung sozialer Nachhaltigkeit beim Immobilienbestand durch eine gesunde und sich immer wieder neu erfindende Sozialstruktur. Hier spielt die Quartiersentwicklung eine große Rolle. Dazu müssen ideologische und ökonomische Diskussionen geführt werden. Die Synchronisierung privater und öffentlich nachhaltiger Investitionen würde die Kosten in großem Maß minimieren und letztendlich zum Erfolg im Sinne von Nachhaltigkeit führen. Nachhaltigkeit ist immer abhängig von Wirtschafts- und Investitionszyklen. In den Wachstumsjahren muss nachhaltig investiert werden, damit in den darauf folgenden Jahren geringe Folgekosten zu erwarten sind. Leasingfinanzierung durch Kommunen ist an der Stelle kritisch zu betrachten und nicht immer nachhaltig. Hier sind Strukturen entstanden, die heute als Vorteil dargestellt, in Zukunft aber nur Belastung sein werden.

Ist Nachverdichtung der Städte nachhaltig?

Die Nachverdichtung der Innenstädte steht in engem Zusammenhang mit der Infrastruktur, die optimal ausgenutzt werden muss. Ein Erfolgsmodell sind die gründerzeitlichen Quartiere. Der Erfolg liegt heute darin, dass sie nicht mehr die extrem große Verdichtung haben, sondern durch Spielplätze und Freiflächen aufgelockert sind. Eine städteplanerische Verdichtung steht aber in engem Zusammenhang mit ökonomischen Aspekten und zum Wohnraumbedarf in den Metropolen. Je mehr Menschen in den Innenstädten leben, desto besser wird vorhandene Infrastruktur im Nahverkehr genutzt. Da es weniger Autoverkehr gibt, ist das ökologisch nachhaltig. In ökonomisch schwächeren Regionen, wie dem Ruhrgebiet oder in vielen ostdeutschen Städten, sollte eine hohe städtebauliche Qualität auch durch geringe Baudichten möglich sein. Ich bin mir relativ sicher, dass die deutschen Großstädte innerhalb der nächsten 10 bis 15 Jahre eine größere Bedeutung bekommen und dass wir mit technologischer Kompetenz ökologieorientiert eine andere Lebensqualität erreichen werden.

Inwiefern steht Ihr Unternehmen im interdisziplinären Austausch mit den anderen Beteiligten der Branche?

Unser Unternehmen steht ganz klar an der Schnittstelle von Stadtentwicklung und privater Immobilieninvestition. Dort ist die Thematik der Nachhaltigkeit in den letzten Jahren erst eingeflossen. Wir prüfen die ökonomische Tragfähigkeit der Objekte. Nachhaltigkeit muss sich auch am Standort der Immobilie und der Architektur orientieren. Die Forderung nach Nachhaltigkeit für die Stadt durch die Entwicklung der Immobilie bestand schon immer. Energetische Sanierungen allein erfüllen diese Anforderungen nicht. Über drei Viertel unseres Immobilienbestandes sind Wohnimmobilien. Die Wohnungswirtschaft kann es sich nicht leisten, energetische Sanierungen überall, wo die Notwendigkeit besteht, in großem Umfang durchzuführen und die Kosten auf ihre Mieter zu übertragen. Ein anderes Problem ist der Umgang mit unseren Denkmalschutzgebäuden. Barocke Hausfassaden dürfen nicht in Schaumstoff gepackt werden, allein schon aus Respekt vor der Architekturgeschichte. Hier prallen Meinungen aufeinander und die Branche muss vernünftige Lösungen finden.

Welche Auswirkungen werden der demografische Wandel und die damit einhergehende Bevölkerungsentwicklung für unsere Städte haben?

„NACHHALTIGKEIT MUSS AM STANDORT DER IMMOBILIE UND DER ARCHITEKTUR GEMESSEN WERDEN"

In unserem Arbeitsalltag ist das Thema Demografie mit einem Anteil von 80 Prozent gegenüber der energetischen Nachhaltigkeit mit 20 Prozent wesentlich präsenter. Demografie ist wirklich relevant, weil dadurch über die künftige Entwicklung ganzer Städte und Zentren aus ökonomischer Sicht entschieden wird. Berlin ist dafür ein gutes Beispiel, denn ein Großteil der 20- bis 30-Jährigen aus Deutschland zieht nach Berlin. Das wird langfristig von großem Vorteil sein. Die Überalterung der Bevölkerung in Städten wie im Ruhrgebiet und im Osten Deutschlands, insbesondere in mittelgroßen Städten, macht diese zu Verliererstädten. Die Städte und Kommunen müssen darauf reagieren. Dafür gibt es Schrumpfungskonzepte. Ganze Wohngebiete werden mit Steuergeldern abgerissen und verändern das Leben in den Städten nachhaltig. Diese Prozesse sind bereits in der Umsetzung.

Können Sie uns einen Best-Practice-Fall nennen, bei dem Sie Einfluss auf eine nachhaltige Stadtentwicklung genommen haben?

Ein gutes Beispiel ist die Medienstadt Potsdam. Hier haben wir in den letzten Monaten gemeinsam mit der örtlichen Wirtschaftsförderung an der Entwicklung der Ansiedlung einiger junger Medienunternehmen in sogenannten Inkubator-Gebäuden in Potsdam-Babelsberg gearbeitet. Die Stadt forderte ein Medien-Bürogebäude. Wir analysierten die Rahmenbedingungen wie 12 Prozent Büroflächenleerstand und langfristige Nutzungsmöglichkeiten am Ort sowie moderate Mieten für Start-ups. Unternehmen mit etwa 10 bis 15 Mitarbeitern zahlen in etwa 4 Euro pro Quadratmeter Miete und finden in Potsdam-Babelsberg ein kreatives Milieu vor. Die Wirtschaftsförderung Potsdam sagt zu Recht, dass diese Unternehmen nur vor Ort bleiben, wenn die Rahmenbedingungen stimmen, sonst ist eine Abwanderung nach Berlin so gut wie sicher. Um diese Unternehmen langfristig mit ihren Beschäftigten an die Stadt zu binden, beabsichtigte die Stadt Potsdam über einen Projektentwickler den Neubau eines Bürogebäudes zu veranlassen. Dami sollte ein sogenanntes Leuchtturmprojekt geschaffen werden. Gemeinsam mit allen Entscheidungsträgern haben wir uns an einen Tisch gesetzt und die Finanzierungsrisiken der Projektentwicklung und der Banken diskutiert. Um ein derartiges Projekt wirtschaftlich zu betreiben, müssten die Mieten für die Medienunternehmen mehr als doppelt so hoch sein wie bisher. Deshalb haben wir eine Mischnutzung von Hotel und Büro vorgeschlagen. Durch den Hotelbetreiber wäre damit schon ein beträchtlicher Teil der Gesamtinvestition über eine freie Finanzierung gesichert. Die Stadt lehnte das ab. Die andere Möglichkeit aus unserer Sicht kann nur eine Subventionierung der Miete durch öffentliche Mittel sein, da sich die wirtschaftlich notwendigen Mieten vor Ort nicht realisieren lassen. Es ist ein komplizierter Prozess, die verschiedenen Interessen ökonomisch sinn-

Bulwien Gesa AG
Research - Analysis - Consulting

Adresse
Wallstraße 61
10179 Berlin
Tel. 030-278768-0
Fax 030-278768-68

Bürogründung
1983 in München

Anzahl der Mitarbeiter
55

voll zusammenzuführen. Es vergehen Monate bis zur Entscheidung. Das verstehe ich unter Synchronisierung. Wenn es Regelwerke gibt, die diese Sachen vereinfachen, dann würden wir uns viel Aufwand sparen.

Wo sehen Sie das Thema Nachhaltigkeit im Jahr 2030?

Unsere Stadtregionen werden klimapolitisch sehr weit fortgeschritten sein. Viele Menschen sind aus ländlichen Regionen in die Städte abgewandert. Unser wunderbarer Gebäudebestand wird nachhaltig erhalten sein. Die Verdichtung der Innenstädte wird durch einen funktionierenden Nahverkehr und neu entstandene Kulturquartiere fortschreiten. Dadurch wird vermehrt Bildung in den Innenstädten stattfinden. Eine neue Qualität des Wohlstands der Menschen wird sie zufriedener machen. Es wird aber auch weiterhin, sowohl ökonomisch als auch ideologisch bedingt, eine Bevölkerung auf dem Land geben.

„NACHHALTIGKEIT SOLLTE INTEGRALER UNVERZICHTBARER BESTANDTEIL DES PLANENS UND BAUENS SEIN"

Max Schultheis

Max Schultheis (Jahrgang 1956) absolvierte 1986 sein Architekturstudium. Seine anschließenden beruflichen Stationen waren London, Australien, Berlin und Düsseldorf. Dort arbeitete er mit namhaften Architekturbüros wie z. B. Fitzroy Robinson, Ingenhoven Overdiek, David Chipperfield, Steven Holl und Renzo Piano. Er war maßgeblich an zahlreichen renommierten Bauvorhaben beteiligt, wie z. B. dem Umbau der Battersea Power Station in London (1988), einem Bürogebäude im Düsseldorfer Medienhafen (1995), und dem Umbau der ehemaligen Dortmunder Union-Brauerei (2003). Bei der URS Deutschland GmbH betreut er seit 2005 die Bereiche Due Diligence und Nachhaltigkeit. Ebenso leitet er dort das europäische Netzwerk Green Building und vertritt URS beim International Council of Shopping Centers (ICSC).

„NACHHALTIGKEIT HAT IN DER IMMOBILIEN-BRANCHE ENDLICH DEN WEG AUS DER ÖKONISCHE HINEIN IN DIE VORSTANDSETAGEN GEFUNDEN"

Ihr Unternehmen veröffentlicht auf der Internetseite:
„Der Markt verändert sich und das Unternehmen URS reagiert."
Wie hat sich der Markt in den letzten zehn Jahren verändert?

In dieser Zeit ist sehr viel passiert. Nachhaltigkeit hat den Weg aus der Ökonische hinein in die Vorstands-etagen der Immobilienbranche gefunden. Noch bis vor wenigen Jahren wurde das Thema von den meisten Marktteilnehmern eher belächelt. Inzwischen hat sich das Blatt jedoch gewendet, in Deutschland insbesondere seit 2007 mit der Gründung der Deutschen Gesellschaft für nachhaltiges Bauen (DGNB). Nachhaltigkeit ist mittlerweile für viele Unternehmen der Branche zu einem zentralen Anliegen geworden. Sich nicht mit ihr zu beschäftigen, kann sich heutzutage kaum noch jemand leisten. Gerade im Dienstleistungssektor und in der Bauwirtschaft ist man sich dessen sehr bewusst. Allerdings bewegten wir uns in Deutschland bis vor wenigen Jahren bei der Nachhaltigkeit in einem ganz besonderen Spannungs-feld. Wir haben eine traditionell sehr hohe Planungs- und Baukultur, mit der wir international gesehen ganz weit vorne liegen. Dies gilt auch für Innovationen, wie sie zum Beispiel in der Bauindustrie für technische Systeme und Baustoffe entwickelt werden. Vor 2007, vor der Gründung der DGNB, haben wir es allerdings versäumt, diese Qualitäten in ein umfassendes, zusammenhängendes und leicht anwendbares Bewer-tungs- und Zertifizierungssystem einzugliedern. International gesehen kamen die Pioniere der Nachhal-tigkeitszertifizierung vor allem aus Großbritannien und den USA, wo man bereits vor zehn-20 Jahren „aus der Not eine Tugend gemacht hat". Im Vergleich zu Deutschland waren dort die Baustandards und Anfor-derungen an die Energieeffizienz von Gebäuden erheblich niedriger. Daher entstanden gerade in diesen Ländern bereits in den 90er-Jahren – in der sogenannten „Ökonische" –

Zertifizierungssysteme, die entschei-dende internationale Impulse für die Nachhaltigkeit gesetzt haben. Dies waren insbesondere das britische BREEAM (Building Establishment Environmental Assessment Method) und das US-amerikanische LEED (Leadership in Energy and Environ-mental Design). Das wachsende Bewusstsein für Nachhaltigkeit in der globalen Öffentlichkeit hat dafür gesorgt, dass diese Impulse sowohl in der Privatwirtschaft als auch in der Politik aufgegriffen wurden. Ein sehr positives Beispiel hierfür ist das Engagement des International Coun-cil of Shopping-Centers (ICSC). Diese Organisation war einer der Treiber der Nachhaltigkeit in der Immobili-enwirtschaft in Europa. Bereits 2007 wurde eine europaweite Initiative gegründet mit dem Ziel, die Nach-haltigkeit von Shoppingcentern zu verbessern. Hierbei durfte ich URS im Sustainability Advisory Board vertreten. Dort haben wir uns des Mittels der Zertifizierung bedient und unter den verschiedenen, am Markt befindlichen Systemen dasjenige ausgewählt, welches sich bis dato europaweit am einfachsten anwen-den ließ: das britische BREEAM-System (s.o.). Die sogenannten BREEAM „Country Reference Sheets" erlauben die Bewertung der Nachhaltigkeit auf Basis von länderspezifischen Normen und Bestimmungen. So haben Bau-herren, Investoren, Planer und Baufirmen die Möglichkeit, Einzel-handelsobjekte quer durch Europa, von Norwegen bis zur Türkei, unter Berücksichtigung der nationalen und klimatischen Besonderheiten zu vergleichen. Mittlerweile wird dieses System in fast 20 europäischen Län-dern angewendet. Im Rahmen dieser Tätigkeit vertrete ich URS auch beim European Public Affairs Committee des ICSC, wo wir in regelmäßigen Abständen mit Vertretern der EU-Kommissionen in Brüssel über die zukünftigen Entwicklungen bei der Nachhaltigkeit und Energieeffizienz von Immobilien sprechen.

Bürogebäude Süstron, Aachen, 2009
Nachhaltigkeit als integrales Planungsprinzip! Anhand der Nachhaltigkeitskriterien der DGNB entwickelt und ausgezeichnet mit dem DGNB-Vorzertifikat in Silber, wird dieses Gebäude nach seiner Fertigstellung ca. 30 Prozent weniger CO_2 ausstoßen als herkömmlich geplante Büroimmobilien.

Einkaufszentrum Forum, Duisburg, 2008
BREEAM Very Good - das erste kontinental-europäische Einzelhandelszentrum mit einem Green-Building-Zertifikat! Dieses Gebäude verbraucht ca. 25 Prozent weniger Energie als herkömmliche Shopping-Center-Neubauten. Zudem bereichern seine architektonischen und städtebaulichen Qualitäten sein gesamtes Umfeld. Nicht nur deswegen wurde es 2010 vom ICSC (International Council of Shopping Centers) als bestes und nachhaltigstes Shopping-Center Europas ausgezeichnet.

„DER VERANTWORTLICHE UMGANG MIT UNSEREN RESSOURCEN RÜCKT WELTWEIT IMMER MEHR IN DEN FOKUS."

Können Sie etwas über das Nachhaltigkeits-Engagement der URS berichten?

Die Nachhaltigkeit spielt bei URS als internationalem Beratungs- und Ingenieurunternehmen traditionell eine sehr große Rolle. So gehörte URS zum Beispiel in den Ländern, in denen die wesentlichen Green-Building-Zertifikate entstanden sind, von Anfang an zu den wesentlichen Treibern. Dies sowohl bei dem BREEAM- und dem LEED-System als auch für die DGNB, wo wir als Gründungsmitglied von Anfang an in verschiedenen Gremien engagiert mitgearbeitet haben. Unser Engagement spiegelt sich u. a. in zahlreichen renommierten und prämierten nachhaltigen Gebäuden rund um den Globus wider. So wurde zum Beispiel erst kürzlich ein von uns geplanter Umbau einer unserer großen Niederlassungen in den USA mit dem Zertifikat in Gold nach dem LEED-Standard ausgezeichnet. Nachhaltigkeit ist ein Grundbestandteil unserer Arbeit nicht nur bei Immobilien, sondern auch in allen anderen Tätigkeitsbereichen, z. B. der Energie, Infrastruktur und Umwelt.

Das Problem in der gesamten Nachhaltigkeitsdiskussion scheint weniger der Neubau, sondern der Bestand zu sein.

Der Bestand ist hierbei das brisanteste und weitreichendste Thema. Beim Neubau kann man die Nachhaltigkeit von Anfang an in das Gebäudekonzept integrieren und dabei von den aktuellen technischen und konzeptionellen Entwicklungen profitieren. Aber die weitaus größte Masse der Immobilien sind Bestandsgebäude, hier liegt der größte Bedarf. Selbst in Jahren mit viel Bautätigkeit beträgt der Anteil des Neubauvolumens in Deutschland nur ca. 1,5 - 2 Prozent des gesamten Immobilienbestandes. Aber Neubauten haben Vorbildcharakter, auch bei der Nachhaltigkeit. Hier werden Zeichen und Maßstäbe gesetzt. Die ideale Schnittstelle zwischen Neubau

Hauptverwaltung Scottish Natural Heritage, Inverness, Schottland, 2006
Das höchste BREEAM-Rating seiner Zeit! Dieser Büroneubau setzte Maßstäbe der Nachhaltigkeit. Seine komplett natürlich be- und entlüftete Atriumhalle, seine hohe Energieeffizienz und die sorgfältige Verwendung natürlicher Baustoffe machten es zu einem Meilenstein für die Green-Building-Bewegung in Großbritannien. Es erhielt zahlreiche Preise, u. a. den BREEAM Offices Award 2006, und wurde vom Building Magazine als „Sustainable Building of the Year 2006" ausgezeichnet.

und Bestand sind die Revitalisierungen. Wir haben in Deutschland, und natürlich auch in vielen anderen Ländern, unterschiedlichste Gebäudetypen, die einer dringenden Revitalisierung bedürfen. Und dies nicht nur bezogen auf die Energieeffizienz und Nachhaltigkeit, sondern auch in Bezug auf die Funktionalität und die generelle Akzeptanz am Markt. Nehmen wir als Beispiel den Einzelhandel: Aufgrund der Vielzahl von Neuentwicklungen der letzten Jahre bedürfen nun die vielen älteren Einkaufszentren und Geschäftsgebäude einer dringenden Neupositionierung am Markt. Diese Gebäude stehen nun unter hohem Wettbewerbsdruck und es besteht dringender Handlungsbedarf, nicht nur aus funktioneller und technischer Sicht, sondern auch aus Imagegründen.

Das heißt, es reduziert sich beim Bestand nicht nur auf energetische Aspekte, sondern die Nutzung der Immobilien muss neu definiert werden?

Richtig. Diese Dinge greifen sehr stark ineinander. Der Bedarf an energetischen Optimierungen ist enorm groß. Aber die Verbesserung der Energiebilanz haben eine starke Wechselwirkung mit Veränderungen bei der Nutzung. Beide Themen bedingen sich. Unsere alltägliche Umwelt, unsere Arbeits-, Wohn- und Freizeitwelten verändern sich fortlaufend, und diesen Entwicklungen müssen sich auch die Immobilien fortlaufend anpassen, um akzeptiert und angenommen zu werden.

Die Politik gerät in Bezug auf ihr nachhaltiges Engagement oftmals ins Kreuzfeuer der Kritik. Wie ist Ihre Einstellung dazu?

Naturgemäß unterliegt die Politik sehr stark kompromissabhängigen Prozessen. Die Interessen vieler gesellschaftlicher Gruppierungen müssen berücksichtigt und integriert werden und dies verzögert gewisse Entscheidungsprozesse, auch bei der Nachhaltigkeit. So haben wir im letzten Jahr bei der nachhaltigen Energiepolitik in Deutschland leider einige Rückschritte verzeichnen müssen. Auch haben die jüngsten Weltklimakonferenzen in Kopenhagen und Cancún leider nicht den Durchbruch gebracht, den sich viele Menschen weltweit erhofft hatten. Aber natürlich gibt es auch zahlreiche positive Akzente der Nachhaltigkeit in vielen Gegenden der Welt. Nehmen wir zum Beispiel den US-Bundesstaat Kalifornien, wo bereits vor mehreren Jahren der damalige Gouverneur Arnold Schwarzenegger den Bundesbehörden das Dekret auferlegte, bei Neubauten oder grundlegenden Sanierungen ein Nachhaltigkeitszertifikat nach LEED zu erwirken. Damit wurde dort der öffentlichen Hand ein deutliches Zeichen für ihre Vorreiterrolle beim nachhaltigen Umgang mit unseren Umwelt-Ressourcen gesetzt. Trotz aller Schwierigkeiten ist die Politik dennoch einer der wesentlichen Treiber der Nachhaltigkeit. So treibt zum Beispiel die EU mittels der EPBD, der Energy Performance of Buildings Directive, die Energieeffizienz von Gebäuden in ganz Europa entscheidend voran. Es ist vorgesehen, dass Neubauten ab dem Jahr 2019 (für gewerbliche Gebäude) und ab dem Jahr 2020 (für alle sonstigen Gebäudetypen) in allen 27 EU-Staaten beinahe Energie-neutral sein sollen. Dies wäre ein geradezu epochaler Meilenstein für die Nachhaltigkeit. Die politischen Grundsatzziele sind also klar formuliert: Im Fokus stehen die drastische Reduktion der CO_2-Emissionen und die Schonung unserer natürlichen Ressourcen. Dies soll durch die Steigerung der Energieeffizienz und durch den verstärkten Einsatz von regenerativen Energien erreicht werden. In der Immobilienbranche sind hier alle Beteiligten gefragt. Immerhin gehen in den Industrienationen ca. 35 bis 40 Prozent des gesamten Energieverbrauchs auf das Konto von Bau, Betrieb und Abriss von Gebäuden. Somit hat die gesamte Immobilienwirtschaft eine erhebliche Verantwortung an unserer Umwelt. Bei der Umsetzung der

URS Deutschland GmbH

Adresse
Heinrich-Hertz-Straße 3
63303 Dreieich
Tel. 06103-9389-0
Fax 06103-9389-99

Bürogründung
1987 in Dreieich

Anzahl der Mitarbeiter
200

Vier Referenzen
■ Bürogebäude Süstron, Aachen, 2009
■ Einkaufszentrum Forum, Duisburg, 2008
■ Hauptverwaltung Scottish Natural Heritage, Schottland, 2006
■ Lemmen-Holton Cancer Pavilion, USA, 2010

Ziele der Nachhaltigkeit werden naturgemäß noch zahlreiche Hürden zu nehmen sein. Aber glücklicherweise ist mittlerweile fast allen Beteiligten klar, dass über kurz oder lang kein Weg mehr an der Nachhaltigkeit vorbeiführt.

Sie haben für die „Süstron"-Immobilie in Aachen in der Planungsphase eine Vorauszeichnung erhalten. Was ist konkret nachhaltig an dem Gebäude?

Dieses in Planung befindliche Bauvorhaben hat wegen seines integralen und innovativen Nachhaltigkeitskonzeptes ein Vorzertifikat der DGNB erhalten. Das Besondere an dieser Planung ist, dass sie von der „Stunde null" an anhand von Nachhaltigkeitskriterien in interdisziplinärer Arbeitsweise mit allen fachlich Beteiligten integral entwickelt wurde. Bauherr, Architekt und Fachplaner saßen gemeinsam am Tisch und hatten durch den Leitfaden der Nachhaltigkeit eine gemeinsame Ausrichtung. Sicherlich ist diese Arbeitsweise der Idealfall, der sich in der Praxis nicht immer in Reinkultur durchsetzen lässt, aber er ist richtungsweisend. So entstehen die Immobilien der Zukunft. Und es gibt noch viele andere herausragende Gebäude, bei denen wir in den letzten Jahren Zeichen der Nachhaltigkeit setzen konnten. Da ist zum Beispiel die mehrfach ausgezeichnete Hauptverwaltung der Scottish Natural Heritage in Inverness, ein Bürogebäude, welches, wie das Süstron, anhand der Nachhaltigkeitskriterien von Anfang an integral entwickelt wurde. Hierdurch wurde zum Beispiel eine große, zentrale und alle Bereiche verbindende Atriumhalle entwickelt, die fast komplett natürlich be- und entlüftet wird, die nur in seltenen Spitzenzeiten die Hilfe von mechanischen Lüftungsanlagen benötigt. Oder auch das „Forum Duisburg", das in 2010 als das „schönste und nachhaltigste Einkaufszentrum Europas" ausgezeichnet wurde. Für dieses Gebäude konnten wir zu seiner Eröffnung im Herbst 2008 das erste kontinentaleuropäische Zertifikat der Nachhal-

tigkeit herbeiführen, auf Basis des vom ICSC unterstützt internationalen BREEAM-Systems.

In den Planungsprozessen der meisten Architekten haben Nachhaltigkeitsaspekte noch nicht die oberste Priorität.

Auch hier hat sich in den letzten Jahren viel Erfreuliches getan, obwohl wir ganz sicher noch nicht am Ziel sind. Architekten tragen ganz wesentlich zur Gestaltung unserer Umwelt bei und setzen (im Idealfall) wichtige kreative und nachhaltige Impulse. Aber gleichzeitig sind Architekten auch Dienstleister, die im Auftrag handeln. Das Bewusstsein und der Umsetzungswille für nachhaltiges Planen und Bauen müssen sowohl beim Planer als auch auf Auftraggeberseite vorhanden sein. Im Idealfall ist die Nachhaltigkeit ein integraler Bestandteil der Planung und kein Zusatz, den man beliebig zufügen oder weglassen kann. Durch sie bekommen alle Beteiligten bereits sehr früh ein gemeinsames Verständnis und einen gemeinsamen „roten Faden" auf dem Weg zu einer nachhaltigen Immobilie ...und sind nach unserer Erfahrung auch sehr froh darüber!

Ihr Unternehmen ist in mehr als 40 Ländern vertreten. Können Sie Ihre Vorstellung von Nachhaltigkeit in den verschiedensten Kulturen umsetzen? Wie sieht es in China aus?

Naturgemäß gibt es bei der Umsetzung der Nachhaltigkeit weltweit gesehen große Unterschiede. In China erleben wir aus unseren Tätigkeiten einige sehr erfreuliche Entwicklungen im Bereich der Nachhaltigkeit. Wir betreuen dort internationale Unternehmen, die bereits mehrfach in China gebaut haben und vor dem Hintergrund ihrer globalen Nachhaltigkeitsstrategie auch dort starke Zeichen der Energieeinsparung und des verantwortungsvollen Umgangs mit natürlichen Ressourcen setzen.

Die Stimmung in der Real Estate Branche hat sich seit einem Jahr deutlich aufgehellt. Ist Ihr Unternehmen auf der Suche nach neuen Geschäftsmodellen oder Marktsegmenten?

Unsere Kerngeschäfte bleiben bestehen. Aber das Thema der Nachhaltigkeit weitet sich neben dem Immobiliengeschäft auf all unsere Leistungssegmente aus. So haben wir z. B. Tools entwickelt, um Nachhaltigkeit von wirtschaftlichen Prozessen und Abläufen zu prüfen und zu verbessern, das sogenannte Supply Change Management. Die Nachhaltigkeit unseres gesamten Lebensumfeldes kommt in den nächsten Jahren auf den Prüfstand. Ein städtisches Gebäude steht nicht für sich allein, sondern ist eingebunden in ein sehr komplexes urbanes Umfeld. Daher unterstützen wir Kommunen und andere öffentliche Institutionen bei der Entwicklung von vernetzten Nachhaltigkeitsstrategien, die die Verbesserung und Zukunftssicherung unserer Umwelt fördern sollen.

Wie lautet Ihr Wunschszenario in Bezug auf Nachhaltigkeit?

Ich wünsche mir den deutlichen Ausbau der regenerativen Energien. Die Energie-Autarkität in Deutschland mit erneuerbaren Mitteln muss unbedingt vorangetrieben werden. Diesbezüglich haben wir in jüngster Vergangenheit leider einige Rückschläge erleben müssen. Was mir persönlich ein großes Unbehagen bereitet, ist die immer größer werdende wirtschaftliche Kluft in unserer globalen Gesellschaft. Hier wünsche ich mir, dass sich unser wachsendes Bewusstsein für die sensiblen Zusammenhänge unserer natürlichen Umwelt auch auf soziale Verknüpfungen und Notwendigkeiten unserer Gesellschaft überträgt.

„DAS IDEALE NACHHALTIGE SYSTEM BERÜCKSICHTIGT DEN KOMPLETTEN KREISLAUF!"

Markus Stebich

Markus Stebich (Jahrgang 1964) studierte Architektur
an der Cornell University in den USA. Nach beruflichen
Erfahrungen in Architekturbüros wie Barry Architects,
Schlempp & Fleckenstein, RKW Rhode Kellermann
Wawrowsky, Norman Foster, Henning Kreitz & Partner folgte
eine Stelle als Managing Associate im Innenarchitekturbüro
HBA Hirsch Bedner Associates im Büro in Dubai, danach
beim Hotelbetreiber Jumeirah Group. Markus Stebich ist
geschäftsführender Gesellschafter der Stebich Hospitality
Solutions International GmbH (SHS). Er ist in mehreren
internationalen Gremien und im Bereich Hotel- und Spa-
Projekte tätig in Abu Dhabi, Libanon, Saudi-Arabien,
Katar, Kuwait sowie als Mitglied der Advisory Council der
American University Dubai, dem Executive Committee von
APID (Association of Professional Interior Designers) in den
Vereinigten Arabischen Emiraten.

„DIE KRISE HAT GEZEIGT, DASS VOREILIGES, KURZFRISTIGES DENKEN FALSCH IST"

Wie lautet Ihre persönliche Nachhaltigkeits-Philosophie?

Nachhaltigkeit ist eine ernst zu nehmende Verantwortung, was nachfolgende Generationen betrifft. Sie setzt eine ganzheitliche Denkweise voraus, da überall Zusammenhänge existieren. Meine Design-Philosophie basiert auf dem Wissen, dass alles im Universum Energie ist. Auch Materie ist eine Form von Energie. Alle Formen von Energie sind miteinander verbunden, jeder ist Teil eines Ganzen. Das kennt man mittlerweile aus der Quantenphysik. Wenn man sich dessen nicht bewusst ist, geht einiges verloren. Alles, was wir tun, alles, was wir denken, hat Einfluss auf das, was um uns herum passiert. Das ideale nachhaltige System berücksichtigt den kompletten Kreislauf. Der Wasserkreislauf der Natur gibt uns das beste Beispiel. Er funktioniert und ist nachhaltig. Die Existenz eines solchen Kreislaufs – nicht nur in Bezug auf Wasser – ist uns meiner Meinung nach nicht richtig bewusst. Alles im Leben ist Wandel. Es gibt den Wandel in chemischer und physischer Hinsicht, bei den Menschen zusätzlich noch in mentaler. Nichts verschwindet, es verwandelt sich einfach. Deshalb ist das Wort „Verbrauch" für mich alles andere als passend, ich würde es am liebsten aus unserem Vokabular verbannen. Wir benutzen Sachen, nutzen sie ab, verwandeln sie, aber verbrauchen sie nicht. Es ist bedauerlich, dass es bei unserer modernen westlichen Denkweise und Kultur so lange dauert, um wieder auf die Grundsätze zurückzukommen, die in vielen Kulturen schon lange bekannt sind. Bereits Mitte des 18. Jahrhunderts wurde zur Zeit der Gründung der Vereinigten Staaten durch Benjamin Franklin die Nation der Irokesen zum Vorbild für die Entscheidungsfindung. Es waren ausschließlich gute Entscheidungen, die den nächsten sieben Generationen ganz und gar nicht geschadet haben.

Sehen Sie die Amerikaner als Vorreiter in der Nachhaltigkeits-Thematik?

Es gibt Bereiche, in denen sie Vorreiter sind, und solche, in denen sie hinterherhinken. Bei einem derartig großen Land mit mehr als 50 Staaten ist es unmöglich, ein einheitliches Bild zu skizzieren. Kalifornien hat aktuell mit neuen Gesetzen starke Signale gesetzt, Texas dagegen ist fast ein Schlusslicht in Sachen Umweltschutz und Nachhaltigkeit. Es gibt große Gegensätze in diesem Land.

Schauen wir nach China. Aspekte der Gewinnmaximierung scheinen dort eher im Fokus zu stehen. Wie sehen Sie das?

Das sehen wir von hier aus vielleicht nicht ganz richtig. Die chinesische Kultur ist eine der ältesten und einflussreichsten in der Welt, in vielen Hinsichten war sie über lange Zeit die fortschrittlichste. Die Chinesen haben sich vor 300 bis 400 Jahren zurückgezogen, das erklärt ihre Situation heute. China befand sich zufälligerweise am Tiefpunkt, als Europa sich zum Hochpunkt entwickelte und seine militärische Macht ausübte, um China auszubeuten. Hätte China dieses Tief nicht erlebt, würde die Welt heute ganz anders aussehen. Seit 5.000 Jahren herrscht in China ein Gesetz, das vorgibt, jeden Neubau mit einem Feng-Shui-Berater zu entwickeln. Ziel war dabei immer, die zur Verfügung stehenden Energien von Anbeginn in die Planung mit einzubeziehen.

Ist die chinesische Baukultur demzufolge besonders nachhaltig?

Die chinesische Baukultur war einmal sehr nachhaltig. Eine Kultur, die 5.000 Jahre überlebt, ist nachhaltig. Keine andere Kultur kann das von sich behaupten. Der Einfluss des Westens auf China innerhalb der letzten 100 Jahre war nicht unbedingt positiv. Durch diesen Einfluss sind die Chinesen von ihren

Grand Hyatt, West Bay, Doha, Katar
Die Innenarchitektur an diesem gigantischen Hotel ist eine kontemporäre Neuinterpretation der regionalen Kultur. Soweit wie möglich haben wir Naturmaterialien verwendet. Im 4-geschossigen Atrium wurde ein Garten angelegt, der das Raumklima positiv beeinflusst.

Riviera Hotel, Beirut, Libanon
Die Renovierung dieses aus den 50er Jahren stammenden Nobelhotels direkt am Mittelmeer lehnt sich stark an die Materialien der Zeit und an die Farben des Sonnenlichts am Mittelmeer. Schlicht, frisch, fröhlich und edel. Alle Materialien und Stoffe sind entweder Naturmaterialien oder recyclebar.

„CHINA ERZEUGT HEUTE MEHR SOLAR-ENERGIE ALS JEDES ANDERE LAND. CHINA IST DIESBEZÜGLICH VORREITER"

ursprünglichen Prinzipien abgekommen. In der Gegenwart werden sie aber wieder entdeckt. China erzeugt heute mehr Solar-Energie als jedes andere Land. Wenn man durch China reist, sieht man auf fast jedem Dach Warmwasser-Kollektoren oder Photovoltaik-Anlagen. China ist diesbezüglich Vorreiter. Die Chinesen sind fleißig. Sie schätzen Wissen und Ausbildung und investieren sehr viel in diese Bereiche. Es wird nicht lange dauern, dann steht China wieder dort, wo es sich einst befand.

Wie sehen Sie die Nachhaltigkeitsdiskussion in Deutschland?

Deutschland hat eine Tradition mittelständischer Familienunternehmen. Das allein ist schon eine Form der Nachhaltigkeit. Wenn man ein Privatunternehmen aufbaut, das man der nächsten Generation weitergeben möchte, denkt man automatisch an eine gewisse Form von Nachhaltigkeit. Die Deutschen sind auch durch den Zweiten Weltkrieg geprägt. Sie haben die Folgen davon, anders zu denken, kennengelernt. Das spiegelt sich auch in der Diskussion über Nachhaltigkeit wider. Derzeitig ist Nachhaltigkeit das Thema Nummer eins in Deutschland. Es wird sehr ernsthaft diskutiert und gründlich betrieben. Die Deutschen machen alles sehr gründlich, um dann führend zu sein. In Bereichen, die in Deutschland nicht bewusst betrachtet werden, gibt es so gut wie gar keine Entwicklung. Was Nachhaltigkeit in der Baubranche betrifft, muss man leider feststellen, dass die meisten nur das umsetzen, was sie vermarkten können und wozu sie per Gesetz gezwungen sind. Es bedarf einer guten politischen Führung, die erkennt, was nötig ist und allen Marktteilnehmern die gleichen Vorgaben setzt. Viele Unternehmen fürchten um ihre Wettbewerbsfähigkeit. Nachhaltigkeit wird in Deutschland noch zu sehr dem Einzelnen überlassen.

Das schnelle Geschäft scheint nach wie vor im Fokus vieler Investoren zu stehen. Was meinen Sie dazu?

Die Krise hat gezeigt, dass voreiliges, kurzfristiges Denken falsch ist. Die Firmen, die in der Krise überlebt haben und weitergekommen sind, waren nicht die, die auf das schnelle Geld gesetzt haben, sondern die, die auf Qualität gebaut haben. Qualität setzt sich immer durch. Der Mensch hat ein Verlangen nach Wertigkeit, er fühlt und hat Träume. Wertsachen und Kunst würden über Tausende von Jahren nicht die Bedeutung haben, wenn es da nicht irgendetwas in der Seele des Menschen gäbe, was sich nach Wertbeständigkeit und Nachhaltigkeit sehnt. Deshalb wird sich nachhaltiges Bestreben immer durchsetzen. Es ist angenehm, schnell etwas zu verdienen, aber nachhaltig ist es nicht.

Wie lautet Ihr Wunschszenario in Bezug auf Nachhaltigkeit?

Nachhaltigkeit ist nicht nur ein Thema für Produkte oder Materialien. Nachhaltigkeit ist eine Denkweise und auch ein Teil der sozialen Struktur. Für mich gibt es die drei Bereiche Ausbildung, Wirtschaft und Kultur, in denen man Nachhaltigkeit stärker in das Bewusstsein der Menschen bringen müsste. Man könnte beispielsweise Preise für Nachhaltigkeit etablieren, vergleichbar mit dem Nobelpreis. Das Thema Nachhaltigkeit käme dann intensiver ins Gespräch. Generell muss es eine höhere Wertstellung in unserer Gesellschaft und Kultur bekommen. Des Weiteren würde ich eine Gruppe von Personen zusammenstellen, die Bilanz zieht, was wir nachhaltig gestalten und was nicht. Das würde aufzeigen, wo wir stehen und wo wir hinwollen. Es ist immer schwierig, etwas zu erreichen, wenn man nicht weiß, wo man steht. Wenn diese Bilanz gezogen ist, sollten wir in den Bereichen Kultur, Sozialwesen, Ausbildung und Wirtschaft die Ziele setzen, die wir anstreben wollen.

Sind Sie zufrieden mit den Ergebnissen der letzten Weltklimakonferenz in Mexiko?

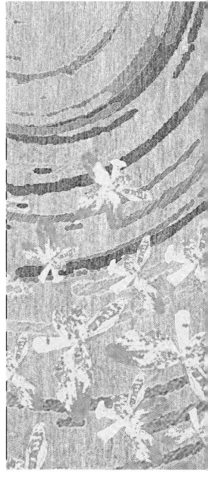

Kurhotel, Pamukkale, Türkei
Das Grundstück liegt am Rande von einem Naturschutzgebiet und in der Nähe von dem UNESCO Weltkulturerbe Pamukkale. Die Architektur lehnt sich an die historische Architektur der Region, die bis über 3.000 Jahre zurück reicht. So viele der Baumaterialien wie möglich sollen aus der näheren Umgebung stammen, vor allem der Travertin für die Fassaden. Das Spa hat ihre eigene heiße Mineralwasserquelle.

Teppichdesigns
Inspiriert von der Natur, aus Naturmaterialien: Wolle und Seide. Im Handtufted-Verfahren in Indien hergestellt.

Ich hatte gehofft, dass alle Länder endlich zusammenkommen, über ihre Schatten springen und nicht nur wieder an sich selbst denken. Wir alle teilen uns diesen Planeten. Wenn wir einen Teil der Erde beschädigen, beschädigen wir ihn für alle. Die politischen Machthaber haben zu wenig Willen gezeigt, diese Denkweise voranzutreiben. Der Fehler der Politiker ist, dass sie glauben, der intensivere Einsatz für die Nachhaltigkeit entmachtet. Es gibt ein schönes Buch, das einige positive Beispiele für nachhaltige Denkweisen offenbart. Es heißt „Good to Great" und ist eine Studie über Firmen, die sich über lange Zeit in einem durchschnittlichen Bereich positionierten. Plötzlich erreichten sie den Aufschwung und setzten sich nicht nur an die Spitze, sondern behielten diese Spitzenposition auch. Das Buch erklärt diesen Wandel durch eine nachhaltige Unternehmensphilosophie. Diese Firmen hatten nicht Visionäre an der Spitze, sondern Führungspersönlichkeiten, die den Mitarbeiter als Menschen betrachten und ihn an dem Erfolg partizipieren lassen.

Sie sind als Architekt international tätig. Wird von Ihren Bauherren, beispielsweise in Dubai, Nachhaltigkeit eingefordert?

Die Baugesetze in den Vereinigten Arabischen Emiraten und in Katar sind diesbezüglich inzwischen sehr streng. Es darf nichts mehr gebaut werden, was nicht ein bestimmtes Maß an LEED-Qualifizierung hat. Die Vorgaben in Bezug auf Energieeffizienz und Nachhaltigkeit steigen. Ein Vorreiterprojekt ist Masdar City, das als Labor dient, um zu sehen, was überhaupt machbar ist. Das wird nirgendwo sonst auf der Welt praktiziert. Solche Bestrebungen haben sich bei Bauherren inzwischen durchgesetzt. Einerseits, weil sie bestimmte Auflagen erfüllen müssen. und andererseits, weil sie sehen, dass man sich durch nachhaltige Maßnahmen vom Mittelmaß absetzen kann. Auch dort streben die Menschen danach, etwas Wertbeständiges zu erhalten. Qualität setzt sich also auch in diesen Ländern immer mehr durch. Als ich vor sieben Jahren nach Dubai kam, war die Denkweise noch anders. Ich war

gewohnt, Qualität immer und überall zum Thema zu machen. Das wollten zum damaligen Zeitpunkt die meisten Bauherren nicht hören. Es war nicht Thema in ihrer Kultur. Es wurde so billig wie möglich gebaut, es sei denn, man baute für sich selber. In dem Fall wurde auch damals auf Qualität gesetzt. Das hat sich nun über die Jahre durch Vorgaben der Regierung geändert, das Verständnis für Qualität ist jetzt überall anzutreffen.

Wie beurteilen Sie die Folgen des Klimawandels?

Die Meeresspiegel steigen um 10, 20 oder 30 Meter. Wenn das so weitergeht, wird es Massenwanderungen auslösen und viele Länder nicht mehr geben. Ein Großteil der Population der Welt lebt an den Küsten. Das Pentagon veröffentlichte in den letzten Jahren mehrere Berichte, die aufzeigten, dass die Kriege der Zukunft um Ressourcen wie Wasser und Rohstoffe geführt werden. Wir beobachten schon heute, dass Wüstenstaaten Agrarland in anderen Ländern aufkaufen, um ihre Lebens-

Stebich Hospitality Solutions GmbH

Adresse
Kaiser-Wilhelm-Ring 24
40545 Düsseldorf
Tel. 0211-5008020
Fax 0211-5080222

Bürogründung
2009 in Düsseldorf

Anzahl der Mitarbeiter
3

Fünf Referenzen
▦ Grand Hyatt Hotel, Doha (mit HBA), 2004-2009
▦ Riviera Hotel, Beirut, Libanon – Renovierung, 2010-2011
▦ Thermal Hotel, Pamukkale, Türkei, 2003
▦ Teppich Design Water Lilies für ICE, 2010
▦ Design-Möbel: Zensation-Serie für Silverplana, 2010

mittelproduktion zu sichern. In Abu Dhabi beispielsweise kommt das meiste Frischwasser aus Entsalzungsanlagen. Lediglich ein geringerer Teil wird noch aus Grundwasser und aus Wasser-Reservoiren in den Gebirgen gewonnen. Auch in Texas gibt es mehrere Entsalzungsanlagen, die wegen der Ölkatastrophe nicht mehr betrieben werden konnten. Dadurch ist ein Großteil der Wasserversorgung an den Küstengebieten eingestellt worden. Zum Glück verfügt Texas zur Sicherstellung der Wasserversorgung noch über Reservoirs und alternative Möglichkeiten. Die hat Abu Dhabi zum Beispiel nicht. Wenn durch Ölkatastrophen die Wasserversorgung einbricht, dann sind Abu Dhabi und andere Golfländer innerhalb von 48 Stunden nicht mehr überlebensfähig. Vor allem im Sommer bei 50 Grad geht dann nichts mehr. Die Konsequenzen vermag man sich nicht vorzustellen. Ein alternatives Szenario ist, dass der Salzgehalt im Meerwasser derart ansteigt, dass die Entsalzungsanlagen nicht mehr funktionieren und dadurch das Wasser nicht mehr zu

entsalzen ist. Es fehlen nur noch wenige Prozent an mehr Salzgehalt im Wasser und die Anlagen funktionieren nicht mehr. Man weiß, dass der Salzgehalt im Arabischen (Persischen) Golf in den letzten Jahren gestiegen ist und weiter steigen wird. Man arbeitet dort derzeitig an Alternativen zur Sicherung der Wasserressourcen und an Technologien, die den Wasserverbrauch verringern sollen.

Sie sind Geschäftsführer der Stebich Hospitality Solutions GmbH. Was müssen für die Zukunft konzipierte Hotels im Sinne der Nachhaltigkeit mehr leisten?

Es macht wenig Sinn, Hotels als Einzelfall zu betrachten. Hotels sind, wie alles andere, ein Teil eines gesamtwirtschaftlichen Systems. Hotelbetreiber sind Dienstleister, die in Bezug auf verwendete Produkte nur das einsetzen können, was von der Industrie angeboten wird. Interessant ist aber, dass die Hotelindustrie einer der größten Verbraucher

von Wasser ist. Es werden lediglich 10 bis 15 Prozent des Wasserverbrauchs direkt vom Gast verwendet. Der Rest wird in den Küchen, in den Pools, zur Reinigung, zur Kühlung und zur Bewässerung der Grünanlagen benutzt. Somit stellt sich die Frage, wie man diese 85 bis 90 Prozent des Wassers, das nicht direkt mit dem Gast in Verbindung steht, in einen effizienten Kreislauf bringt, damit es und die gesamte Energie wieder verwendbar ist.

„NACHHALTIGKEIT FORDERT EINE ZEITGEMÄSSE AKTUELLE EHRLICHKEIT"

Jan Störmer

Jan Störmer (Jahrgang 1942) studierte von 1960 bis 1962 Ingenieurswissenschaften in Bremen. Daran schloss sich ein Studienaufenthalt an der Technischen Universität Delft an. Architektur studierte er von 1965 bis 1969 an der Hochschule für Bildende Künste in Hamburg. 1970 gründete Jan Störmer die Hamburg Design GmbH für Architektur und Industrie Graphic Design. 1992 kam es zu einer zehnjährigen Partnerschaft mit Alsop & Störmer Architects mit Büros in Hamburg, London sowie Moskau. Im Jahr 2000 eröffnete er in Hamburg das eigenständige Büro Jan Störmer Architekten. Später stießen mit Holger Jaedicke und Martin Murphy weitere Partner dazu. Die Projekte von Störmer Murphy and Partners sind auf nachhaltiges und ressourcenschonendes Bauen ausgerichtet.

„BEI JEDEM PROJEKT IST DAS THEMA NACHHALTIGKEIT EIN UNGLAUBLICH WICHTIGES GEWORDEN"

Auf der Internetseite Ihres Architekturbüros schreiben Sie: „Die Architektur unseres Büros basiert auf der ständigen Auseinandersetzung mit den Bedingungen einer sich wandelnden Umwelt." Was bedeutet dies für Ihren täglichen Planungsprozess?

Der Planungsprozess ist direkt mit den sich laufend verändernden Rahmenbedingungen verbunden. Sie werden durch Gesetze, durch die Verknappung von Ressourcen, durch die eingeforderte Energieeinsparung usw. bestimmt. Wir als Architekten müssen uns diesen veränderten Bedingungen regelmäßig anpassen. Grundsätzlich ist es so, dass wir heute nicht in einer Architekturepoche leben, die uns, wie in der Renaissance oder in der Gotik, etwas vorgibt. Wir sind heute frei in der Gestaltung und darin liegt die Disziplin, sie ist das, was uns regelt. Es gibt Architekten, die ihre Form durchziehen und ihre Architektur als Statement unbeachtet der Umgebung platzieren. Das kann als Skulptur wichtig und auch fördernd sein, ob es immer der Aufgabe selbst direkt zugeordnet werden kann, ist die Frage. Das müssen andere beantworten. Dann gibt es Architekten, zu denen ich heute eher gehöre, die ihren Egoismus nicht in den Vordergrund schieben, sondern als Ziel haben, unserer Umwelt einen Beitrag zu leisten und zu einem gesellschaftlichen Bestand beizutragen. Bei mir wird es in der Architektur immer ernsthafter und ruhiger, das liegt vielleicht auch am Alter und an der verstehenden Vernunft der vielen in der Welt existierenden Probleme. Im Übrigen kann Architektur auch Freiraum für skulpturale Dinge schaffen und muss nicht immer selbst Skulptur darstellen.

Auf was sind Sie in Ihrem Bestreben um Nachhaltigkeit besonders stolz?

Ich kann keines meiner Projekte besonders hervorheben. Wir sind in Bezug auf Nachhaltigkeit von all unseren Bauherren stark gefordert. Bei jedem Projekt ist dieses Thema ein unglaublich wichtiges geworden. Wir müssen uns plötzlich als Anwälte für Nachhaltigkeit verstehen und unseren Bauherren klarmachen, dass Nachhaltigkeit zunächst circa 10 Prozent mehr kostet. Diese Überzeugungsarbeit bringen wir in all unseren Projekten mit ein. Wir sind praktisch durch die neue EnEV-Verordnung gezwungen, nachhaltig zu bauen und zu denken. Jeder scheint das allerdings in seiner Weise ein wenig anders zu interpretieren. Man wundert sich manchmal, dass Projekte als besonders nachhaltig prämiert werden, obgleich Energie ohne Ende verbraucht wird. Hier in Hamburg gibt es zwei bis drei Gebäude, die als besonders nachhaltig bezeichnet werden und von denen ich weiß, dass Leute reihenweise ausziehen, weil sie es dort vor schlechter Luft und Wärme nicht aushalten. Das ist eine Lüge hoch fünf, die da teilweise gefahren wird.

Was ist Ihre persönliche Definition von Nachhaltigkeit?

Ehrlichkeit ist dabei das wichtigste Thema und sie spiegelt sich in den verwendeten Materialien wider. Wie entstehen Materialien, wie werden sie in das Gebäude gebracht, wie werden sie recycelt, welche Lebensdauer haben sie, wo werden sie hergestellt? Wenn ich über Holz rede, dann brauche ich in Bezug auf Nachhaltigkeit nicht lange zu überlegen. Im Allgemeinen ist der Markt brutal. Das ist wie in der Medizin. Gehen Sie doch einmal in die Apotheke, was ist denn da ehrlich? Das ist doch bei uns in der Branche genauso. Wir werden mit Angeboten überschüttet und müssen erst einmal herausfiltern, was ehrlich und was unsauber ist. Ich habe in meinem Büro einen Spezialisten, der Zertifikate erstellen kann, also die Qualifikation einer Beurteilung mitbringt. Diese Leistung bieten wir unseren Bauherren auch an, bekommen aber nicht immer den Auftrag dafür. Es gibt andere Büros, die sehen darin das große Geschäft und bieten nur diese Leistung an. Das ist ja auch in Ordnung.

Ist die Nachhaltigkeitsdiskussion in Deutschland in ihrer Qualität und Intensität zufriedenstellend für Sie?

Der Begriff Nachhaltigkeit wird werbetechnisch sehr schnell vermischt und verdreht oder als Verkaufsargument missbraucht. Nachhaltigkeit ist eine ganz ernsthafte Geschichte. Natürlich mag keiner den Begriff mehr hören, geschweige denn darüber reden. Nachhaltigkeit fordert eine zeitgemäße aktuelle Ehrlichkeit. Die muss jeder mit sich selber ausmachen. Das ist fast ein moralisches Thema. Energie und Nachhaltigkeit gehören zusammen. Wie geht man in der Zukunft mit uns und all den Dingen sowie mit der Ehrlichkeit der Architektur um? Gibt es überhaupt wieder eine Architektur, die vielleicht tatsächlich irgendwann 200 Jahre alt wird und den Wert auch hat? Nicht wie die Gebäude der 60er-/70er-Jahre, die schon zum großen Teil wieder abgerissen werden. Es gibt Bauherren, die intelligent sind und etwas von Nachhaltigkeit verstehen wollen. Für Kühne & Nagel haben wir hier in Hamburg die Hauptverwaltung gebaut. Herr Kühne versteht, was Nachhaltigkeit für sein Unternehmen bedeutet. Er denkt bestimmt über einen Horizont von 20 bis 50 Jahren nach. Sein Gebäude ist anfänglich durch Einsatz nachhaltiger Materialien und Systeme vielleicht 10 Prozent teurer, aber er hat verstanden, dass diese Mehrkosten wieder reingeholt werden. Danach kann er sogar daran verdienen. Wenn ich dagegen mit einem Projektentwickler rede, der ein tolles Grundstück gefunden hat und es bebauen will, ist die Bereitschaft für anfängliche Mehrkosten oftmals nicht gegeben. Deren Ziel ist die kurzfristige Veräußerung. Durch die EnEV, die die Grundbasis der Nachhaltigkeit ist, ist man der Situation vielleicht besser gewachsen, indem keine Genehmigungen bei Nichteinhaltung der Verordnung erteilt werden. Aber die Grauzone des Schummelns wird es weiterhin geben. Alle diejenigen, die unsere Zeit als schnelles Investment und schnellen Gewinn sehen, die lediglich den schnellen Verkauf und Gewinn als Ziel haben, sollten verurteilt werden. Das kurzfristige Denken ist verantwortungslos in der Gesellschaft und in Bezug auf unsere energiepolitischen Fragen.

DKV

Die Stärke des Projektes liegt in der Auflösung der Masse. 80.000 m² werden in drei sich stark voneinander unterscheidenden Gebäuden aufgelöst. Zusammen bilden diese eine Bürolandschaft, in der jeder seinen Arbeitsplatz findet. Diese Individualität der einzelnen Bausteine setzt sich im Inneren fort durch Materialien, Farben und einer Vielfalt hochwertiger Kunst.

Stefan Schilling

„DER BEGRIFF NACHHALTIGKEIT WIRD WERBETECHNISCH SEHR SCHNELL VERMISCHT UND VERDREHT ODER ALS VERKAUFSARGUMENT MISSBRAUCHT"

Wie lauten Ihre Wunschszenarien für eine bessere nachhaltige Welt?

Ich würde mir wünschen, dass die Wissenschaft Elemente unter dem Aspekt der Selbstversorgung entwickelt, sozusagen die Möglichkeit schafft, Energie nicht ausschließlich in der großen Gesellschaft zu produzieren. Eigentlich sind wir intelligent genug, den Energiebedarf der Erde mit der Sonne und den Recyclings innerhalb von kleinen Einheiten zu lösen, damit man den großen Verbund etwas lockerer macht und sich von der Abhängigkeit verabschieden kann. Wir machen gerade für die B. Braun AG in Melsungen ein schönes Projekt, das sich energietechnisch selbst versorgt. Losgelöst zu sein von der Abhängigkeit innerhalb der großen Netze, das ist für mich nachhaltig. Solange wir nicht autark sind und an diesen großen Verbundnetzen hängen, haben wir ein Problem und sind auch finanziell immer in diesen großen Netzen im Verbund gefangen. Da könnte die gebaute Umwelt etwas zur Lösung beitragen. Ich könnte mir auch vorstellen, dass eine andere Art von Nachhaltigkeit entsteht, indem wir über natürliche Materialien nachdenken, die die Erde uns bereitstellt, und diesbezüglich Pflichten bekommen. Aber hier arbeitet die chemische Industrie gegen an. Das sind globalisierte Fronten, keine lokalen Themen.

Unternehmen und Immobilien differenzieren sich heute mit DGNB-Siegeln, LEED und anderen Auszeichnungen. Wie viel Prozent ist Ihrer Meinung nach echt, wie viel Marketing in der ganzen Diskussion?

Wenn Sie nach einer Prozentzahl fragen, dann würde ich sagen, dass 10 bis 15 Prozent echt sind und der Rest Lüge ist. Diese Zertifikate sind ein Marketingding hoch fünf. Ich bin mir ganz sicher, dass sich dieser Prozentsatz irgendwann in Richtung 50:50 verschieben wird, da die europäischen Regeln hart sind. Nur wir Deutschen halten uns daran, wir nehmen das Thema Nachhaltigkeit relativ ernst. Die guten Büros mit Sicherheit. Wie gesagt, Ehrlichkeit spielt in allem eine riesige Rolle und das müssen viele noch verstehen.

Inwiefern müssten wir uns mit der Ressource Wasser beschäftigen?

Es gibt Gründe, sich mit Wasser zu beschäftigen, weil Klima und Wetter sich ändern, und das schlägt sich wiederum auch auf unsere Architektur nieder. Ich glaube, die Wassermenge hat sich geschichtlich gesehen nicht verändert. Dass man die Flüsse allerdings kanalisiert und dafür gesorgt hat, dass das Wasser nicht mehr den normalen Entspannungsfluss haben kann, wie es vielleicht notwendig wäre, ist ein selbstgemachtes Problem. Das Wasser, das vom Himmel fällt, ist nicht mehr als früher, aber es kommt in konzentrierteren Mengen, sodass dezentrale Auffangbecken für Entspannung sorgen müssen. Das merken wir jetzt an vielen Stellen. Schauen wir uns die gesamte Abwasserproblematik an! Für WC-Spülungen braucht man kein keimfreies recyceltes Wasser. Dafür kann man das Wasser nehmen, das vom Himmel fällt. Das Wasser in der Erde ist für uns interessant, weil es energietechnisch über Wärmetauscher benutzt werden kann. Für mich ist es nach wie vor unverständlich, dass es für unsere weit fortgeschrittene Wissenschaft so schwierig ist, im großen Stil das Meer zu nutzen. Ich habe das Gefühl, dass daran zu wenig gedacht und dafür zu wenig getan wird. Das wird auf uns zukommen, weil das Transportieren von Wasser in den Mengen, wie es in Afrika oder in anderen bedürftigen Ländern gebraucht wird, mit den heutigen Methoden unmöglich ist. Es muss ein Netz von Pipelines geschaffen werden, die von Entsalzungsanlagen gespeist werden. Dem Meer klauen wir damit nichts, 75 Prozent der Fläche der Erde sind Wasser.

Hätten Sie einen Lösungsvorschlag?

Es müsste eine zweite Wasser-UNO geschaffen werden, die weltweit operiert. Schließlich ist Wasser ein Grundnahrungsmittel. Es ist doch interessant, dass wir eine Pipeline für Gas und Öl durch die Ostsee legen

Störmer Murphy and Partners

Adresse
Michaelisbrücke 1
20459 Hamburg
Tel. 040-369737-0
Fax 040-369737-37

Bürogründung
1990 in Hamburg

Anzahl der Mitarbeiter
25

Fünf Referenzen
▓ Bürogebäude Bankhaus Wölbern, HafenCity Hamburg, 2005
▓ Hauptverwaltung Spedition Kühne & Nagel,
  HafenCity Hamburg, 2006
▓ Hochhausensemble Berliner Tor Center, Hamburg, 2004
▓ Hotel SIDE, Hamburg, 2001
▓ Tagungshotel Kloster Haydau, Morschen, 2012

können, aber niemand denkt an eine Wasserpipeline nach und in Afrika. Wir haben eigentlich genug Wasser auf der Erde, können nur mit der Verteilung nicht umgehen. Grundsätzlich kann ich mir eine Lösung ausschließlich über das Meer vorstellen, indem wir dem Wasser das Salz entziehen. Das halte ich für eine Riesenaufgabe.

Ihr persönliches Credo zum Thema Nachhaltigkeit ?

Mein Credo ist: Ich trinke in jedem Restaurant nur Leitungswasser.

Sandtorkai
Dieses Gebäude zeigt eine große Kraft durch die schweren Betonelemente, die die Nord- und Ostfassade zu der alten Speicherstadt bilden, aber die Farbe der Backsteine aufnehmen. Die Süd-Westfassade öffnet sich gläsern zum Hafen. Im Hochwassersockel ist ein hochwassergesichertes Restaurant.

Petra Steiner

„EINE HUMANE UMGEBUNG IST NACHHALTIG!"

Sergei Tchoban

Sergei Tchoban (Jahrgang 1962) studierte von 1980 bis
1986 an der Akademie der Künste St. Petersburg und erhielt
sein Diplom im Fachbereich Architektur. Von 1986 bis 1990
arbeitete er als Dipl.-Ing. Architekt in Russland (seit 1989 als
Freier Architekt). Von 1992 bis 1995 war er im Büro Nietz
Prasch Sigl Architekten BDA, Hamburg, tätig. Seit 1995 ist
er Partner bei nps tchoban voss Architekten BDA Hamburg,
Berlin, Dresden. Das Berliner Büro wird von ihm geführt.
2006 Gründung des Architekturbüros SPEECH Tchoban
Kuznetsov, Moskau. Seit 2009 existiert die Sergei Tchoban
Foundation Museum für Architekturzeichnung, Berlin.
Tschoban ist Mitglied der American Society of Architectural
Illustrators (ASAI). Zu seinen bekanntesten Projekten der
Gegenwart gehören das Cityquartier „DomAquarée", Berlin,
und der Federation Tower, Moskau.

„WASSER IST IM STÄDTEBAU UND IN DER LEBENSQUALITÄT DES MENSCHEN EIN UNGLAUBLICH WICHTIGES MITTEL"

Im Westen gelten Sie als russischer Architekt, in Russland als westlicher. Wie kommen Sie damit klar, Dinge immer von zwei Warten aus zu betrachten?

Es ist sogar sehr anregend, wenn man von der einen Seite zur anderen wechselt, weil ich finde, Architektur darf nicht uniform sein. Sie muss sich intensiv mit dem Ort auseinandersetzen und sehr stark in den Dialog treten. Sicherlich hat so ein Ort wie Berlin oder insgesamt die deutschen Städte einen anderen kulturellen Hintergrund als die russischen. Bei den Häusern, die ich für Russland entwickle, versuche ich sehr stark auf die russische Bautradition einzugehen. Aber, unabhängig wo immer ich auch baue, beziehe ich die Umgebung mit ein. Der Bau muss zum jeweiligen Ort passen. Ich empfinde es als sehr erfrischend, an verschiedenen Orten tätig zu sein. Die Wahrnehmung des Gebäudes, das Licht und das Klima, also die Natur, die ein Haus umgibt, ist völlig unterschiedlich in Russland und Deutschland. Russland liegt ja wesentlich nördlicher. Man muss in Bezug auf die Fassade und das Haus insgesamt die dortigen extremeren Naturverhältnisse ganz anders beachten.

Sehen Sie sich als Pionier für nachhaltige Architektur? Was hat sich im Nachhaltigkeitsdenken Ihrer früheren Projekte zu heute verändert?

Ich sehe mich keinesfalls als Pionier der Nachhaltigkeitsarchitektur. Natürlich denke ich über Nachhaltigkeit nach und frage mich, weshalb die Häuser, die vor 100 bzw. 200 Jahren gebaut wurden und sehr starken Zerstörungseinflüssen unterworfen worden sind, trotzdem ihre Substanz mit Würde beibehalten. Die modernen Häuser und Fassaden altern sehr viel schneller. Aus den 50er-, 60er-Jahren finden wir kaum ein Haus, das mit Würde gealtert ist. Einerseits ist natürlich die einfache, massive Bauweise, aus der die Häuser früher

gebaut worden sind, schon sehr beständig in sich, vielleicht nicht so sparsam vom Flächenverbrauch, aber sehr alterungswürdig. Das ist heute nicht mehr der Fall. Andererseits ist da auch die Gestaltung der Oberfläche, die eben auch gut altern kann. Das Gebäude ist ein Denkmal seiner Zeit. Darin liegt auch die Potenz, nachhaltig zu sein, als Substanz mit Würde zu altern. Auf der Architektur-Biennale in Venedig habe ich in diesem Jahr den russischen Pavillon kuratiert. Unsere Aufgabe war es, eine alte, aussterbende Stadt zwischen Moskau und St. Petersburg, namens Wyschnij Wolotschok, wieder zu beleben, indem wir ihre verlassene Substanz mit neuen Funktionen besetzen sollten. Teilweise enthält diese Substanz wunderschöne Häuser vom Ende des 18. Jahrhunderts, die trotz dessen, dass sie verlassen wurden, mehr Würde ausstrahlen als ein vor 30 Jahren erstellter Neubau. Wir müssen in der Architektur neue Möglichkeiten finden, mit Materialien, mit Oberflächen so umzugehen, dass unsere Häuser auch mental, also nicht nur physisch langsamer altern und nachhaltiger sind.

Hätten Sie als Architekt in punkto Nachhaltigkeit lieber vor 200 Jahren gelebt?

Nachhaltigkeit bedeutet für mich, ein Haus zu bauen, das in mindestens 50, besser noch in 100 Jahren steht. Als ich damals anfänglich Kunst studierte, habe ich mir die Frage gestellt, warum ich zur Architektur wechseln sollte. Architektur ist für mich Teil der Kunst, in gewisser Weise angewandte Kunst. Ein Haus zu bauen, das einen selbst überlebt, ist für mich ein Beitrag zur Nachhaltigkeit. Vor diesem Hintergrund ist es egal, wann man lebt. Ob vor 200 Jahren, wo der Anspruch zum nachhaltigen Bauen bestand, oder heute, wo dieser Anspruch auch noch existiert. Einzelne Stimmen unterbrechen diesen Anspruch, indem sie behaupten, Architektur könnte auch temporär sein, indem

DomAquarée, Berlin
Das DomAquarée in Berlin ist ein neues Quartier, in dem auch die inneren Räume, wie die der Aquarium-Halle, zu neuen Stadträumen geworden sind.

Anke Müllerklein

„DER EINZIGE ENTWICKLUNGSWEG FÜR EINEN ARCHITEKTEN IST, SICH NICHT DEN TRENDS ZU UNTERWERFEN"

sie kurzfristig erscheint, um dann wieder zu verschwinden. In Anbetracht der vielen Probleme, die wir als Architekten lösen müssen, zum Beispiel die Tragwerksplanung und die Gebäudeausrüstung, die immer komplexer werden, finde ich es eine vernichtende Aufgabe, ein Haus für 20 Jahre zu bauen, auch wenn es wirtschaftlich gesehen abgeschrieben ist. Temporäres Bauen ist ständige Substanzvernichtung und damit auch Energieverschwendung, indem man immer wieder von Neuem beginnt und immer wieder die Ergebnisse dabei vernichtet. Wenn dem grundsätzlich so wäre und dies gefordert werden würde, hätte ich mich nämlich mit viel mehr Interesse der Film- oder der Theaterarchitektur gewidmet, die von der Substanz her temporär sind. Die Architektur hat im Gegensatz zu diesen temporären, sicherlich wertvollen Erscheinungen der Film- und Theaterwelt ganz andere Funktionen. Sie hat die Aufgabe, die kulturelle Schicht einer Stadt auszubilden und dadurch am Gesicht der Stadt ablesbar zu machen, wie sich diese Stadt entwickelt hat.

Über 80 Prozent der Bevölkerung identifizieren sich mit den Zielen und Inhalten einer nachhaltigen Entwicklung, doch weniger als 20 Prozent können mit dem Begriff der Nachhaltigkeit auch konkrete Vorstellungen verbinden. Sind öffentliche Aufklärungskampagnen notwendig?

Für mich ist etwas nachhaltig, wenn man in dem Bau gesünder lebt und wenn er länger hält. Aber selbst ich als Architekt habe nicht gleich eine Vorstellung entwickelt, was mir in der Architektur wichtig ist. Man wird von vielen Moden und vielen Trends mitgerissen und dann steht eine modische Geste häufig über der Sinnfälligkeit. Es geht ja nicht nur um physisches, sondern um moralisches Altern. So komme ich zu den Menschen, sie stimmen immer mit den Füßen ab. Die nachhaltigen Städte, zum Beispiel wie Venedig, die nachhaltig schön sind und das

trotz der atmosphärischen Angriffe, haben eine nachhaltige Bausubstanz. Venedig ist eine Stadt, die trotz der Gefahr abzusinken, gebaut wurde. Trotz der großen Gefahren lebt diese Stadt durch die elegante, sehr sinnig gewählte Bausubstanz. Die Menschen stimmen sie mit ihren Füßen ab, indem sie als Touristen dorthin kommen. Wenn Sie die Leute nach der Nachhaltigkeit dieser Stadt befragen würden, ist zwischen dem Begriff Nachhaltigkeit und ihrem Drang, so eine Stadt zu besuchen, etwas Äquivalentes. Die Touristen würden Ihnen antworten, es ist einfach interessant und schön, diese Stadt zu erleben. Im Endeffekt sagen sie Ihnen damit, dass sie für Nachhaltigkeit stimmen. Diese Stadt ist 500 Jahre alt und damit verdammt nachhaltig. Insofern kann ich mir nicht vorstellen, dass ein Mensch überhaupt nichts zu dieser Fragestellung sagen würde. Im Gegenteil, alle sagen so ziemlich das Gleiche. Jeder stellt sich irgendwann die Frage, wofür liebe ich diese Stadt, was empfinde ich als eine schöne und was als hässliche Umgebung. In dem Moment, wo man sich diese Antworten selbst gibt, begegnet man auch der Frage nach Nachhaltigkeit. Eine humane Umgebung ist nachhaltig, eine antihumane keinesfalls. Die Räume, die sich vom Menschen nicht erfassen und nicht beleben lassen, sind nicht nachhaltig, egal aus welchen tollen Materialien sie erbaut worden sind. Ebenso Häuser, die vielleicht mit dem tollsten Material verkleidet sind, aber durch die Ausbildung der Details, durch das Verhältnis der Oberflächen zu viel Energie nach außen dringen lassen und zu wenig Energie drinnen halten können. Oder Gebäude, die durch eine bestimmte Art der Ausbildung von Details das Altern der Oberfläche zu stark beschleunigen. Diese Häuser werden hässlich und die Leute wenden sich ab. In dem Moment haben sie wiederum für Nachhaltigkeit gestimmt. Ich denke, so ziemlich alle Menschen haben einen Geschmack für Nachhaltigkeit. In Russland sieht es genauso aus.

Cubix-Kino, Berlin
Der von den Ebenen des Foyers des Cubix-Kinos in Berlin mögliche Wechsel der Ausblicke auf die Stadt ist vielleicht das aufregendste Filmband in diesem Gebäude.

Bebauung Europaufer St. Petersburg
Das Europaufer ist der zentralste neue Stadtteil von St. Petersburg, in dem die Räume der europäischen Stadt von den zeitgenössischen europäischen Architekten differenziert gestaltet werden.

„NACHHALTIGKEIT IST AUCH RESPEKT VOR DER VERGANGENHEIT"

Wie stolz sind die Bewohner von St. Petersburg auf ihre Stadt! Wie stark ist zurzeit die Gegenbewegung gegen den Abriss von alten Denkmälern in Moskau, wo eine Zeit lang schon ganz stark „rekonstruiert" wurde. Jetzt ist die Bewegung so stark, dass man ein Haus, das man möglicherweise hier in Deutschland oder anderswo abreißen würde, überhaupt nicht abreißen kann. Der Widerstand der Bevölkerung gegen den Abriss von Baudenkmälern ist ein Widerstand pro städtebauliche Nachhaltigkeit. Es geht um nachhaltige Stadtstruktur, nicht darum, alles jede 50 Jahre infrage zu stellen und zu vernichten.

Nachhaltigkeit war schon im Mittelalter Leitbild und galt als weitgehend akzeptierte gesellschaftliche Handlungsmaxime für Vertrauen. Hat sich der Wert der Dinge ohne Chance auf Umkehr verändert?

Ich denke, so ein Wechsel kann aus vielen Gründen nur schwer zur Chance führen. Dadurch, dass der Bau immer kurzlebiger geworden ist, ist viel Handwerk verloren gegangen. Das heutige Handwerk ergeht nur aus Etablierung. Die keramischen Fassaden sind wiederbelebt worden, weil die alten Gewerbehöfe restauriert werden mussten. In St. Petersburg war es genau dasselbe. Die besten Handwerker sind aus der Restauration der zerstörten Paläste entstanden. Sie mussten mit Holz, mit Schmiedeeisen, mit unterschiedlichen Gewerken so umgehen, wie man früher damit umging. Dadurch haben sie gelernt. Es ist eine vernichtende Kritik für die moderne Architektur, also für uns, dass die Handwerker nicht an unseren Häusern wachsen, wie es vor 200 Jahren der Fall war. Sie wachsen an der Restaurierung der alten Häuser.

Wasser ist Leben. Das Ecologic Institute hat das Wassereinsparungspotenzial Europas bis 2030 analysiert. Gibt es Ihrer Meinung nach große Wassereinsparungspotenziale in unserer ökologischen Umgebung?

Durch das Kontrollieren des Wasserverbrauchs ist vieles möglich. Angefangen von der mentalen Einstellung zum Wasser, dass es nicht einfach nur ein Mittel ist, was im wahrsten Sinne des Wortes fließen darf. Es benötigt noch viele Anstrengungen, den Menschen einzuprägen, dass es eines großen Energieaufwandes bedarf, Wasser überhaupt nutz- und trinkbar zu machen. Wasser ist im Städtebau und in der Lebensqualität ein unglaubliches Mittel. Wir müssen lernen, mit dieser wertvoller Ressource bewusst umzugehen, nicht nur innerhalb des Haushaltes, sondern innerhalb der ökologischen Umgebung. Wenn wir mit Wasser weiter leben wollen, dann sollten wir daran denken, wie wir mit Wasser als Naturelement, mit Seen, Flüssen usw. bewusster und sensibler umgehen. Ich meine das Leben am Wasser. Wasser hatte ja im Städtebau schon immer einen wahnsinnigen

nps tchoban voss Architeken GmbH & Co. KG
Architektur und Städtebau

Adresse
Rosenthaler Straße 40/41
10178 Berlin
Tel. 030-2839200
Fax 030-283920200

Bürogründung
1995 in Berlin

Anzahl der Mitarbeiter
in Berlin 45, insgesamt 110

Fünf Referenzen
▦ DomAquarée, Berlin, 2004
▦ Cubix-Kino, Berlin, 2001
▦ Jüdisches Familien- und Kulturzentrum
   Chabad Lubawitsch, Berlin, 2011
▦ Federation Tower Moskau, 2012 Fertigstellung
▦ Bebauung Europaufer St. Petersburg, 2016 Fertigstellung

Stellenwert. Das Verhältnis von einer Stadt oder von den Bauten zum Wasser ist auch ein Thema. Wenn wir unsere Wasserbestände nicht sauber, nicht lebenswürdig halten, dann kann natürlich auch eine Stadt in der Lebensqualität sehr stark beeinflusst werden.

Welches Ihrer realisierten Bauvorhaben erfüllt Sie mit besonderem Stolz? Konnten Sie Ihre selbst gesetzten Nachhaltigkeitsprinzipien, konsequent durchsetzen?

Ich versuche, immer konsequent etwas durchzusetzen, aber ein gelebtes Leben ist immer ein Kompromiss. Ich habe im Moment ein Vorhaben, wo ich tatsächlich versucht habe, meine Vorstellung von kultureller, seelischer und moralischer Nachhaltigkeit in eine Fassadensprache, in eine Gebäudesprache zu gießen. Das ist ein Wohngebäude in Moskau an der Granatnij-Gasse. Dieses Haus verbindet eine moderne Sprache der Gebäudeform, was

heute sicherlich zurückhaltender ist als vor 300 Jahren, mit einer reichhaltigen Oberfläche. Ich glaube, dass dieses Haus auch in 50-60 Jahren noch nicht abgerissen wird. Es ist das erste Haus, bei dem ich von dem Bauherrn höre, dass die Menschen extra kommen, um es sich anzuschauen. In vielen Bereichen ist für mich die Nachhaltigkeit auch der Respekt vor der Vergangenheit und dem Bewahren dieser Vergangenheit. Ich habe deswegen die gemeinnützige Stiftung „Museum für Architekturzeichnung" gegründet. Das entspringt meiner langen Leidenschaft als Zeichner und Sammler. Dafür habe ich einige Partner gewinnen können. Ich habe sie in die Welt des Zeichnens und die Welt der Architekturgrafik eingeführt. Ich sammle sehr kleine wertvolle Zeichnungen. Auch wenn sie in einem fast nicht mehr haltbaren Zustand sind, versuche ich, sie aus wirklich kleinen Stücken mithilfe der Restauratoren zusammen zu setzen und somit am Leben zu erhalten. Diese Sammlung

werde ich ausstellen und dafür, sowie für viele Gastausstellungen, wird ein kleines Museum gebaut, das wenig Raum umfasst. Es wird in Berlin, am Pfefferberg stehen, ich entwerfe es gerade. Das ist mein Beitrag zur Nachhaltigkeit, zur Aufbewahrung einer historischen und einer kulturellen Schicht. Ich versuche hiermit, Teile der Vergangenheit zu bewahren. Das gehört für mich zur Nachhaltigkeit des Weiterlebens. Ich denke, dass es der einzige Entwicklungsweg für einen Architekten ist, sich nicht ständig den Trends unter werfen zu lassen. Mein Ziel ist es, zu mir selbst zu kommen und nicht, mich von mir selbst zu entfernen.

„WIR VERSUCHEN, RENDITE UND NACHHALTIGKEIT IN EINKLANG ZU BRINGEN"

Andreas Völker

Andreas Völker (Jahrgang 1965) studierte Wirtschafts-
geografie und Volkswirtschaftslehre an der Universität
Hamburg sowie Städtebau/Stadtplanung an der Technischen
Universität (TU) Hamburg-Harburg. Seit 1996 ist er bei BNP
Paribas Real Estate Consult, vormals Müller Consult bzw.
Atisreal Consult, tätig. Seit 2004 ist er Geschäftsführer. Das
global agierende Unternehmen BNP Paribas Real Estate hat
3.500 Mitarbeiter und ist Tochter des Finanzkonzerns BNP
Paribas, der weltweit etwa 200.000 Mitarbeiter beschäftigt.
Aktuelle Projekte sind die Beratung eines international
tätigen Immobilieneigentümers bei der nachhaltigen
Ausrichtung der Immobilienstrategie sowie die Beratung
zahlreicher Investoren bei ihrer Immobilien-Anlagestrategie.
Auch im Geschäftsbereich Bewertung gewinnt das Thema
Green Building an Bedeutung. Das Unternehmen ist Mitglied
der Deutschen Gesellschaft für Nachhaltiges Bauen (DGNB).

„ES GEHT UM EINEN GANZHEITLICHEN ANSATZ, DER SICH NICHT NUR AUF DIE ÖKONOMISCHEN UND ÖKOLOGISCHEN ASPEKTE BEZIEHT"

Inwieweit hat sich Ihre Philosophie bezüglich Nachhaltigkeit seit der Firmengründung 1958 geändert?

Unsere Firmenphilosophie hinsichtlich Nachhaltigkeit hat sich kaum geändert. Nur wird unter dem Begriff heute natürlich etwas völlig anderes verstanden als vor 20 oder 30 Jahren. Die langfristige Orientierung ist als wesentliches Element unseres Geschäftsmodells geblieben, und das passt zu Immobilien. In den letzten Jahren sind weitere Erkenntnisse im ökologischen und ökonomischen Bereich hinzugekommen. Es begann erst mit dem Thema Energieeinsparung infolge des Anstiegs der Nebenkosten. Somit stand Energie-Contracting im Fokus unserer Kollegen im Property Management. Ziel war, die Energie- und Bewirtschaftungskosten zu senken und die Liberalisierung des Energiemarktes zu nutzen. Die ersten Ansätze für „grüne Gebäude" waren noch eher monokausal. Es ging oft nur um eine bessere Dämmung. In den letzten Jahren ist das Thema wesentlich komplexer geworden. Die Bemühungen der DGNB, hier ein Zertifizierungssystem in Deutschland aufzusetzen, tun ein Übriges. Dieser Ansatz geht weit über die Betrachtung der reinen Energiekosten hinaus. Es geht um eine ganzheitliche Sicht der Immobilie, die sich nicht nur auf ökonomische Aspekte bezieht. Bereits vor fünf bis sechs Jahren hatten wir die ersten Nachfragen aus dem Ausland. Im anglo-amerikanischen Raum gab es zu dieser Zeit bereits das LEED- oder das BREEAM-System. Damals waren Green Buildings in Deutschland noch ein exotisches Thema.

Was vermissen Sie an der DGNB-Zertifizierung?

Ich vermisse praktikable Systeme für alle Immobilienkategorien, einschließlich für Wohnimmobilien. Jedes Zertifizierungssystem hat seine Berechtigung. Es hängt davon ab, für was man es benötigt

und auf welchem Markt man sich bewegt. Ein LEED-Zertifikat kann für einen international geprägten Markt wie Frankfurt wichtiger sein als ein DGNB-Zertifikat. Der Opernturm wurde nach LEED zertifiziert, was aus meiner Sicht richtig ist. Es ist das auf dem internationalen Markt bislang etabliertere System. Ein ausländischer Investor kann mit LEED sofort etwas anfangen, wohingegen er das DGNB-System möglicherweise nicht auf der Stelle interpretieren oder verstehen kann. Das braucht meiner Meinung nach noch etwas Zeit. BREEAM ist bei Shopping-Centern Standard. Die diesbezügliche Systemvariante des DGNB-Zertifikats ist relativ frisch auf dem Markt. Ich glaube jedoch, dass sich die DGNB-Zertifizierung mit ihrem ganzheitlicheren Anspruch behaupten wird.

Denken Sie, dass die DGNB-Zertifizierung mit ihren Vorzügen im Ausland entsprechend wahrgenommen wird?

Nein, noch nicht. Da muss viel Aufklärungsarbeit geleistet werden. Das DGNB-System ist noch jung. Erst eine gewisse Masse an zertifizierten Immobilien auf dem Markt macht es relevant. Immerhin sind bereits rund 100 Gewerbeimmobilien mit rund 3 Millionen m² Bruttogeschossfläche in Deutschland (vor-)zertifiziert. Zum Vergleich: Weltweit gibt es derzeit rund 6.800 zertifizierte Gebäude, und täglich werden es mehr. Wir müssen weiter Praxiserfahrungen sammeln und die gesamte Struktur und das Know how entsprechend aufbauen.

Halten Sie es für möglich, dass es irgendwann eine Zusammenlegung der international bestehenden Zertifizierungen gibt?

Das glaube ich nicht. Ich halte es aber auch nicht für notwendig. Durch die Wettbewerbssituation der Systeme beäugt man sich kritisch und hinterfragt die Ansätze, die ja teilweise sehr unterschiedlich sind.

Hauptsitz BNP Paribas Deutschland, Europaallee 12-16

Hauptsitz BNP Paribas Deutschland, Europaallee 12-16
Bei der Auswahl des neuen Hauptsitzes der BNP Paribas Deutschland im Frankfurter Europaviertel war die DGNB-Zertifizierung des Objekts ebenso von zentraler Bedeutung wie Arbeitsplatzkomfort und hochwertige Ausstattung. Die Spezialisten der BNP Paribas Real Estate GmbH sorgten dabei für eine bedarfsgerechte Umsetzung der Anforderungen eines internationalen Konzerns.

„JEDES ZERTIFIZIERUNGSSYSTEM HAT SEINE BERECHTIGUNG."

Unilever-Haus, Hamburg

Das Unilever-Haus in Hamburg ist ein hervorragendes Beispiel für die Kombination repräsentativer Bauweise mit ökonomischer sowie ökologischer Effizienz. Als Weltkonzern legt die Unilever-Gruppe ebenso Wert auf ein innovatives Nutzungskonzept wie auch auf eine schlanke Kostenstruktur. Das nach DGNB-Gold zertifizierte Objekt erfüllt diese Anforderungen durch modernste Haustechnik und eine effiziente Bauweise.

Und das bringt uns voran. Alle Systeme haben ihre Berechtigung. Die Möglichkeit, ein System auszuwählen, das sich für den jeweiligen Fall individuell eignet, halte ich für einen Vorteil. Wir müssen international nicht alles so weit normieren, dass es keine Alternativen mehr gibt.

Lassen sich Immobilien mit Zertifizierung einfacher vermitteln?

Käufer von Gewerbeimmobilien fragen heute praktisch immer nach, ob eine Zertifizierung vorliegt oder möglich ist. Dabei kommt es auch gar nicht so sehr darauf an, um welches Zertifikat es sich handelt. Entscheidend ist, dass die Gebäude gewisse Standards im Sinne der Nachhaltigkeit erfüllen. Wenn das mit Gütesiegel belegbar ist, dann umso besser! Und es geht dabei längst nicht mehr nur um die Energiekosten, sondern auch um die Flexibilität, langfristige Nutzbarkeit und das Wohlfühlen der Nutzer. Viele Investoren rufen heute schon das Thema Green Building ab, weil sie es als ein wichtiges Investitionskriterium auch im Hinblick auf die Vermietung bewerten. Wenn ein Gebäude aus bestimmten Gründen nicht zertifiziert ist, kann das morgen schon ein Nachteil im Wettbewerb sein. Wenn die Investoren am Markt die Wahl zwischen einem zertifizierten und einem nicht zertifizierten Gebäude haben, die Rahmenbedingungen ansonsten gleich sind, dann werden Sie das zertifizierte Gebäude bevorzugen. Die Vorteile sind in der Regel eindeutig zu belegen und sie erhöhen die Vermietungschancen. Die Investoren gehen davon aus, dass dieses Gebäude im Falle einer Wiederveräußerung langfristig mehr Wertstabilität besitzt. Inzwischen gibt es sogar schon eine Reihe von Spezialfonds, die nur in Green Building investieren. Schon bald werden alle institutionellen Investoren hier sehr selektiv am Markt vorgehen.

Sie werben mit dem Slogan: „Real Estate for a changing world" und

bieten Ihren Kunden ein Eco Property Management an. Wo liegen dort Ihre Schwerpunkte?

Wir stellen uns dem Wandel des Marktes und den gestiegenen Anforderungen unserer Kunden, insbesondere natürlich deren Informationsbedürfnissen. Seit drei Jahren haben wir einen Head of Sustainability im Unternehmen etabliert, der versucht, genau diese Themen in den unterschiedlichen Geschäftsbereichen zu kommunizieren, zu etablieren und den Mehrwert für die Kunden zu identifizieren. Beim Eco Property Management geht es im Wesentlichen darum, das Property Management, also die kaufmännische und technische Verwaltung von Immobilien, auch unter nachhaltigen Gesichtspunkten zu sehen. Kunde, Eigentümer und Nutzer werden dahingehend beraten, was hinsichtlich Energiebilanz und Nachhaltigkeit am Gebäude an Verbesserung vorgenommen und in welcher Form, Tiefe und Umfang bei Bedarf eventuell saniert werden muss, auch, ob sich eine Zertifizierung lohnt, und wenn ja, welche. Das sind sehr komplexe Fragestellungen. Oft geht es darum, die Nebenkosten und damit die zweite Miete zu reduzieren. Sustainability im Bereich Real Estate umfasst genauso die Immobilien-strategische Beratung. Das Thema Green Building ist längst keine Modeerscheinung mehr. Ihm kommt eine immer größere Bedeutung in allen Bereichen der Immobilienwirtschaft zu.

Wie denken Sie über die Entwicklung der Zertifizierungen im Ausland?

In der Tat wurden die Zertifizierungssysteme im Ausland schon viel früher etabliert. BREEAM und LEED kommen aus Ländern, die wir nicht gerade als Ökoweltmeister kennen, nämlich aus UK und den USA. Trotzdem haben sie sich solche Zertifizierungssysteme zugelegt. Der Immobilien-Qualitätsstandard, was Dämmung, Energie, Haustechnik angeht, ist dort im Durchschnitt viel niedriger als bei uns. Vielleicht hat man aber früher erkannt, dass Handlungsbedarf besteht. In Deutschland, mit seinem höheren Baustandard, hat man die Notwendigkeit, dies nach definierten Standards in der Immobilienentwicklung und -vermarktung auch zu dokumentieren, lange Zeit verschlafen, weil man dachte, der normale Standard unserer Bauordnungen in Kombination mit unserer Energieeinsparverordnung reiche schon aus. Man war der Meinung, wozu noch extra zertifizieren, was womöglich nur zusätzliches Geld kostet. Wir liefern den Standard doch auch ohne Zertifizierung. Der Wettbewerbsdruck in den anderen Ländern war offensichtlich größer und man hat die Chancen, die mit dem Thema Zertifizierung verbunden sind, dort früher erkannt. Erst vor wenigen Jahren hat Deutschland nachgezogen mit dem DGNB-Zertifikat, dafür jetzt umso gründlicher und besser. Es hat etwas länger gedauert, aber das Resultat ist dafür anspruchsvoller, und es ist längst nicht nur ein Marketing-Gag. Inzwischen haben wir in Deutschland schon mehr zertifizierte Immobilien als in

den USA oder UK. Frankreich mit seinem eigenen System HQE liegt noch weiter vorn.

Halten Sie Reglementierungen seitens der Politik bei Neu- und Umbauten, die genau vorgeben, wie viel Prozent des Energiebedarfs durch erneuerbare Energien zu decken sind, für sinnvoll?

Reglementierungen können mitunter blockieren und gehen vielleicht im Einzelfall auch mal an der Realität vorbei. Ganz ohne Reglementierungen oder gesetzliche Vorgaben wird es allerdings nicht gehen. Die Energieeinsparverordnung beispielsweise wird schrittweise verschärft. Mir scheint, dass dieser Druck durchaus dazu beigetragen hat, das Thema im Markt sehr ernst zu nehmen. Im Neubau sind die gestiegenen Anforderungen leichter umzusetzen als im Bestand: Hier sind die neuen Standards für die Eigentümer nicht immer wirtschaftlich umzusetzen.

Aufgrund der demografischen Entwicklung werden wir uns stärker

mit der Renovierung von bestehenden Gebäuden beschäftigen als mit dem Neubau. Können wir dabei die von der EU festgelegten Klimaschutzziele erreichen?

Wenn wir bei einem Wohnungsbestand von rund 40 Millionen Einheiten pro Jahr nur 250.000 Wohneinheiten neu dazu bauen, werden wir die Klimaschutzziele verfehlen, auch wenn alle diese Wohnungen nach den neusten Standards gebaut werden. Im Bestand liegt also die größte Herausforderung. Rein mengenmäßig ist der Investitionsbedarf hier immens und wir werden aus heutiger Sicht viele Jahre benötigen, um hier nennenswert voran zu kommen. Neue Standards lassen sich rasch im Neubau durchsetzen. Ob im Bestand investiert wird, entscheidet die Wirtschaftlichkeit. Wachstumsregionen mit steigenden Mieten bieten eher die Möglichkeit, Sanierungsinvestitionen zumindest teilweise über Mieterhöhungen zu refinanzieren. In vielen Regionen Deutschlands wird in den kommenden Jahren jedoch die Bevölkerung schrumpfen. Dort führt der demografische Wandel zu

BNP Paribas Real Estate Consult GmbH

Adresse
Goetheplatz 4
60311 Frankfurt am Main
Tel. 069-29899450
Fax 069-29899444

Bürogründung
1958 in Düsseldorf

Anzahl der Mitarbeiter
450 in Deutschland

Drei Referenzen
▦ Hauptsitz BNP Paribas Deutschland, Europaallee 12-16, Frankfurt am Main, 2010
▦ Frankfurt Central, Frankfurt, 2010
▦ Unilever-Haus, Hamburg, 2009

stagnierenden oder sogar sinkenden Mieten. Hier sind Sanierungsinvestitionen nicht so leicht aus der Miete zu finanzieren. Da stellt sich die Frage, wer die energetischen Sanierungen bezahlen soll? Der Steuerzahler könnte in Form von Subventionen beteiligt werden. Wahrscheinlich wird es auf eine Subventionierung hinauslaufen müssen, wenn die Klimaschutzziele in absehbarer Zeit erreicht werden sollen. Ein großes, kostspieliges Problem. Wir sehen das Risiko einer divergierenden Entwicklung in der Bestandsqualität. Es könnte in Zukunft in manchen Regionen oder weniger attraktiven Lagen erhebliche Immobilienbestände geben, die dauerhaft vernachlässigt werden, weil es sich nicht mehr rechnet, dort zu investieren. Auch im Gewerbesektor beobachten wir, wie in manchen Lagen „Dienstleistungsbrachen" entstehen, nicht nachfragegerechte, leerstehende Büroobjekte, bei denen sich Sanierungen nicht mehr lohnen.

Was könnte man hierzulande tun, um ein Handeln aus Eigenverantwortung im Umgang mit den Ressourcen zu fördern?

Es wäre gut, Kostentransparenz zu schaffen und die Kenntnisse um die Komplexität der Dinge zu fördern. Dazu gehört zu wissen, was Immobiliennutzung im Lebenszyklus eines Gebäudes wirklich bedeutet und kostet. Es geht dabei nicht nur um die Energiekosten, sondern auch um die Entstehungskosten. Und es betrifft die Entsorgungskosten, wenn nach 20 bis 30 Jahren mitunter die gesamte Inneneinrichtung und Haustechnik wieder entfernt werden muss. Man muss die Gesamtkosten eines Gebäudes in seinem Lebenszyklus betrachten, der manchmal über 30, 50 oder 80 Jahre dauern kann. Denn nur den gesamten Zyklus im Blick zu haben, bedeutet, nachhaltig denken und wirtschaften zu können.

Was wäre Ihr Wunsch in punkto Nachhaltigkeit?

Die Kernfrage ist, wie wir mit dem Bestand umgehen. Wir brauchen Instrumentarien, um Investitionen aus ökonomischer und ökologischer Sicht so effizient wie möglich einzusetzen. Kapital ist immer nur begrenzt verfügbar und muss eine Rendite erwirtschaften, damit wir Werte schaffen und nicht vernichten. Was nützt ein leerstehendes Green Building, das am Bedarf vorbei gebaut oder saniert worden ist? Letztendlich versuchen wir, Rendite und Nachhaltigkeit in Einklang zu bringen. Das ist die Herausforderung und der Wunsch für die Zukunft, dass uns das nicht nur bei Neubauten, sondern auch im Bestand gelingt. Eigentümer sollen bei der Fragestellung, wie sie ihr begrenztes Kapital in die Bestände lenken, damit es sich wieder zu investieren lohnt, unterstützt werden. Wir betrachten das aus wirtschaftlicher Sicht, schaffen zunächst Transparenz zur Ist-Situation des Objektes bzw. Portfolios sowie zu den lokalen Marktpotenzialen. Das sind die Rahmenbedingungen, innerhalb derer auch nachhaltige Ziele erreicht werden können. Wir erarbeiten hier umsetzungsfähige Lösungen, damit die Eigentümer ihre begrenzten Mittel möglichst effektiv und strategisch in ihrem Bestand einsetzen können.

„NACHHALTIGE QUARTIERS-ENTWICKLUNG ALS DIE HERAUSFORDERUNG DER PROJEKTENTWICKLUNG"

Jakob Vowinckel

Jakob Vowinckel (Jahrgang 1969) studierte Rechtswissen-schaften in Bonn, Mainz und Rostock und ist seit 1995 Rechtsanwalt. Es folgte ein Studium der Immobilien-ökonomie in Oestrich-Winkel, seit 2009 ist er Leiter des Standorts Frankfurt am Main der Vivico Real Estate GmbH. Wichtige Vivico-Quartiersentwicklungen sind: Europaviertel Frankfurt am Main sowie die Europacity Berlin oder der Arnulfpark in München. Darüber hinaus gibt es Auslandsaktivitäten mit der Quartiersentwicklung Erlenmatt in Basel sowie gruppenweit in Österreich und in Osteuropa.

„WIR DENKEN NICHT IN DER DIMENSION EINES GEBÄUDES, SONDERN IN DER DIMENSION GANZER QUARTIERE"

Beschreiben Sie doch bitte das Unternehmensprofil der Vivico Real Estate als einem der führenden Projektentwickler Deutschlands!

Die Vivico ist aus einem Bundesunternehmen für Eisenbahnimmobilien hervorgegangen und ist heute einer der führenden Projektentwickler des Landes. Eine besonders positive Rolle spielte dabei die seit 2008 bestehende Zugehörigkeit zu der börsennotierten Immobiliengesellschaft CA Immo. Wir konnten die ganze Dynamik einer Börsennotierung und der Aktiengesellschaft aufnehmen und unsere Immobilien- und Projektentwicklungsaktivitäten positionieren. Wir sehen uns heute nicht nur führend als Projektentwickler, sondern insbesondere führend als Quartiersentwickler. Wir denken nicht nur in der Dimension eines Gebäudes, sondern in der Dimension ganzer Quartiere bis hin zu neuen Stadtvierteln. Unsere Quartiersentwicklungen umfassen viele Hektar Grundstücksfläche, sie erfolgen auf innerstädtisch gelegenen, vormals industriell genutzten Flächen. Durch die Entwicklung dieser Flächen und der gezielten Nachverdichtung der Städte in diesem Bereich wird der Flächenverbrauch der Städte im Grüngürtel verringert. Gleichzeitig schaffen wir in den neuen Quartieren nennenswerte neue Grün- und Freizeitflächen. Das Wesentliche unserer Quartiersentwicklungen ist jedoch die konsequente Nutzungsmischung aus Wohnen, Arbeiten, Einkaufen und Freizeit. So haben die Menschen in der Stadt kurze Wege zur Arbeit und zu den Versorgungseinrichtungen. Das reduziert den Bedarf an Verkehrsflächen und das innerstädtische Verkehrsaufkommen erheblich.

Wie werden Nachhaltigkeit und deren Zertifizierung in Ihrem Unternehmen beurteilt?

Heute ist es fast Standard, eine Zertifizierung für ein Gebäude zu erreichen. Ein Alleinstellungsmerkmal der Vivico ist, nicht nur das einzelne Objekt zu sehen, sondern auch die Wirkung auf das gesamte Quartier zu betrachten. Es gibt in Deutschland nur wenige Unternehmen, die sowohl die Grundlagen dafür legen, was auf einer bestimmten Fläche gebaut werden soll, also die Baurechtschaffung betreiben, und anschließend gleichzeitig noch in das Investment, in die Realisierung einsteigen. Früher fanden Nachhaltigkeitsaspekte kaum Berücksichtigung in Genehmigungsverfahren. Heute fließen diese aber bereits zu einem frühen Stadium in die Entwicklung der Bebauungspläne ein. So sichern wir, gemeinsam mit den Gemeinden als Träger der Planungshoheit, von Anbeginn die Qualität und nachhaltige Entwicklung des Quartiers. Nachhaltige Projektentwicklung oder Reorganisierung ist ein absolutes Markterfordernis. Wir verdienen nicht mehr Geld dadurch, dass wir nachhaltig bauen, sondern weil wir nachhaltig bauen, verdienen wir Geld. Der Kunde hat hohe Erwartungen und diesen müssen wir entsprechen.

Viele Architekten sagen, dass Nachhaltigkeit nicht immer auf der Prioritätenliste in den Entwurfsprozessen ganz oben steht. Wie erleben Sie das in Ihren Projekten?

Nehmen wir als Beispiel den Tower 185: In der Zusammenarbeit mit Prof. Mäckler können wir sagen, dass die Kriterien der Nachhaltigkeit auf jeden Fall in die Architektur von Herrn Professor Mäckler einfließen. Dazu muss man ihn und sein Team nicht bewegen, das kommt automatisch aus seinem Verständnis für Architektur. Inzwischen fordern viele Nutzer Nachhaltigkeit in allen Facetten und der Nutzer sollte und muss im Zentrum des Architekturentwurfs stehen. Die Arbeiten von Herrn Professor Mäckler sind ein gutes Beispiel dafür, wie sich auch der Anspruch in der Architektur gewandelt hat. Er steht dafür, dass man keine Fassaden baut, die nicht altern dürfen, sondern Fassaden, die aus Stein gefertigt werden, die einem natürlichen Alterungsprozess

Euroviertel Frankfurt am Main u.a. mit Tower 185 Skyline Plaza und Mövenpick Hotel
Zwischen Messe, Bankenviertel und Hauptbahnhof ensteht ein neues gemischt genutztes Stadtviertel: das Europaviertel. Mit der zentralen Europa-Allee erhält die Stadt einen Boulevard im Maßstab europäischer Metropolen. Herzstück wird das Lifestyle Center Skyline Plaza, welches bereits vor Baustart ein DGNB Vorzertifikat in Gold erhielt.

Europacity Berlin mit Tour Total und Kunstcampus
Mit der Entwicklung der Europacity in Berlin wird eine der letzten städtebaulichen Wunden der ehemals geteilten Stadt geschlossen. Das vormals industriell genutzte Areal wird das erste konsequent unter Nachhaltigkeitsaspekten entwickelte Stadtquartier in Berlin sein.

Vivico Real Estate

„NACHHALTIGKEIT LÄSST SICH NICHT AUF DAS THEMA ZERTIFIZIERUNG REDUZIEREN"

Arnulfpark München u. a. mit Bürogebäuden ATMOS (2009), SKYGARDEN (in Realisierung), VELUM (2007)
Der Arnulfpark in München vereint Wohnen, Arbeiten, Freizeit und Kultur zu einem lebendigen Quartier. Der zentrale 4 Hektar große Park lädt Bewohner wie Büronutzer gleichermaßen zur Erholung ein.

RheinTriadem Köln, 2006
Das RheinTriadem verbindet Moderne mit Tradition und schafft eine Synthese aus funktionaler und repräsentativer Architektur.

ausgesetzt sind. Das ist überhaupt nicht schädlich, sondern gibt dem Gebäude eine gewisse Patina und lässt es in Würde mit seiner Umgebung altern.

Welche Anforderungen stellen Sie selbst an ein Gebäude?

Der Nachhaltigkeitsansatz unserer Quartiersentwicklungen setzt sich im einzelnen Objekt fort. Wir streben heute an, nur noch Gebäude zu errichten, die eine Zertifizierung erreichen können. Einerseits entspricht das unseren selbst gesetzten Zielen, andererseits ist es eine Markterfordernis. Mieter erwarten heute bei Neubauten, dass diese nachhaltig entwickelt und realisiert werden. Das bezieht sich nicht nur auf den Energiebedarf des Gebäudes, sondern auch auf die Verwendung von ökologisch unbedenklichen Baustoffen bis hin zum Beispiel zur Regenwassernutzung bei Toilettenspülungen, aber auch hocheffizienten und flexiblen Gebäudegrundrissen.

Wird aus Ihrer Sicht die energetische Nachhaltigkeit zu oft als das wesentliche Kriterium in der Nachhaltigkeitsdiskussion genannt und die soziale Seite bleibt unbeachtet?

Nachhaltigkeit darf nicht auf Energieeffizienz beschränkt werden. Es geht um mehr, um nachhaltige Quartiersentwicklung, um Flächenkonversion und um nachhaltige Architektur. Es ist schon traurig, wenn man feststellen muss, dass manches Gebäude in Frankfurt vor Ende der üblichen Nutzungsdauer abgerissen wurde und damit nicht einmal die Lebenszeit seines Architekten erreichte. Nachhaltigkeit ist auch die Schaffung architektonischer Meisterwerke wie den Kölner Dom, der Tausende von Jahren halten kann und den die Menschen lieben. Aber wir sollten Nachhaltigkeit nicht nur über Dauerhaftigkeit definieren. Der Begriff umfasst auch soziale Aspekte, wie zum Beispiel den Wohlfühlfaktor der Menschen in Gebäuden.

Mitarbeiter sind der wesentliche Teil des Unternehmens; wenn diese sich wohlfühlen, dann hat es positive Auswirkungen auf die Effektivität des Unternehmens. Dieser Aspekt hat gerade auch in der Quartiersentwicklung eine hohe Bedeutung. Die Menschen müssen sich auch an den Standorten wohl wohlfühlen. Sie wollen in den Arbeitspausen spazieren gehen, unproblematisch kleinere Besorgungen machen. Diese Räume und Einrichtungen müssen schon bei der Planung neuer Quartiere, wo Arbeiten und Wohnen aufeinandertreffen, geschaffen werden. In der Realisierungsphase eines Gebäudes beginnt Nachhaltigkeit mit der Auswahl der richtigen Werk- und Baustoffe, die möglichst aus der Region stammen sollten, um unnötige Transportwege zu sparen. Es ist auch zu beachten, dass sich die Nachhaltigkeit im Lebenszyklus eines Gebäudes dahin gehend widerspiegelt, dass es über einen langen Zeitraum wirtschaftlich unterhalten werden kann. Es ist eine Vielzahl von Aspekten, die in den Begriff Nachhaltigkeit einfließen. Man sollte dabei immer wieder betonen, dass die ökologische Perspektive eine Seite ist, die zweite ist die soziale und die dritte ist die ökonomische. Auch der wirtschaftliche Aspekt ist immer wichtig.

Wo werden wir in 30 Jahren beim Thema Nachhaltigkeit stehen?

Nachhaltigkeit wird eine Selbstverständlichkeit sein. Der demografische Wandel wird uns in 30 Jahren deutlich erreicht haben. Aus Immobiliensicht betrachtet, werden barrierefreies und altengerechtes Wohnen Standard sein. Wir werden in den nächsten Jahren einen Fachkräftemangel haben und müssen heute schon qualifizierten Nachwuchs fördern. Auch im Immobiliensektor ist es wichtig, dass es Wettbewerb gibt. Es lohnt sich, in Quartiere mit guter Mischnutzung zu investieren, denn diese haben die Chance, die Zyklen zu überleben, auch bei schrumpfender Bevölkerung. Wir werden darauf reagieren müssen, diese Veränderungen anzunehmen und Monokulturen zu vermeiden. Ferner ist die innerstädtische Entwicklung ein ganz wesentlicher Aspekt. Der demografische Wandel und alle Trends in der Entwicklung der Bevölkerung führen zu einer Konzentration in den sogenannten Metropolen. Die Menschen zieht es in die Städte, hier findet das Leben statt. Hier werden die Menschen arbeiten und leben, in gemischt genutzten Quartieren. Wir werden einen Rückzug auch der älteren gut situierten Menschen vom Land in die Stadt erleben. Ältere Menschen sind heute wesentlich aktiver als noch vor 20 Jahren und möchten am Leben partizipieren. Dieser Trend wird sich noch deutlich verstärken. Das müssen wir in unseren Quartiersentwicklungen bereits heute berücksichtigen. Wir müssen das Umfeld den Nutzern entsprechend gestalten. Die Herausforderung in der Projektentwicklung besteht darin, dass tatsächlich viele

Menschen mehrerer Generationen und über mehrere Generationen in den Quartieren und auch in den Gebäuden leben können.

Wie lautet Ihr persönliches Credo zum Thema Nachhaltigkeit?

Nachhaltigkeit wird uns in den nächsten Jahrzehnten extrem beschäftigen. Ich wünsche mir, dass die Nachhaltigkeit so ernst genommen wird, dass man wirklich diese Trias aus sozialen, ökonomischen und ökologischen Aspekten durchgängig betrachtet. Das halte ich für ganz wesentlich. Nachhaltigkeit lässt sich nicht auf das Thema Zertifizierung reduzieren, sondern geht darüber hinaus und muss insbesondere, wenn man es ernsthaft angehen will, das gesamte Unternehmen erfassen. Es geht nicht nur um die Produkte, die man herstellt, sondern die gesamte Lebensweise des Menschen.

Vivico Real Estate GmbH

Adresse
Hedderichstraße 55-57
60594 Frankfurt am Main
Tel. 069-60627-0
Fax 069-60627-111

Bürogründung
1996 als Eisenbahn Immobilienmanagement GmbH, 2001 Umfirmierung in Vivico Real Estate, 2008 privatisiert und seitdem Tochter der CA Immo Anlagen AG

Anzahl der Mitarbeiter
insgesamt 110

Fünf Referenzen
▦ Europaviertel Frankfurt am Main u.a. mit Tower 185 und Mövenpick Hotel, im Bau
▦ Arnulfpark München u.a. mit Bürogebäuden ATMOS, 2009, SKYGARDEN, in Realisierung, VELUM, 2007
▦ Europacity Berlin mit Tour Total und Kunstcampus, in Realisierung
▦ RheinTriadem Köln, 2006
▦ Römischer Hof Berlin, 2007

Römischer Hof Berlin, 2007
Mit der Komplettsanierung des Römischen Hofs in Berlin konnte ein historisch bedeutsames Zeugnis erhalten werden. Das im Zweiten Weltkrieg durch eine Fliegerbombe stark beschädigte Gebäude wurde komplett entkernt und präsentiert sich heute hinter seiner historischen Fassade als modernes Bürogebäude.

„NACHHALTIGKEIT OHNE VERZICHT AUF QUALITÄT UND LEBENSFREUDE"

Prof. Tobias Wallisser

Prof. Tobias Wallisser (Jahrgang 1970) studierte Architektur an der Technischen Universität (TU) Berlin und an der Universität Stuttgart. Er absolvierte seinen Postgraduate Master in Advanced Architectural Design an der Columbia University New York. Von 1997 bis 2007 war er Assoziierter Architekt im UNStudio – Van Berkel & Bos. Seit 2006 ist er Professor für Innovative Bau- und Raumkunst/Digitales Entwerfen an der Staatlichen Akademie der Bildenden Künste in Stuttgart. 2007 gründete er mit seinen Partnern Chris Bosse und Alexander Rieck das Büro LAVA (Laboratory of Visionary Architecture). Seit 2007 arbeiten sie an Projekten in Abu Dhabi, seit 2009 in China und seit 2010 in Saudi-Arabien. Zu seinen bekanntesten Projekten zählen das Mercedes-Benz Museum (von UNStudio), der Snowflake Apartment Tower, das Future Hotel Prototyp und Masdar Plaza.

Mercedes-Benz Museum, Stuttgart
*Das Mercedes-Benz Museum erregte weltweit als einzigartige Raumschöpfung Aufsehen und wurde mit Architektur-
preisen ausgezeichnet. Neben Ben van Berkel war Tobias Wallisser als Architekt dafür verantwortlich.*

Welche Gewichtung geben Sie der Nachhaltigkeit in Ihren Projekten?

Seit 2007 hat sich in Bezug auf das Thema Nachhaltigkeit einiges geändert. Heute ist es unabdingbar, sich bei allem Tun über den Ressourcenverbrauch und über den energetischen und materiellen Aufwand Gedanken zu machen. Heute kann die Frage nicht mehr sein, ob etwas nachhaltig ist, sondern es muss nachhaltig sein.

Inwieweit setzen Sie in Masdar City nachhaltige Konzepte um?

Wir haben den Wettbewerb für das Stadtzentrum mit einem Hotel und Konferenzzentrum für Masdar City gewonnen. Wir waren der Meinung, dass ein Hotel und Konferenzzentrum nicht Mittelpunkt einer solchen Stadt sein können, und haben uns deswegen dafür entschieden, die Gebäude an den Rand zu schieben und somit einen öffentlichen Platz anzubieten. Damit kann man etwas schaffen, was es bislang dort nicht gab. Öffentliches Leben findet in Abu Dhabi hauptsächlich in Shopping-Malls statt, die jedoch nicht frei betretbar sind, weil ihre Zugänge kontrolliert werden. Öffentliche Außenräume sind bestenfalls die Golfplätze. Es gibt eben nicht das, was aus unserer Sicht die Qualität eines städtischen Außenraums ausmacht. Es gibt keinen öffentlichen Ort, an dem man Leute treffen und sich aufhalten kann, wie eine Agora. Wenn man also einen Außenraum anbieten möchte, muss man diesen vor der Sonne schützen. Es herrscht ein Wüstenklima mit 55 ° Grad im Schatten. Zur Verschattung des Platzes haben wir Schirme geplant, auf deren Oberseite Photovoltaik-Elemente angeordnet sind. Diese produzieren die Energie, die wir benötigen, um den Platz mit kaltem Wasser vom Boden her zu kühlen. Das Wasser wird in einer Zisterne unter dem Platz gesammelt. Die Menge, die wir zur Kühlung brauchen, spielt eine untergeordnete Rolle im Verhältnis zum benötigten Trinkwasser. Wir

haben zu den Rändern des Platzes hin Nischen ausgebildet, sodass dort Kaltluftzonen entstehen, in denen sich die gekühlte Luft sammelt. Das sind die Bereiche, in denen man sich länger aufhalten kann. Zur Platzmitte hin, im Durchgangsbereich, sind diese Bereiche weniger stark gekühlt.

Lässt sich das, was Sie in Masdar City realisieren, auch auf ärmere Länder übertragen?

Masdar City ist ein Prototyp, der zunächst nur dort funktioniert, wo man sich die Technik auch leisten kann. Es ist eine stark wissensbasierte Stadt, die Wissenschaftler aus Europa, Asien und aller Welt anlocken soll. Firmen, die dort ihre Forschungseinrichtungen betreiben, haben in Masdar die Möglichkeit, Produkte zum Einsatz zu bringen, die vielleicht woanders noch nicht eingesetzt worden sind. Sie forschen, entwickeln die Technik weiter und haben die Möglichkeit, diese später an anderen Orten zum Einsatz zu bringen. Das gesamte Konzept von Masdar ist aus diesem Grunde sehr stark technisch orientiert. Foster & Partner haben mit Transsolar den Masterplan erarbeitet, mit ihnen haben wir regelmäßig Kontakt. Es ist ein großes interdisziplinäres Projekt, an dem viele Beteiligte an verschiedenen Stellen arbeiten.

In der Stadt der Zukunft fahren führerlose Elektroautos im Untergrund, welche die Bewohner der Stadt per Touchscreen bestellen können. Wie sehen Sie den Individualverkehr der Zukunft?

Die städtebauliche Konzeption von Masdar ist nicht von uns, sondern von Foster & Partner. Im Prinzip ist der Verkehr so geregelt, dass Fahrer von Autos mit Verbrennungsmotor in die Parkhäuser außerhalb der Stadt fahren und dann auf die elektrisch betriebenen Verkehrsmittel umsteigen. Es gibt Individualverkehr auf verschiedenen Ebenen. Vorgesehen sind führerlose Kapseln im Untergeschoss, was im Moment überdacht wird. Man hat diese kleinen Fahrzeu-

„NACHHALTIGKEIT HEISST NICHT, DASS MAN NUR VERZICHTEN MUSS ODER WENIGER ERLEBEN KANN"

ge zwar an Flughäfen getestet, aber noch nie in einem größeren Umfeld. Die Frage wird auch sein, ob diese von den Benutzern angenommen werden. Wenn jemand ein Hybridfahrzeug besitzt, hat er im Prinzip ein Elektroauto, muss dann aber dennoch umsteigen. Das ist auf der einen Seite eine Frage der Akzeptanz, auf der anderen Seite eine Frage der technischen Realisierung. Durch unsere enge Zusammenarbeit mit der Fraunhofer-Gesellschaft wissen wir, dass sich der gesamte Individualverkehr stark verändern wird. In dem Moment, in dem Autos intelligenter werden, miteinander kommunizieren, Hindernisse erkannt werden und die Geschwindigkeit automatisch gedrosselt wird, ist es nicht mehr notwendig, alles auf verschiedenen und voneinander getrennten Wegen zu organisieren, sondern man kann sich mit unterschiedlichen Fortbewegungsmitteln wieder eine Fläche teilen. Das Ziel der Stadt der Zukunft ist die Integration von verschiedenen Verkehrsmitteln in einem Gesamtmobilitätskonzept. Der private Besitz von Autos wird immer unwichtiger werden.

Was stört Sie in Deutschland an der Diskussion über Nachhaltigkeit?

Ein typisch deutsches Problem ist, dass man das Thema sofort moralisiert und Nachhaltigkeit mit Verzicht gleichgesetzt wird. Wir müssen zeigen, dass man durchaus bewusst mit Ressourcen umgehen kann, ohne dass es eine Verschlechterung der Lebensqualität nach sich zieht. Nachhaltigkeit heißt nicht, dass man nur verzichten muss oder weniger erleben kann. Wir müssen die Qualitäten neu definieren, und natürlich müssen wir unser Verhalten ändern. Aber das heißt nicht, dass das Leben schlechter werden wird. Die Architektur kann einen großen Beitrag leisten, wenn vorhandene Schubladen aufgebrochen werden und gezeigt wird, dass man mit weniger tatsächlich mehr schaffen kann und die Erlebnis- und Lebensqualität

sogar höher wird, gerade weil wir nachhaltig bauen.

Wann ist für Sie ein Gebäude nachhaltig?

Ein Gebäude ist nachhaltig, wenn seine Nutzung und seine Qualität auf mehreren Ebenen in Einklang stehen. Ein nachhaltiges Gebäude versorgt sich selbst, und zwar so, dass auf Dauer weder Raubbau an seiner Umgebung betrieben wird, noch dass es sich selber dabei zerstört. Es sollte nicht starr und unflexibel sein, sondern adaptiv und wandelbar.

Inzwischen findet man Stahl-Glaskonstruktionen überall auf der Welt, sogar in Regionen, in denen man Wasser dringend für andere Dinge als für die Fassadenreinigung benötigt. Wie denken Sie darüber?

Ich möchte jetzt nicht generell sagen, dass man nicht mit Stahl oder Glas arbeiten darf. Das Material an sich ist nicht das Problem, sondern die Art, wie es eingesetzt wird. Die technische Entwicklung hat dazu geführt, dass wir an jedem Ort gleich bauen. Klimaanlagen ermöglichen es uns, weitgehend unabhängig vom lokalen Klima und von der Umgebung zu bauen oder zu planen. Das ist nicht mehr zeitgemäß und in keinem Fall nachhaltig. Aber in dem Moment, in dem man die Klimaanlage nicht mehr betreibt, würde es in kürzester Zeit zu einer Ruine verkommen. Wir müssen stärker in Einklang mit der Umgebung bauen. Ein Hochhaus in Toronto muss anders aussehen als ein Hochhaus in Südeuropa oder in Saudi-Arabien.

Tut die Politik in Deutschland Ihrer Meinung nach genug, um Ressourcen zu schützen?

Da muss man zwischen Lippenbekenntnissen und wirklicher Intention der Politik unterscheiden. Ich glaube, dass wir in Deutschland durchaus erkannt haben, auch in der Politik, dass die sogenannte Green Economy

Future Hotel Prototyp, Duisburg
Im Future Hotel wird die Symbiose zwischen Technik und
Raum erlebbar. Die Technologie wirkt dabei fast unsichtbar
im Hintergrund und steuert nach individuellem Wunsch
Medien, Licht, Klima, etc. Alles wird dem menschlichen
Wohlbefinden untergeordnet.

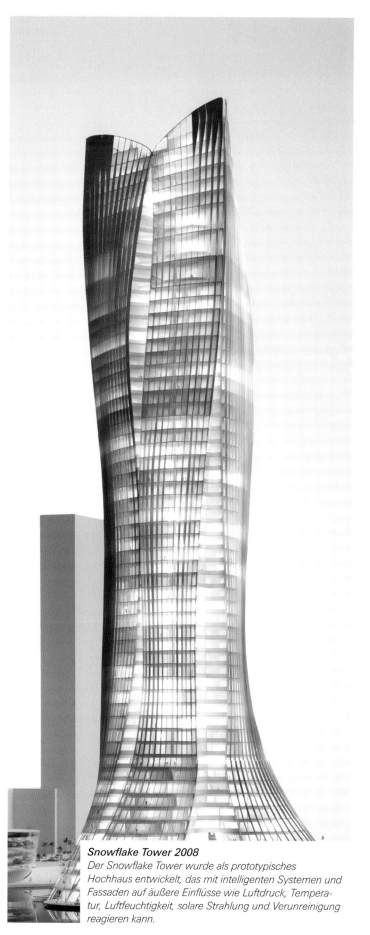

Masdar Plaza, Abu Dhabi
Das zukünftige Wohl weltweiter Städte hängt von der Fähigkeit der
Menschheit ab, nachhaltige Technologien zu entwickeln und diese zu
integrieren. Masdar City ist die Stadt der Zukunft; sie steht an vorderster
Front nachhaltige Technologie in moderne Architektur und deren
Planungsprozesse zu integrieren.

Snowflake Tower 2008
Der Snowflake Tower wurde als prototypisches
Hochhaus entwickelt, das mit intelligenten Systemen und
Fassaden auf äußere Einflüsse wie Luftdruck, Tempera-
tur, Luftfeuchtigkeit, solare Strahlung und Verunreinigung
reagieren kann.

für uns ein wichtiger Weg ist, weil er es uns ermöglicht, innovativ zu arbeiten und in der Umwelttechnik vorne dabei zu sein. Wir sollten daran arbeiten, dass wir, obwohl wir weniger Ressourcen verwenden, trotzdem noch bessere Ergebnisse erzielen. Diese sollten dann nicht nur als Exportschlager eingesetzt werden, sondern auch in Deutschland zu Leuchtturmprojekten werden, so dass man diese dann aller Welt zeigen kann.

Müssen wir Ihrer Meinung nach eine harte Landung aus dem Ölzeitalter befürchten oder haben wir genügend Vorkehrungen für einen sanften Übergang getroffen?

Wir wissen nicht genau, wie viele Minuten vor zwölf wir uns momentan befinden. Aber so richtig betrifft es uns im Moment scheinbar noch nicht. Sogar in Saudi-Arabien gibt es derzeit Überlegungen für das Zeitalter nach dem Öl. Man investiert

verstärkt in Bildung und Forschung. Selbst in Erdöl fördernden Ländern wie Saudi-Arabien gibt es langsam ein Bewusstsein dafür, dass die Zeit des Erdöls endlich ist und man nicht mit unverminderter Geschwindigkeit gegen die Wand fahren möchte, sondern bestrebt ist, einen Übergang zu schaffen. Man könnte in Saudi-Arabien einen großen Teil des Energiebedarfs über Solar-Energie decken. Für alles, was mobil ist, ist Öl als Brennstoff natürlich aufgrund seines hohen Brennwerts im Verhältnis zu seinem Volumen zunächst noch vorteilig. Weil es relativ spät ist, müssen wir jetzt reagieren. Wir sollten stärker dazu übergehen, Energie nicht zentral zu erzeugen und mit großen Hochspannungsleitungen von einem Ort zum anderen zu bringen, sondern dezentral dort Energie zu produzieren, wo wir sie auch verbrauchen. Dadurch haben wir weniger Transportverlust und größere Flexibilität. Der Umbau in ein dezentrales Netz ist ein ganz

wesentlicher Baustein, um die Art der Energieverwendung zu optimieren.

Was ist die größte Herausforderung bei Ihrem Projekt Masdar Plaza?

Für das Stadtzentrum kann ich exemplarisch ein paar Themen herausgreifen, die einiges deutlich machen. Wir planen dort ein Fünf-Sterne-Komfort-Hotel. Die Frage ist zunächst, ob Sterne heute für Hotels noch der richtige Bewertungsmaßstab sind. Solange Sie aber einen Betreiber haben, der sagt, er braucht fünf Sterne, weil sie immer noch ein Qualitätsmerkmal darstellen, haben Sie entsprechende Vorgaben, die Sie einhalten müssen. Das wiederum mit Nachhaltigkeit in Einklang zu bringen, kann schwierig sein. Hotels sind an sich Energieschleudern. Man braucht sehr viel mehr Energie, um ein Hotel zu betreiben, als dieselbe Fläche in einem Wohngebäude

LAVA (Laboratory for Visionary Architecture)

Adresse
Heilbronner Straße 7
70174 Stuttgart
Tel. 0711-72232901
Fax 0711-72232911

Bürogründung
2007 in Stuttgart und Sydney

Anzahl der Mitarbeiter
25

Fünf Referenzen
▨ Mercedes-Benz Museum (mit UNStudio), Stuttgart, 2001-2006
▨ Snowflake Apartment Tower, Abu Dhabi, 2008
▨ Future Hotel Prototyp, Duisburg, 2008
▨ Masdar Plaza, Masdar U.A.E, 2009
▨ Sipchem PADC Forschungslabor, Al Khobar, 2010

benötigt. Dementsprechend ist es eine Herausforderung, ein nachhaltiges Hotel zu bauen. Aber wenn man definiert, was an einem Hotelaufenthalt wichtig ist, ergeben sich neue Möglichkeiten. Zum einen gibt es den Komfort und zum anderen den Erlebnisaspekt. Wenn man Hotels standardisiert, müssen sie überall auf der Welt die gleiche Zimmergröße haben. Ein Aspekt der Nachhaltigkeit könnte sein, dass man die Zimmer viel kleiner macht. Dafür muss man dann etwas anderes entwickeln, um dem Gast den Verlust an Fläche des Raumes zu ersetzen. Die größte Herausforderung ist es, dass man dieses auf subtile Art und Weise schaffen muss. Die Frage ist, wie man es schaffen kann, Nachhaltigkeit, Qualität und Lebensfreude in Einklang zu bringen.

Gibt es für Sie eine Utopie, also einen „Nicht-Ort", gebaut mit nachhaltiger Architektur?

Ja. Von unserer eigenen Entwicklungsarbeit her glaube ich daran. Für mich hatten Städte schon immer das Potenzial zur Utopie. Wenn es einen solchen Ort gibt, dann ist es eine Stadt, die in einem wirklich unwirtlichen Klima Aufenthaltsqualität hat. Wenn wir es schaffen, die Sonneneinstrahlung in der Wüste so zu nutzen, dass man auch die Wüste besiedeln kann, dann wäre es eine großartige Herausforderung, einen geeigneten Stadttypus zu entwickeln.

Sipchem PADC
Derzeit plant LAVA verschiedene Bauten für die Forschung in Saudi Arabien. Als erstes Projekt wird ein Forschungslabor mit einer eigens konzipierten hochgedämmten Fassade in diesem Jahr zur Ausführung kommen.

„MAN SOLLTE WENIGER ÜBER NACHHALTIGKEIT DISKUTIEREN, SIE STATTDESSEN LEBEN!"

Regina und Jürgen C.B. Willen

Jürgen C. B. Willen (Jahrgang 1963) absolvierte ein Studium der Architektur mit dem Schwerpunkt Denkmalpflege in Holzminden. Es folgte ein postgradualer Diplomkurs an der Architectural Association in London. 1993 wurde das Architekturbüro Willen Associates Architekten in Frankfurt gegründet und siedelte 1995 nach Wiesbaden um.

Regina Willen (Jahrgang 1965) hatte nach dem Architektur-studium an der FH Wiesbaden während ihrer Selbst-ständigkeit von 1992 bis 1995 einen Lehrauftrag und arbeitet seit 1996 im gemeinsamen Büro mit Jürgen C. B. Willen.

Gemeinsame Projekte sind zum Beispiel die Sanierung des Berlage House in Den Haag, das Biotec Center in Neuss, ein Shopping-Center in Frankfurt am Main, der Neubau innovativer Wohngebäude im Rahmen der Expo 2000 in Hannover und das Haus des Botschafters in Moskau.

Headquarter Guta, Moskau 2006-2007
Optimales Verhältnis von Volumen zur Fassadenoberfläche.

Sie sind derzeitig in Belgien, Frankreich, Spanien, der Schweiz, der Türkei, Libyen, Israel, Russland und Kanada tätig. Welche Erfahrungen haben Sie dort in Bezug auf umweltbewusstes Bauen gemacht?

Die wesentliche Erfahrung ist, dass in kaum einem Land die Erfordernis umweltverantwortlichen Bauens im Bewusstsein der Menschen und auch in der existierenden Gesetzgebung so präsent ist wie in Deutschland und seinen mittel- bzw. nordeuropäischen Nachbarn, wie zum Beispiel der Schweiz. Nur sehr langsam wird erkannt, dass nachhaltiges und ökologisches Bauen auch Vermarktungsargumente geworden sind und ökonomische Vorteile in Betrieb und Entsorgung bieten. In der Türkei haben wir zum Beispiel einen Masterplan zur Stadtsanierung von Trabzon entwickelt. Dort wurde der Müll von jeher ins Meer geschüttet. Es gab an diesem Ort keinen Strand mehr, sondern nur noch eine einzige Müllhalde. Die Stadt war komplett vom Meer abgeschnitten. Das von uns entwickelte Sanierungskonzept beinhaltete mannigfaltige Aspekte der Nachhaltigkeit in der Stadtentwicklung. Das Konzept stellt die Qualität des Ortes, das Meer, in den Vordergrund. Die Stärkung der Attraktivität der Stadt bei gleichzeitigem ökologischem Umbau stellt die Verbindung zur Meereslinie wieder her und stärkt das wirtschaftliche Potenzial von Stadt und Region. In Russland ist Nachhaltigkeit ein ganz schwieriges Thema. Dort befindet sich die Entwicklung grüner Gebäude noch ganz am Anfang. Aber steigende Energiepreise, wenn auch auf deutlich niedrigerem Niveau als in Deutschland, führen auch hier langsam zu Nachdenken und Handeln.

Deutsche Architekten und Ingenieure sind in Bezug auf Nachhaltigkeitspraktiken weltweit führend. Trotzdem beträgt ihre Quote im Ausland nur 3 bis 4 Prozent. Wie erklären Sie sich das?

Alleine im Rhein-Main-Gebiet gibt es so viele Architekten wie in ganz Frankreich. Die Dichte der Architekten in Deutschland ist extrem hoch und nicht vergleichbar mit anderen Staaten. Drei Prozent können von daher schon recht viele sein. Aber dennoch kein Vergleich mit englischen Architekten, die man auf der ganzen Welt antrifft. Wir sind bereits seit mehr als elf Jahren aktiv in Russland tätig, haben allerdings dort erst in 2004 unseren ersten guten Auftrag erhalten. Man braucht also einen ziemlich langen Atem. Außerdem muss man berücksichtigen, dass der arabische, der nordafrikanische sowie der russische Raum eine ganz andere Gesellschaftsstruktur haben, dort herrscht eine Beziehungsgesellschaft. Sie müssen zuerst eine Beziehung aufbauen und das Vertrauen gewinnen. Erst dann können Sie für einen Kunden etwas planen und bauen. Wir dagegen haben eine Sozialgesellschaft. Wir vereinbaren etwas am Tisch, ohne dass wir uns kennen, machen einen Vertrag und arbeiten ihn dann sauber ab. Im arabischen Raum ist ein Vertrag eher ein Leitfaden, auf den man zurückkommt, wenn es nicht mehr weitergeht. Wenn man jedoch darauf beharrt, hat man eine schwierige Position. Um erfolgreich im Ausland tätig zu sein, muss man die Bereitschaft mitbringen, sich neben dem Arbeitsalltag auch auf diese Aspekte einzulassen.

Wie lautet Ihre Unternehmensphilosophie in punkto Nachhaltigkeit?

Die Natur ist für uns der perfekte Lehrmeister, es gibt in ihr u.a. mit dem Termitenhügel eines der besten Gebäude, das sämtliche Eigenschaften besitzt, die wir mühsam versuchen zu planen. Er funktioniert perfekt, sowohl von der Heizung als auch von der Kühlung her. Wenn ein Termitenhügel zerfällt, dann bleibt nicht einmal Müll zurück, das komplette Gebäude wird zu 100 Prozent in den Naturkreislauf recycelt. Für einen Architekten ist der Leitspruch „Höre niemals auf, anzufangen"

„ES WIRD ZU WENIG ABGERISSEN."

ganz wichtig, da das Querdenken zu anderen Ansätzen und somit zu innovativen Lösungen führt. In punkto Nachhaltigkeit können wir noch viel von der Natur lernen. Dort finden wir in den meisten Situationen die ideale, Ressourcen schonende Lösung für den gewünschten Zweck wieder. Und das durch Ausnutzung der physikalischen oder chemischen Gesetzmäßigkeiten. Betrachten wir beispielsweise ein Iglu. Eine Kugel hat unter allen Körpern die geringste Oberfläche zu seinem Volumen. So auch das Iglu, man kann es mit nur einer Kerze heizen. Nachhaltige Architektur muss eine ganz pragmatische Technik besitzen. Wenn Sie große Lüftungsanlagen für die Zuluft und Reinigung der Luft planen, die nur mit hohem Energieaufwand betrieben werden können, dann hat das nicht viel mit Nachhaltigkeit zu tun.

Das von Ihnen geplante New Media Center in Tripolis wurde unter Berücksichtigung der besonderen klimatischen Verhältnisse konzipiert. Können Sie das Konzept erläutern?

Wir haben dort mit „Windtowers" gearbeitet. Ein Windtower kommt aus der arabischen Architektur und arbeitet mit einer Technik, die es dort schon seit Jahrhunderten gibt. Die in verschatteten Atrien gekühlte Luft wird über die „Windtower" durch das Gebäude bewegt. Das System funktioniert durch Sogeffekte. Es gleicht einer natürlichen Lüftungsanlage zur Kühlung und Belüftung der Gebäude. Wenn man zusätzlich noch mit Wasser arbeitet, kann man eine Verdunstungskühlung erzeugen. Zusätzlich nutzen wir das „Nightcooling". Durch Öffnen der Gebäude und Fassaden bei Nacht durchströmt die kältere Luft die Gebäudestrukturen. Hierdurch wird die Gebäudemasse heruntergekühlt. Nicht nur in der Wüste funktioniert dies sehr gut, weil die Wüste abkühlt, sondern auch bei intelligenten Gebäudemodellen. Wir versuchen nicht, dorthin die westliche Architektur 1:1 zu übertragen, sondern wir versuchen, die

Traditionen, die vor Ort herrschen, mit einzubauen. Die Akzeptanz des Ortes ist uns sehr wichtig, wir lernen von den örtlichen Gegebenheiten und der dortigen Baukultur. Wir finden es fürchterlich, wenn wir auf Sylt ankommen und dort ein Tiroler Haus vorfinden.

In Ihrem Gebäude, dem „Embankment" in Moskau, arbeiten Sie mit Mikroklimazonen. Wie viel an Energieeinsparung bringen diese ein?

Über 70 Prozent für Heizen und Kühlen. Angefangen haben wir mit der Entwicklung 1996. Im Sommer kühlen wir die Gebäude durch Mikroklimazonen. Diese sind durch ein Foliendach überspannt. Das Foliendach besteht aus Kissen mit jeweils drei Membranen. Die mittlere Membrane kann durch Veränderung des Luftdruckes in der oberen oder unteren Kammer positionsfrei gesteuert werden. Die Folien sind mit einer lichtdurchlässigen reflektierenden Farbe bedruckt. Im Sommer wird die mittlere Membrane an die obere gefahren und die Bedruckung schließt die Oberfläche und reflektiert die Sonneneinstrahlung. Dadurch wird die Mikroklimazone kühl gehalten. Im Winter öffnen wir die Mikroklimazone der Sonneneinstrahlung und heizen somit das Gebäude. Die bepflanzte Mikroklimazone ist eine Pufferzone zwischen der Außenfassade des Gebäudes und der Außenfassade des Büros, in der Sie sich ganzjährig aufhalten können. Dieses System haben wir auch im Rahmen der Expo in Hannover, „Wohnen 2000", sehr erfolgreich verwirklicht. Auch für Russland haben wir relativ viele bezahlbare Möglichkeiten gefunden, nachhaltig zu bauen. Wir analysieren die besten Systeme und wenden dann diejenigen an, die in der Gesamtheit zum besten Ergebnis führen.

Ist eine steigende Nachfrage Ihrer Bauherrenschaft nach DGNB-Siegeln oder ähnlichen Zertifizierungen zu beobachten?

Ja, die internationale Mieterklientel verlangt inzwischen grünen Standard. Das begrüßen wir sehr. Wenn Sie sich von einer Bank ein Gutachten erstellen lassen, was ein Gebäude heute und im Vergleich in 30 Jahren wert sein wird, müssen Sie die Entsorgung mit einkalkulieren. Diese wird in der Zukunft jedoch kaum noch zu bezahlen sein. Das ist auch gut so. Das gibt uns die Möglichkeit, in diese Bereiche einzutauchen und zu überprüfen, ob unsere Gebäude wirklich nachhaltig sind. Ansatzweise denken Banken mittlerweile darüber nach, was sie mit einem Gebäude wollen, bei dem die Entsorgung einmal mehr kosten wird, als das Ganze eigentlich wert ist.

Die Zukunfts- und Wettbewerbsfähigkeit deutscher Städte hängt insbesondere vom Umgang mit vorhandenen Immobilienbeständen ab. Wie beurteilen Sie den Status quo bzw. die Entwicklung?

**North African Healthcare Center,
Tripolis, Libyen 2008-2014**
Durch Nachhaltigkeit optimaler Krankenhausneubau.

White Pearl on Black Sea, Trabzon, Türkei 2009
*Umwandlung einer ehemaligen Müllhalde in ein botanisches Paradies
am Meer.*

Villa Flügel, Bad Homburg 1995-1997
*Individuelle Ansprüche des Bauherrn auf
das Feinste interpretiert.*

Wir sind der Meinung, dass zu wenig abgerissen wird. Man versucht immer noch, bei einem nicht mehr adäquaten Bestand etwas mit Gewalt zu tun, was am Ende doch nur eine Kompromisslösung ist. Der Anteil an wirklich historisch wertvollen Gebäuden ist dagegen verschwindend gering. Man sollte diese Gebäude nicht schleifen, aber auch nicht versuchen, irgendwelche Vollwärmeschutzmaßnahmen vorzunehmen. Man sollte sie, als Zeichen ihrer Zeit, in Würde so stehen lassen, wie sie sind. Neubauten sollten sich dann in die existierende Umgebung integrieren. Teilweise entsteht bei uns ja Disney Land. In Deutschland entstanden zahlreiche Beispiele, bei welchen vorne eine Fassade entstanden ist, die historisch anmutet. Dahinter entwickelt sich dann ein Gebäude mit einer ganz anderen, modernen Architektur. Wir verstehen nicht, dass wir nicht den Mut besitzen, zu sagen, dass wir im 21. Jahrhundert leben und auch dementsprechend bauen.

Was fehlt Ihnen in der Nachhaltigkeitsdiskussion der Bau- und Immobilienbranche?

Man sollte weniger über Nachhaltigkeit diskutieren und sie stattdessen leben! Das Problem ist der wirtschaftliche Aspekt der Nachhaltigkeit. Es gibt verschiedene Verfahren, unter anderem das deutsche DGNB, das amerikanische LEED und das englische BREEAM. Leider sind alle Zertifizierungsverfahren noch zu kompliziert und man sollte einen einheitlichen Standard einführen. Nachhaltigkeit muss bei der Stadtplanung anfangen. Wie gelangen die Bewohner von ihren Wohnvierteln zur Arbeit und zum Einkaufen? Die Anwohner sagen, sie möchten zwar zu Fuß einkaufen gehen, aber sie möchten den Supermarkt nicht direkt nebenan haben. Man möchte auch auf dem schnellsten Weg zur Autobahn, aber selber an der Autobahn wohnen, möchte man nicht. Alle müssen sensibilisiert werden, dass es nicht sein

kann, dass jeden Morgen Tausende von Menschen im Auto von Wiesbaden nach Frankfurt fahren und abends wieder zurückkommen. Das ist absolut unnachhaltig.

Wie sieht für Sie ein nachhaltiger Städtebau aus?

Nachhaltiger Städtebau heißt für uns grüne Stadtentwicklung mit hoher Aufenthaltsqualität, Berücksichtigung kultureller Aspekte und effiziente Verkehrssysteme als Reaktion auf stetig steigenden Individualverkehr. Grün meint hier in doppeltem Sinn die Schaffung attraktiver Freiräume und verantwortungsbewussten Umgang mit den zur Verfügung stehenden Ressourcen. Städtebau muss auf gesellschaftspolitische Tendenzen eingehen und individuell reagieren können, schließlich befinden sich soziokulturelle und demografische Entwicklungen langfristig im Wandel. Man muss überlegen, was in Zukunft mit der Stadt passiert, und das

Willen Associates Architekten

Adresse
Wilhelmstraße 40
65183 Wiesbaden
Tel. 0611-99248-0
Fax 0611-99248-24

Bürogründung
1992 in Frankfurt am Main

Anzahl der Mitarbeiter
17

Fünf Referenzen
▧ Headquarter Guta, Moskau, 2006-2007
▧ Villa Flügel, Bad Homburg, 1995-1997
▧ White Pearl on Black Sea, Trabzon, Türkei 2009
▧ Expo Hannover, 1997-2000
▧ North African Healthcare Center, Tripoli, Libyen, 2008-2014

moderne Leben in die Planungen einbeziehen. Um den Infarkt wachsender Metropolen zu verhindern, wird der private Autoverkehr nachlassen und in weiten Teilen von intelligenten Transportsystemen ersetzt werden. Leider sind wir heute noch ein Stück weit entfernt davon, dass Bauherren bereit sind, ebenso viel Know-how und Technik in ihr Gebäude zu stecken wie zum Beispiel in ihr Auto. Wenn man sich mal vergegenwärtigt, mit welchem technologischen Aufwand teilweise Autos betrieben werden: Ein Sitzmemory fährt direkt auf die passende Position, wenn man sich hineinsetzt. Man drückt auf einen Knopf und ein Fenster geht runter, man drückt auf einen anderen Knopf und das Dach öffnet sich, obwohl man dort vielleicht nur eine Stunde am Tag drinsitzt. Aber in einem Gebäude verbringen wir womöglich unser ganzes Leben. Jeder Einzelne muss sich bewusst werden, dass Gebäude nachhaltig sein und mit neuen Technologien arbeiten

müssen. Derzeit wird viel über das Auto der Zukunft diskutiert, dieser Fokus muss sich gesellschaftlich auf Gebäude und Städte übertragen. Der Anspruch der Nutzer muss auch hier extrem wachsen, um den Druck auf notwendige Veränderungen zu erhöhen. Das Bewusstsein, dass neben dem Ein-Liter-Auto auch Plus-Energie-Häuser möglich sind, muss gestärkt werden.

In 2008 haben wir zwischen 8 bis 9 Prozent des gesamten Energieverbrauchs in Deutschland durch erneuerbare Energien erzeugt, im letzten Jahr steigerten wir dies auf 18 bis 20 Prozent. Wie empfinden Sie diese Entwicklung, sind Sie damit zufrieden?

Leider passiert hier noch zu wenig! Auch wenn wir schon sehr weit gekommen sind. Das haben wir unter anderem auch den Grünen zu verdanken. Wenn die Grünen ab den 70ern nicht auf die Straße gegan-

gen wären und ihre Sensibilität der Umwelt gegenüber kundgegeben hätten, dann wären wir heute nicht da, wo wir sind. Wir haben dadurch auch ganz neue Industrien aufgebaut. Viele unserer Wissensträger gehen heute in andere Länder. Meistens wandert nicht der einfache Arbeiter aus, sondern eher derjenige, der bei uns wirklich eine sensationelle Ausbildung erfahren hat, aber hier nicht glücklich ist. Das ist auch nicht nachhaltig.

IMPRESSUM

Herausgeber:	FORUM Zeitschriften und Spezialmedien GmbH Geschäftsführerin: Rosina Jennissen Mandichostr. 18 86504 Merching Telefon: 08233-381-361 Telefax: 08233-381-212 www.zeno-online.de
in Kooperation mit:	Grohe AG Feldmühleplatz 15 40545 Düsseldorf Telefon: 0211-9130-3000 Telefax: 0211-9130-3031 www.grohe.com
Konzept und Realisation:	Sabine Gotthardt Director Business Development Architecture & Real Estate Grohe Deutschland Vertriebs GmbH Telefon: 08153-984756 Mobil: 0175-5881228 E-Mail: sabine.gotthardt@grohe.com

Mitarbeit im Team
Business Development
Architecture & Real Estate:

Sylvia Wengler	Sonja Bankmann	Theresa Geyer
Key Account Managerin Nord	Key Account Managerin Süd	Junior Managerin

Layout:	Engel & Wachs, Augsburg Mediengestaltung im Quartier 22
Druck:	Kessler Druck + Medien GmbH & Co. KG, Bobingen
Umschlagfoto:	Valigursky/istockphoto.com
Verkaufspreis:	69 Euro inkl. MwSt.
ISBN:	978-3-9813704-4-7 1. Auflage 2011